NISA概論

NIPPON INDIVIDUAL SAVINGS ACCOUNT

［少額投資非課税制度］

日本証券業協会
JAPAN SECURITIES DEALERS ASSOCIATION

東洋経済新報社

推薦のことば

　高齢社会を迎えている我が国において、ここ数年、官民をあげて様々な課題への対応が検討されている。金融サービスの分野も例外ではなく、高齢社会を迎えての国民の資産形成の重要性が認識されており、今後の国民の金融資産の形成のあり方に関する議論が求められている。

　こうしたなかで、2014年に導入されたNISA（少額投資非課税制度）は、その後着実に進展し、今や1,200万人を超える国民に利用され、若年層や投資未経験者層にもその広がりを見せており、今後の我が国において、国民の金融資産の安定的な形成という面だけでなく、成長資金の供給という面でも、中心的な役割を果たすことが期待されている。

　本書は、このNISAの全体像について、制度の背景ないし沿革から、その制度趣旨と内容、普及の実情、関係者の取組みの状況及び将来の課題に至るまで、丁寧かつ詳細に、そして真面目に深みのある解説をしたものである。本書は、NISA制度の企画立案当時から一貫して携わってきた日本証券業協会の知識と経験を活かして、その担当者によって執筆されたものであり、きわめて信頼のおける内容となっている。本書によって、幅広い方々にNISAへの理解と信頼を深めていただき、今後、NISAの将来について、真に国民のために質の高い政策論議が行われることが期待される。

　本書は、金融サービスに携わる関係者の方々だけでなく、広く、NISAに関心のある一般の方々、それもあらゆる年齢層の方々にとって、NISAの全体像をバランスよく理解することができるきわめて有益な内容となっており、これらの方々に本書をお薦めしたい。

2019年7月

東京大学名誉教授・学習院大学教授

神田　秀樹

刊行にあたって

　2014年1月にNISA制度が創設されてから5年が経過した。口座数は1,200万口座を超え、国民に広く利用される制度に成長しつつあるが[1]、未だ途半ばである。

　世界に例を見ない長寿社会が進行している我が国においては、まず、老後の資金枯渇リスクへの備え、安心感の確保のため年金制度の確立が重要である。その際、公的年金制度による公助の部分だけでなく、自助努力による私的年金制度（確定拠出年金、企業年金等）による補完が不可欠であり、確定拠出年金制度等の改善、拡充が望まれる。

　加えて、人生100年時代を迎え、多様な働き方と新たなライフスタイルに対応するため、年金、住宅、教育といった従来の資産形成目的に限らず、起業資金、リカレント教育等の資産形成目的の多様化に対応し、かつ、年齢や働き方等の違いにも柔軟に対応できる資産形成手段を提供していく必要がある。

　米国では、401k（確定拠出年金）による手厚い税制優遇をきっかけに、現役時代からの証券投資による資産形成が進んだ結果、退職世代の家計金融資産が過去20年で約3倍に増加した。我が国では、「貯蓄から資産形成へ」が長年の課題とされてきたものの、家計金融資産も過去20年伸びていない。所得面でも、現下の超低金利によって、家計の利子所得は20年前の3分の1の金額にまで落ち込む一方で、配当所得は利子所得を上回る状況が続いている。こうしたことから、預貯金偏在のままでは、家計の中長期的な資産形成を実現することは困難な環境にある[2]。

　証券投資による中長期的な資産形成手段を提供するNISA制度は、人生100年時代に相応しい、どの世代にも利用可能という点で公平な資産形成手段であり、その普及によって多くの家計の金融資産の増大に寄与するものである。特に、2018年1月に創設された「つみたてNISA」は、小口のコストの低い長期・積立・分散投資の手段であり、若年層、低所得層を中心として幅広い国民に利用され得るものである。

　他方、NISA制度等に後押しされた「貯蓄から資産形成へ」の推進は、我

が国経済へのリスクマネー（成長資金）の供給を確保し、成長と分配の好循環を通じて、今後の人口減少社会における我が国経済の持続可能性（サステナビリティ）の確保に貢献することとなる。

さらに、証券業界では、「ワクチン債」、「グリーンボンド」等の「インパクト・インベストメント・ボンド」、ESG投資等、国連及び政府が推進するSDGs（Sustainable Development Goals：持続可能な開発目標）達成に貢献するような証券投資の認知度・理解度向上等に取り組んでいるが、NISA制度等に後押しされて、1,800兆円を超える我が国の家計金融資産の約半分を占める預貯金から、こうした分野へのシフトが進めば、SDGs達成の大きな課題である深刻な資金不足の解決にもつながり得るだろう[3]。

日本証券業協会は、NISA制度の導入以前から、英国ISA等、類似の税制優遇措置の具体的内容や政策的な意義について、調査・研究を行ってきた。また、導入後も、制度の拡充・改善の要望に毎年取り組むとともに、国民に対する普及・推進活動に尽力してきたところである。本書は、NISA制度の導入以前から現在に至るまでの、NISA制度に係る政府並びに証券業界及び金融界の様々な取組みについて、当協会の知見を最大限に活かして可能な限り体系的に取りまとめたものである。

本書が、国民のNISA制度への理解を深め、利用の一層の拡大と制度の拡充に繋がることとなれば幸いである。

2019年7月

日本証券業協会

会　長

鈴木　茂晴

1　金融庁が公表した2018年12月末時点の値に基づく。
2　1997年度、約18兆円であった家計の受取利子は、2017年度には約6兆円にまで減少している一方、配当所得は約8兆円となっている。（内閣府「国民経済計算」）
3　SDGsは、2015年9月の「国連持続可能な開発サミット」で採択された「持続可能な開発のための2030アジェンダ」に記載された国際目標で、持続可能な世界を実現するための17のゴールと169のターゲットから構成されている。

はじめに

　2014年1月からスタートしたNISA（Nippon Individual Savings Account：少額投資非課税制度）制度[1]は、2019年には、一般NISAが6年目、ジュニアNISAは4年目、つみたてNISAは2年目を迎えることとなった。NISA制度全体では、現在1,200万人を超える国民に利用され、買付総額も15.8兆円に達した（2018年12月末現在）。このように、これまで証券投資を行っていなかった若年層や投資未経験者層にもNISA制度は広がりを見せている。

　NISA制度は、これまで株式等のリスク資産への投資に親しみがなかった国民に継続的な資産形成を始めるインセンティブを付与するとともに、経済成長に必要な成長資金を確保する観点から導入されたものである。日本再生戦略に盛り込まれた、2020年までに投資総額25兆円という大きな目標の達成にはもう一段の取組みの強化が必要な状況にはあるが、NISA制度は、着実に投資家の裾野拡大や成長資金の供給拡大に繋がっているといえよう。

　一方、NISAの範となった英国のISA（Individual Savings Account：個人貯蓄口座）においては、2,200万人を超える国民に利用され、残高が91.2兆円（6,080億ポンド）に達している[2]。

　英国ISAは1999年からのスタートで、前身のPEP（Personal Equity Plan：個人持株制度、1987年導入）を含めると、かなり歴史が古いが、制度の恒久化が分岐点となり口座数や残高の増加に繋がっている。また、その後の拠出限度額の引上げなど不断の見直しにより、大きく発展し、英国経済の活性化にも繋がっている。

　本書では、NISA制度の概要説明のみならず、制度導入の背景・沿革、販売業者・運用業者の取組み、官民挙げた普及推進などについて、事実関係を網羅的に記述している。本書が今後の制度改善の参考となり、本施策を長期的な観点から評価するうえで役立つものと考えている。

---

1 本書において、特に明記しない限り、NISAまたはNISA制度とは、一般NISA・つみたてNISA・ジュニアNISAの総称をいう。
2 1ポンド＝150円換算。

第1章　NISA制度の概要

　第1章ではNISA制度の概要について触れている。NISA制度では、上場株式・公募株式投資信託等に対して行われた一定額の投資から得られる配当金や譲渡益が一定期間非課税となり、20歳以上の居住者を対象としたいわゆる「一般NISA」と「つみたてNISA」、20歳未満の居住者を対象とした「ジュニアNISA」の3つの区分が存在する。なお、それぞれの制度で、非課税保有期間や年間投資限度額等に違いがあるため、この章で概要を簡単に説明する。

　また、NISAについては、日本再生戦略2012、日本再興戦略2014・2016、未来投資戦略2017・2018などにおいて、その普及や制度発展の重要性について提言されている。この章では各政府戦略の抜粋も掲載しているが、これらを見ていくことによってNISA制度が国策としてこれからも普及推進に取り組んでいくべき制度である点をご理解いただければと思う。

第2章　NISA制度の利用状況について

　第2章では、NISAの利用状況調査と個人投資家の意識調査の結果をもとに、NISA制度の現状について整理している。NISAの利用状況を時系列で見ると、まずNISA口座数は2014年1月1日の492万口座から5年間で約1,285万口座へと増加をたどり、買付総額も2014年12月末の3兆円から4年間で約15.8兆円に増加している。

　一般NISAについては、特に口座数に占める若年層（20歳代から40歳代）の割合が2014年1月1日時点で約2割だったところから、5年間で3割にまで増加している点や、投資未経験者の割合が2014年3月末の1割から5年間で3割強に増加している点も注目に値しよう。

　また、日本証券業協会で実施している「個人投資家の証券投資に関する意識調査（2018年）」では、個人投資家全体の75.1％、つまり4人のうち3人が一般NISAの利用に前向きな姿勢を示していることも分かっており、今後も利用が進むことが予想されよう。

第3章　NISA制度導入の背景・沿革

第3章では、NISA制度導入の背景と沿革について紹介する。

NISAの導入以前、2003年1月から上場株式等に係る配当所得等及び譲渡所得等の軽減税率（10％）が当初5年間の時限措置として導入され、その後3回延長されたが、2013年12月末で廃止され、2014年からは本則税率（20％）に引き上げられている。

こうした税制の変化を背景に、NISA制度は、「日本版ISA」（小口の継続的長期投資非課税制度）として、2008年8月、金融庁の2009年度税制改正要望にその創設が掲げられた。現預金の比率が高い我が国の家計金融資産のバランスを是正すべく、広く国民に株式や株式投資信託への投資に係るインセンティブを付与することによって、投資家の裾野を広げて「貯蓄から投資へ」の流れを一層促進し、国民が広く参加し、信頼される株式市場を構築することを目的とした要望であった。

その後、政府・与党における審議を経て、2009年度税制改正大綱に、上場株式等に係る軽減税率（10％）の廃止にあわせる形で日本版ISAの創設が盛り込まれたものの、上場株式等に係る軽減税率（10％）の延長に伴い、施行が延期されることとなった。

2013年度税制改正で、上場株式等に係る軽減税率（10％）の特例が2013年12月31日の適用期限をもって廃止されることに伴い、日本版ISAが2014年1月1日から導入された。

2015年度税制改正ではNISAの年間投資限度額が引き上げられ、さらに20歳未満の者に限定したジュニアNISAが導入されている。また、2017年度税制改正で若年層等の利用を促進する観点から少額からの積立・分散投資に適したつみたてNISAが導入されている。このほか、各年度の税制改正において、様々な制度改善が行われており、この章で詳しく解説している。

このようにNISA制度の拡充が継続的に実施されていることは、我が国の金融・資本市場の重要性が政府・与党に認識されていることのあらわれであると考えられる。

第4章　NISAに関する税制上の措置

　第4章では、NISAに関する税制上の措置について触れている。一般NISA、つみたてNISA、ジュニアNISAの基本的な仕組みについてそれぞれ詳細に説明する。

　非課税措置の対象となる上場株式等の範囲、配当等の受取方法、口座開設手続きの流れ、ロールオーバー、そしてジュニアNISA特有の運用管理者の範囲や払出制限の内容、つみたてNISA特有の対象商品の範囲などについても見ていく。

第5章　NISA制度に関する販売勧誘ルール

　第5章では、NISAに関する販売勧誘ルールについて紹介する。NISA制度の取扱証券会社等並びにその役職員は、NISA制度の対象商品（金融商品取引法に規定する金融商品）の販売勧誘を行うことから、金融商品取引法における金融商品取引業の行為規制の適用を受けることはいうまでもない。

　NISAは、初めて投資を行う者や若年層など、投資知識・経験の浅い顧客による利用が予想される。顧客が短期間で金融商品の売買（乗換え）を繰り返すような取引は中長期的な資産形成を促すという制度趣旨に馴染まないものとなるため、こうした制度趣旨に沿うような、顧客が税制上のメリットを享受しやすい金融商品等の提供が望まれる。こうした点を踏まえ、金融庁の「金融商品取引業者等向けの総合的な監督指針」では、NISAがその制度設計・趣旨に則り適切に利用されるよう、非課税口座を利用する取引の勧誘に関する事項が盛り込まれている点を解説する。

　また、NISA推進・連絡協議会では、金融商品取引業者等におけるNISA制度の口座の開設及び勧誘並びに販売時における留意事項について、ガイドラインとして詳細に取りまとめており、その内容についても説明する。

第6章　NISA推進・連絡協議会の取組み

　第6章では、NISA推進・連絡協議会の取組みについて触れている。NISA制度が国民に幅広く利用され、また、定着していくためには、利用者である国民並びに金融商品取引業者等でNISA制度の仕組み等が十分に理解されな

ければならない。このような認識から、金融商品取引業者等で構成される業界団体において、NISA制度の円滑な導入並びに実施に向けた横断的な意識の共有及び情報の連携を図るために「NISA推進・連絡協議会」が設置されている。

　同協議会では、各制度の名称等の決定やガイドラインの制定・改訂、つみたてNISAの普及に向けた取組状況の共有、NISA制度のガイドブックや広報ツール（ビデオクリップやキャラクター）の作成等の活動を実施しているが、これらの内容について詳しく紹介する。

　また、同協議会では、職場を通じて提供する「職場積立NISA」に関し、企業が適正な福利厚生制度として従業員に提供できるための枠組みであることが求められることから、「職場積立NISAの運営等に関するガイドライン」を制定している。このガイドラインは、NISAが従業員が自己責任の下での資産形成制度であることを認識しながら適正に活用できるための枠組みである点も踏まえて作成されており、この内容について説明する。

第7章　NISA対象商品の販売業者・運用業者の取組み

　第7章では、NISA対象商品の販売業者・運用業者の取組みについて述べる。2014年に一般NISAが導入された当初から、現在までにかけて、販売業者である金融機関が行ってきた取組みについて整理する。近年では、フィンテックの進展により、これまでなかったような新しい取組みが増えており、NISA制度全体の活性化に繋がることが考えられる。これらの取組みは、証券業界を挙げたNISA制度全体の活性化へと発展することが期待される。

　また、運用業者のNISA向けの商品組成に対する取組みと、金融庁「長期・積立・分散投資に資する投資信託に関するワーキング・グループ」での議論をもとに、つみたてNISAの対象商品が限定された経緯について解説する。さらに、金融庁「金融行政方針」「金融レポート」におけるNISA関連の記述をもとに、金融行政におけるNISAの位置付けの変遷を見ていく。

第8章　NISA制度の広報活動・普及推進・金融経済教育

　第8章では、NISA制度の広報活動・普及推進・金融経済教育について触

れる。

　まず、NISA広報活動では、証券投資にあまり興味のない方を対象として、実際に証券会社でNISAを開始してもらうことを目的に、主に①制度の新しさ・面白さを伝えることを中心とした告知、②実際に証券会社で証券投資を行ってもらうための制度や証券投資そのものへの理解促進の2点を踏まえた活動を実施している。そのための具体的な施策として、テレビ、新聞、ポスター、リーフレット等の各種広告媒体、インターネット、SNSを活用しているが、それぞれの内容についてここで見ていく。

　金融・証券教育支援の側面からは、個人投資家向けの小冊子の制作、つみたてNISAにフォーカスした講座の実施、官公庁・企業の職員研修や地域のコミュニティ講座等への金融・証券インストラクターの派遣などを積極的に実施している。また、金融に関する知識の差が、将来の経済格差に繋がらないよう、若いうちから最低限の知識を学校において身につける必要があるが、現在の教育現場においては、NISA制度の仕組みや役割を理解してもらうために不可欠な金融経済教育を充実させるにあたって、多くの課題が存在している。こうした課題について、教員向けに行ったアンケート調査の結果をもとに考察する。また、日本証券業協会では、小・中・高等学校の教員向けにNISA制度に関する情報提供なども行っており、こうした取組みについても説明する。

第9章　NISA制度の恒久化に向けて

　第9章では、NISA制度の恒久化に向けた議論を紹介する。

　我が国においては、平均寿命・健康寿命の延伸を背景に高齢者の就労が進んでおり、更に進展していくことが見込まれる。また、これまでのように新卒で会社に入り、定年退職により現役を引退して、老後の暮らしを送るという単線型の人生を国民全員が一斉に送るのではなく、学び直しのできるリカレント教育や、副業・兼業、フリーランス等、複線型の働き方や生き方が選好されるようになりつつある。こうした動きを踏まえて、資金使途に制限のないNISA制度の重要性が高まってきている。

　また、NISA制度は、0歳から20歳までのジュニア世代向けのジュニア

NISA、20歳代から50歳代までの現役世代向けのつみたてNISA、40歳代以上のリタイアメント世代向けの一般NISAというように全世代にわたる資産形成ニーズに対応できる制度である。

　こうした国民のニーズを踏まえて、NISA制度の恒久化を早期に実現することの必要性について述べていく。

資料編

　資料編として、本協会がこれまでに実施した英国ISAに関する現地調査の報告書を掲載している。NISAの範となった英国ISAのこれまでの経緯や取組みについて把握しておくことは、今後のNISA制度のあり方について検討していくうえでも、大いに参考になるものと考える。

2019年7月

日本証券業協会
政策本部　証券税制部長
丹生　健吾

目 次

推薦のことば　i
刊行にあたって　ii
はじめに　iv

第1章 NISA制度の概要

Ⅰ．NISA制度の概要　1
Ⅱ．NISA制度に関する政府成長戦略　1
Ⅲ．政府税制調査会における議論　6

第2章 NISA制度の利用状況について

Ⅰ．NISA口座数　7
Ⅱ．NISAにおける買付状況　12
Ⅲ．NISAにおける売却状況　18
Ⅳ．NISA口座の残高　21
Ⅴ．一般NISAにおけるロールオーバーの状況　27
Ⅵ．個人投資家の証券投資に関する意識調査　29

第3章 NISA制度導入の背景・沿革

Ⅰ．株式譲渡益課税の強化の動き　41
Ⅱ．株式配当課税の強化の動き　43
Ⅲ．NISA制度の創設までの経緯　45
Ⅳ．NISA制度の改正　59
Ⅴ．ジュニアNISA制度導入の背景・沿革　77

第4章
NISAに関する税制上の措置

　Ⅰ．NISA制度の全体像　87
　Ⅱ．一般NISA　90
　Ⅲ．ジュニアNISA　96
　Ⅳ．つみたてNISA　100

第5章
NISA制度に関する販売勧誘ルール

　Ⅰ．金融商品取引法の適用　105
　Ⅱ．金融商品取引業者等向けの総合的な監督指針の適用　109
　Ⅲ．NISA制度の口座開設及び勧誘並びに販売時等における留意事項について（ガイドライン）（NISA推進・連絡協議会）　116

第6章
NISA推進・連絡協議会の取組み

　Ⅰ．協議会事務局（日本証券業協会）の取組み　133
　Ⅱ．職場積立NISAの推進　141

第7章
NISA対象商品の販売業者・運用業者の取組み

　Ⅰ．販売業者における取組み　157
　Ⅱ．運用業者における取組み　159
　Ⅲ．金融庁「金融行政方針」「金融レポート」に見る業者の取組みの変遷　166

第8章
NISA制度の広報活動・普及推進・金融経済教育

 Ⅰ．NISA制度の広報活動 173
 Ⅱ．普及啓発活動 196
 Ⅲ．金融経済教育 203

第9章
NISA制度の恒久化に向けて

 Ⅰ．NISA制度の恒久化の必要性 219
 Ⅱ．NISA制度の恒久化に向けて 223
 Ⅲ．英国ISA制度 226
 Ⅳ．NISA恒久化の意義 227
 Ⅴ．NISA法の制定を要望 227
 Ⅵ．NISAの今後のあり方 228

資料編（英国調査報告） 233

 謝　辞 278
 索　引 280

執筆分担

第1章	齋藤　芳充	政策本部　証券税制部調査役	
第2章			
Ⅰ～Ⅴ	加藤　貴大	政策本部　証券税制部	
Ⅵ	犬伏　敏之	政策本部　調査部長	
	靏　ゆかり	政策本部　調査部上席調査役	
第3章	丹生　健吾	政策本部　証券税制部長	
第4章	齋藤　芳充	（前　出）	
第5章	丹生　健吾	（前　出）	
第6章			
Ⅰ	矢口　翔	政策本部　証券税制部	
Ⅱ	森本　健一	政策本部　企画部長	
	横山　拓哉	政策本部　企画部	
第7章	齋藤　芳充	（前　出）	
第8章			
Ⅰ	金子　敏之	政策本部　広報部長	
	薦田　勢一郎	政策本部　広報部	
Ⅱ	納富　寛	金融・証券教育支援本部　普及推進部長	
Ⅲ	船岡　和正	金融・証券教育支援本部　金融・証券教育支援センター長	
第9章	丹生　健吾	（前　出）	
資料編	丹生　健吾	（前　出）	
	齋藤　芳充	（前　出）	
	荒井　友里恵	管理本部　人事部付　調査役	
編　集	菊地　鋼二	常務執行役　金融・証券教育支援本部長	
	石倉　宏一	執行役　政策本部共同本部長（調査・国際担当）	
	島村　昌征	執行役　政策本部共同本部長（企画・税制・広報担当）	

（注）それぞれの肩書は執筆当時のものです。

第1章
NISA制度の概要

Ⅰ．NISA制度の概要

　NISA制度は、Nippon Individual Savings Accountの略称で、正式名称を「少額投資非課税制度」といい、英国の個人資産形成支援制度であるISA（Individual Savings Account）を範として導入されたものである。NISA制度では、上場株式・公募株式投資信託等（以下「上場株式等」という）に対して行われた一定額の投資から得られる配当金や譲渡益が一定期間非課税となり、20歳以上の居住者を対象としたいわゆる「一般NISA」と「つみたてNISA」、20歳未満の居住者を対象とした「ジュニアNISA」の3つの区分が存在する。なお、それぞれの制度で、非課税保有期間や年間投資限度額等に違いがある（図表1-1）。

Ⅱ．NISA制度に関する政府成長戦略

　2014年1月に導入された最初のNISA制度が「一般NISA」である。2012年7月に公表された「日本再生戦略」において、『我が国家計が保有する金融資産の教育資金としての活用や不動産の有効活用の観点から、高齢世代から若年世代への資産移転等を促す方策について検討すると同時に、確定拠出年金の拠出規模の拡大、分散投資の促進等による普及・拡充や国内外の資産

図表1-1　NISA制度の概要

	一般NISA	つみたてNISA	ジュニアNISA
口座開設者	20歳以上の居住者[注1]		20歳未満の居住者[注1]
投資対象商品	上場株式、公募株式投信	長期の積立・分散投資に適した一定の投資信託	上場株式、公募株式投信
非課税保有期間	5年間	20年間	5年間
年間投資限度額	120万円[注2]	40万円	80万円
投資限度額（制度全体）	最大600万円（120万円×5年間）	最大800万円（40万円×20年間）	最大400万円（80万円×5年間）
買付可能期間（口座開設期間）	2023年12月末まで	2037年12月末まで	2023年12月末まで
ロールオーバー	可	不可	可
投資方法	制限なし	累積投資契約に基づき、定期かつ継続的な方法での投資	制限なし ※18歳までの払出制限あり

（注）1．成年年齢引下げに伴い2023年より年齢要件は20歳から18歳に引き下げられる。
　　　2．2014年から2015年の年間投資限度額は100万円。
　　　3．上場株式の配当金、ETF・REITの分配金は、証券会社で受け取る方式（株式数比例配分方式）を選択する必要がある。
　　　4．一般NISAとつみたてNISAは選択制（毎年変更可能）。
（出所）日本証券業協会

への長期・分散投資による資産形成の機会を幅広い家計に提供する観点から日本版ISAについて所要の検討を行い、自助努力に基づく資産形成を支援・促進し、家計からの成長マネーの供給拡大を図る』として記載され、2012年度税制改正で2014年1月からの導入が決定した。なお、この再生戦略において、2020年までに実現すべき成果目標として投資総額25兆円という値が示された。これ以降も、NISA制度は政府の成長戦略における施策の一つとして、度々掲げられることとなる。

　一般NISAの非課税保有期間は5年間とされており、買付可能期間（口座開設期間）は2023年12月末までとなっている。導入当初100万円だった年間投資限度額は、2015年度税制改正によって2016年1月から120万円に引き上げられ、現在の制度全体での投資限度額は600万円（120万円×5年間）

図表1-2 「日本再興戦略」改訂2014 —未来への挑戦—（抜粋）

第二　3つのアクションプラン
　一．日本産業再興プラン
　5－2金融・資本市場の活性化、公的・準公的資金の運用等
　（3）新たに講ずべき具体的施策
　ⅰ）金融・資本市場の活性化
　③豊富な家計資産が成長マネーに向かう循環の確立
　・豊富な個人金融資産が成長マネーに向かう循環を確立するため、
　　―NISAの普及促進に向け、制度の趣旨や利用者のニーズを踏まえた施策の推進や金融経済教育の充実等により投資家の裾野拡大を図る。

（出所）首相官邸「『日本再興戦略』改訂2014 —未来への挑戦—」（2014年6月24日）

図表1-3 持続的成長を支える中長期の安定した投資の推進に向けて（抜粋）

伊藤　元重
小林　喜光
佐々木　則夫
高橋　進

2．中長期投資を担う投資家の拡大と教育

◆少額投資非課税制度（NISA）の段階的拡充、投信の行き過ぎた短期乗換推奨の是正
…現状、非課税期間が5年とされているNISAについては、長期保有の優遇などの観点から、施行後3年を目途に非課税期間の延長・制度の恒久化を含め、その拡充を検討すべき。また、投信の販売業者の短期乗換え推奨を抑制するよう監督指針を見直すべき。

（出所）内閣府「第2回経済財政諮問会議　説明資料」（2014年2月20日）

である。一般NISAが導入されて半年後に公表された日本政府の成長戦略「『日本再興戦略』改訂2014 —未来への挑戦—」においても、「金融・資本市場の活性化」のための具体的施策として、NISAの普及促進が位置付けられた（図表1-2）。

　また、2014年2月に開催された経済財政諮問会議においては、民間有識者4名の連名で、「持続的成長を支える中長期の安定した投資の推進に向けて」という資料が提出されており、一般NISAの制度恒久化及び拡充を求める意見が記されている（図表1-3）。

　2016年4月には、若年層への投資の裾野拡大の観点から、20歳未満の居住者を対象とする「ジュニアNISA」が導入された。非課税保有期間5年間、買付可能期間（口座開設期間）が2023年12月末までという点は一般NISA

と同様だが、年間の投資限度額は80万円（制度全体では80万円×5年間で400万円）と一般NISAと比べて少額となっている。また、ジュニアNISAには災害等のやむを得ない場合を除いて、口座開設者がその年の3月31日時点で18歳となる年の前年12月31日までの払出制限が付されている。これは、ジュニアNISAが、子どもの進学や就職に向けた中長期的な資産形成を支援することを目的とした制度であるためとされている。なお、2016年6月に公表された政府成長戦略「日本再興戦略2016―第4次産業革命に向けて―」においては、一般NISAに加えてジュニアNISAに関する記載もなされている（図表1-4）。

そして2018年1月から、現役世代へのNISA制度の普及・定着を狙いとして、少額からの積立投資をコンセプトとした「つみたてNISA」が導入された。つみたてNISAは、非課税保有期間が20年間、買付可能期間（口座開設期間）は2037年12月末まで、年間投資限度額は40万円（制度全体では40万円×最大20年間で800万円）となっている。

つみたてNISAは一般NISAとの選択制で、同年中はどちらか一方しか利用できない。一般NISAに比べ年間の投資限度額が少額のつみたてNISAだ

図表1-4　日本再興戦略2016―第4次産業革命に向けて―（抜粋）

第1　総論
Ⅱ　日本再興戦略2016における鍵となる施策
　2．生産性革命を実現する規制・制度改革
　　（3）未来投資に向けた制度改革
　　　イ）活力ある金融・資本市場の実現を通じた成長資金の円滑な供給
　　　　　より良い資金の流れを実現し、国民の安定的な資産形成につながるポートフォリオ・リバランスを促進するため、家計に関する取組として、NISA・ジュニアNISAの更なる普及と制度の発展や金融・投資教育の強化を図る

第2　具体的施策
Ⅱ　生産性革命を実現する規制・制度改革
　2－2．活力ある金融・資本市場の実現
　　（1）新たに講ずべき具体的施策
　　　ⅰ）成長資金の供給に資するポートフォリオ・リバランスの促進と市場環境の整備等
　　　　　家計に対しては、少額からの長期・分散・積立投資による安定的な資産形成を広く促すべく、NISA・ジュニアNISAの更なる普及と制度の発展を図るとともに、こうした資産形成に有用な投資に関する金融・投資教育を強化する

（出所）首相官邸「日本再興戦略2016―第4次産業革命に向けて―」（2016年6月2日）

図表1-5 未来投資戦略2017―Society 5.0の実現に向けた改革―（抜萃）

第2　具体的施策
Ⅱ　Society 5.0に向けた横割課題
　B．価値の最大化を後押しする仕組み
　3．「形式」から「実質」へのコーポレートガバナンス・産業の新陳代謝
　（2）新たに講ずべき具体的施策
　　ⅱ）活力ある金融・資本市場の実現を通じた円滑な資金供給の促進
　　①家計の安定的な資産形成の促進と市場環境の整備等
　　　家計における少額からの積立を利用した長期・分散投資による資産形成を促す観点から、積立NISAを含め、NISA制度全体の更なる普及・促進を図るとともに、家計の実践的な投資知識の深化につながる金融・投資教育等を充実させる。
　　ア）積立を利用した長期・分散投資の普及・促進と金融・投資教育の充実等
　　　・家計の安定的な資産形成を促すため、積立NISAを含むNISA制度全体の更なる普及・促進を図るほか、ジュニアNISAについて手続における負担が大きい等の指摘があることも踏まえ、手続の改善を検討する。

（注）つみたてNISAは、既に2017年度税制改正によって導入が決定していたが、当時は「積立NISA」という呼称が用いられていた。
（出所）首相官邸「未来投資戦略2017―Society 5.0の実現に向けた改革―」（2017年6月9日）

図表1-6 未来投資戦略2018
　　　　　―「Society 5.0」「データ駆動型社会」への変革―（抜萃）

第2　具体的施策
Ⅱ．経済構造革新への基盤づくり
［2］大胆な規制・制度改革
　2．投資促進・コーポレートガバナンス
　（3）新たに講ずべき具体的施策
　　ⅳ）活力ある金融・資本市場の実現を通じた円滑な資金供給の促進
　　②家計の安定的な資産形成の促進
　　　・本年1月にスタートしたつみたてNISAの普及や利用促進を図る観点から、利便性向上に向けた方策を検討するとともに、官民における職場環境の整備（「職場つみたてNISA」の導入）を促進する。また、スマートフォン等を情報源とする若年世代に対しても効果的に働きかけを行うため、新たな情報発信チャネルを通じた取組を進める。

（出所）首相官邸「未来投資戦略2018―『Society 5.0』『データ駆動型社会』への変革―」（2018年6月15日）

が、制度全体での非課税枠や非課税保有期間は拡充されており、投資家が自らの資産形成プランに応じて2つの制度を選択できるようになっている。なお、つみたてNISAでは、制度のコンセプトを踏まえ、投資対象商品が「長期の積立・分散投資に適した一定の投資信託」に限定されており、「定期的に継続して」買付を行うこととされている。このつみたてNISAについても、成長戦略において記述がなされている（図表1-5、1-6）。

Ⅲ．政府税制調査会における議論

　NISA制度を考えるうえでは、政府の成長戦略としての面だけでなく、個人所得課税全体の見直しの議論についても注視する必要がある。2017年11月、政府税制調査会は「経済社会の構造変化を踏まえた税制のあり方に関する中間報告②（税務手続の電子化等の推進、個人所得課税の見直し）」を公表し、個人所得課税に関する議論の取りまとめを行っている。ここでは、自助努力の支援策の一つとしてNISA制度が紹介されており、今後のNISA制度を考えるうえで示唆に富む内容が含まれるため、以下にて紹介する（図表1-7）。なお、年金制度や財形貯蓄と同列にNISA制度が扱われているものの、ここで列挙されている他制度と違い、就労形態や勤務先企業、働き方による差異のないNISA制度は個人の働き方やライフコースに影響されない、経済社会の構造変化にも対応可能な制度であるといえよう。

図表1-7　政府税制調査会「経済社会の構造変化を踏まえた税制のあり方に関する中間報告②（税務手続の電子化等の推進、個人所得課税の見直し）」（抜粋）

（3）老後の生活に備えるための自助努力を支援する公平な制度のあり方
　公的年金の役割を補完する観点から、老後の生活に備えるための自助努力を支援していく必要性が増している。こうした自助努力に関連する制度としては、現在の企業年金・個人年金等に関連する諸制度や、勤労者財産形成年金貯蓄やいわゆるNISAなどの金融所得に対する非課税制度が存在する。これらの制度については、就労形態や勤務先企業によって、また、投資対象となる金融商品によって利用できる制度が細分化されており、受けられる税制上の支援の大きさも異なっている。また、退職給付についても、給付が一時金払いか年金払いかによって税制上の取扱いが大きく異なる仕組みとなっていることに加え、退職所得控除は勤続期間が20年を超えると控除額が急増する仕組みとなっていることが、転職に対して中立的ではなく、働き方の多様化を想定していないとの指摘がある。
　老後の生活に備えるための個人の自助努力を支援し、個人の働き方やライフコースに影響されない公平な制度を構築していく観点から、上記の諸制度を包括的に見直していくことが重要である。多くの納税者が長期的な観点から資産運用や生活設計を行っていることにも十分に留意しつつ、細分化された各制度を包括的に取り扱う総合的な枠組みについて、社会保障制度等の関連する政策との連携を含め、検討を進めるべきである。まずは、こうした実情も踏まえた専門的・技術的な見地から専門家の間で論点を整理した上で議論を行うことが適切である。

（出所）内閣府「経済社会の構造変化を踏まえた税制のあり方に関する中間報告②（税務手続の電子化等の推進、個人所得課税の見直し）」（2017年11月20日）

第2章
NISA制度の利用状況について

Ⅰ．NISA口座数

1. NISA口座数の推移について

　NISA（一般NISA、つみたてNISA、ジュニアNISA）の利用状況については、全金融機関に対する調査を金融庁が、証券会社に対する調査を日本証券業協会が実施し、その結果を公表している。ここでは、これらの調査結果の内容について詳しく見ていきたい。

　まず、NISA制度全体での口座数は2018年12月末時点において、全金融機関で1,285万口座となっている[1]。そのうち、一般NISAは制度開始5年で1,150万口座となり、つみたてNISAは制度開始1年で104万口座、ジュニアNISAは制度が開始してから約3年で31万口座に達している（図表2-1、2-2）。

　証券会社におけるNISA口座数については、一般NISAで685万口座、つみたてNISAで53万口座、またジュニアNISAでは17万口座と、全体で755万口座となっている。全金融機関で開設されているNISA口座のうち証券会社で開設されているNISA口座が占める割合は、一般NISAが59.5％、つみたてNISAが50.6％、ジュニアNISAが55.2％となっている。

1　ここでの口座数は、これまで開設された口座の数から金融機関等の変更に伴う変更前口座及び廃止口座の数を差し引いた数。

図表2-1 NISA（一般NISA、つみたてNISA）口座数の推移

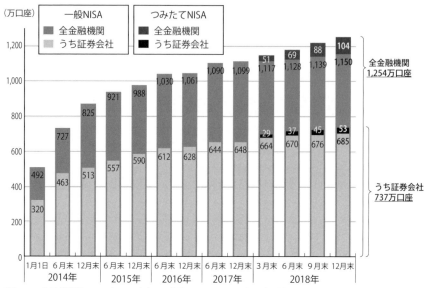

(注) 1. 全金融機関の2014年1月時点での数値については、一部の金融機関において2014年1月1日の計数が把握できず、2014年1月中の把握可能な時点での口座数を計上している。
2. 記載している数値は万未満を四捨五入しているため、計算結果が合わない場合がある。
(出所) 金融庁「NISA・ジュニアNISA利用状況調査（各時点）」及び日本証券業協会「NISA及びジュニアNISA口座開設・利用状況調査結果（各時点）」

図表2-2 ジュニアNISA口座数の推移

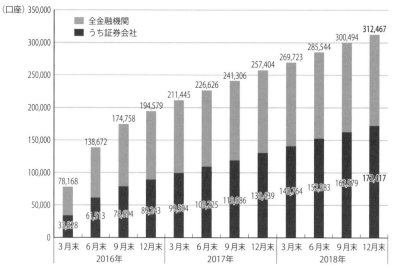

(出所) 金融庁「NISA・ジュニアNISA利用状況調査（各時点）」及び日本証券業協会「NISA及びジュニアNISA口座開設・利用状況調査結果（各時点）」

図表2-3 証券会社におけるNISA口座の稼働状況の推移

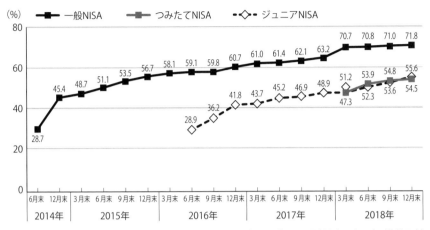

(注) 稼働率とは、2014年、2015年、2016年、2017年又は2018年のいずれかで買付を行った口座（稼働口座）の数を勘定設定口座数で割った数を指す。
(出所) 日本証券業協会「NISA及びジュニアNISA口座開設・利用状況調査結果（各時点）」

2. NISA口座の稼働率

　証券会社で開設されているNISA口座について、口座を開設してから一度でも買付が行われたもの（以下「稼働口座」という）が投資可能な口座のうちに占める割合を「稼働率」とした場合、2018年12月末時点で一般NISAでは71.8％であり、集計開始当初（2014年6月末時点）から比較して、43.1ポイント上昇している。つみたてNISAの稼働率は2018年12月末時点において54.5％となり、制度開始当初（2018年3月末時点）と比較して、7.2ポイント増加している。また、ジュニアNISAの稼働率は、2018年12月末時点で55.6％となっており、2016年6月末時点と比較して、26.7ポイント上昇していることがわかる（図表2-3）。

　なお、図表2-3の数値は、証券会社における稼働率を示したものであることから、他の金融機関等においては異なる実情となる可能性がある。

3. 年齢階層別口座数について

　全金融機関での2018年12月末時点における年齢階層別のNISA口座数について、一般NISAでは20歳代から40歳代までの若年層が約3割を占め、つ

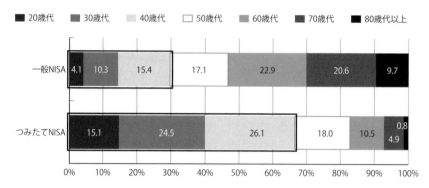

図表2-4 一般NISA及びつみたてNISA口座の年齢別内訳（2018年12月末時点）

（出所）金融庁「NISA・ジュニアNISA利用状況調査」

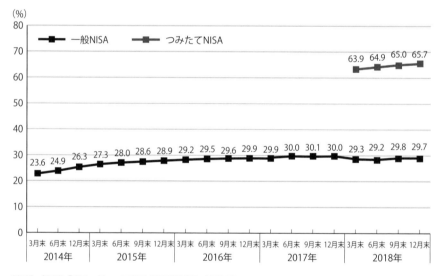

図表2-5 20歳代〜40歳代の一般NISA及びつみたてNISA口座数の割合の推移

（出所）金融庁「NISA・ジュニアNISA利用状況調査（各時点）」

みたてNISAでは7割近い結果となっている（図表2-4）。

制度開始時点（2014年1月）で、一般NISAは若年層の割合が20.7％であ

---

2 投資未経験者については、一般NISAでは、2013年4月1日以降に初めて証券総合口座を開設した者を、つみたてNISAでは、2017年10月1日以降に初めて証券総合口座を開設した者を指す。

ったところ、2018年12月末においては29.7％となり、9.0ポイント増加している。また、つみたてNISAについては制度開始時点で63.9％であったところ、2018年12月末時点では、65.7％となり、1.8ポイント上昇している（図表2-5）。これらから、NISA制度全般が若年層が資産形成に取り組むきっかけとして一定の役割を果たしていることがわかる。

▶ 4．投資経験者・投資未経験者[2]の別

　証券会社で開設されている一般NISA口座及びつみたてNISA口座の開設者を投資経験者・未経験者の別でみてみると、2018年12月末時点で一般NISAにおいては投資未経験者の割合が3割を超え、つみたてNISAにおいては6割近い結果となっている（図表2-6）。

　これまでの推移では、一般NISAが制度開始時点では10.8％であったところ、2018年12月末時点では35.2％となり、3倍以上増加していることがわかる。また、つみたてNISAでは制度開始時点で45.6％であったところ、2018年12月末時点では59.0％となり、約13ポイント増加している（図表2-6）。

図表2-6　一般NISA及びつみたてNISA口座における投資未経験者の割合の推移

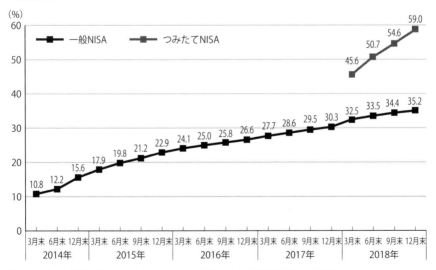

（出所）日本証券業協会「NISA及びジュニアNISA口座開設・利用状況調査結果（各時点）」

これらの結果からわかるようにNISA制度が新たに投資を始めるきっかけとして大きく貢献しており、また今後ますます「貯蓄から資産形成へ」の実現に向けて大きな役割を果たしていくことが期待される。

Ⅱ．NISAにおける買付状況

▶ 1．累積買付総額の推移

　一般NISA制度が開始された2014年1月から2018年12月末時点までで、全金融機関におけるNISA口座全体の累積買付総額は15兆8,438億円に達している。そのうち一般NISAは15兆6,343億円、つみたてNISAは931億円、ジュニアNISAは1,163.7億円となっている（図表2-7）。

　証券会社における累積買付総額では、2018年12月末時点で一般NISAが10兆1,747億円、つみたてNISAが563億円、ジュニアNISAが846億円となり、全体で10兆3,156億円となっている。これは全金融機関における累積買付総額と比較して、一般NISAは65.1％、つみたてNISAは60.5％、ジュニアNISAでは72.7％を占める結果となっている。

▶ 2．買付額別口座の分布状況

　2018年12月末時点における全金融機関の稼働口座のうち、一般NISAで100万円超の買付を行っている口座は44.2％を占めており、つみたてNISAにおいては20万円超の買付を行っている口座が28.6％を、ジュニアNISAにおいては、60万円超の買付を行っている口座が34.1％を占めている（図表2-8）。

　証券会社の2018年12月末時点における稼働口座については、一般NISAで100万円を超える投資を行っている口座が全体の50.3％を占め、つみたてNISAで20万円を超える投資を行っている口座が43.6％、ジュニアNISAで60万円超の投資を行っている口座が43.9％を占め、全金融機関における結果と比較して、証券会社においては、より多くの買付が多く行われている傾向にある。

図表2-7 NISA制度における累積買付総額の推移

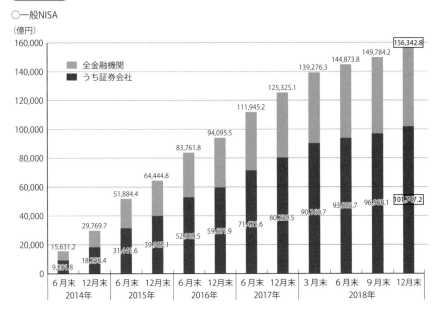

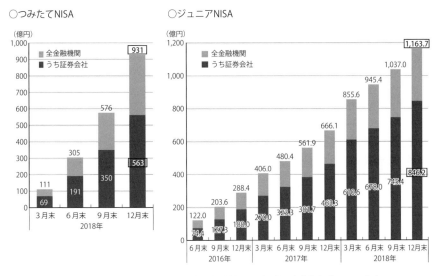

(出所) 金融庁「NISA・ジュニアNISA利用状況調査（各時点）」及び日本証券業協会「NISA及びジュニアNISA口座開設・利用状況調査結果（各時点）」

図表2-8 買付額別口座分布の推移

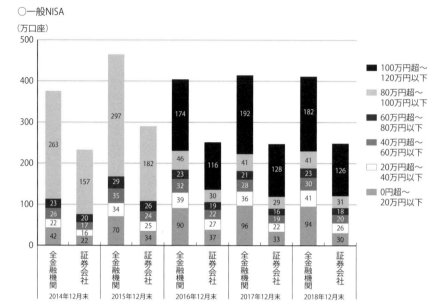

(注) 2016年より、一般NISAの1口座あたりの買付額の上限が100万円から120万円に引き上げられた。

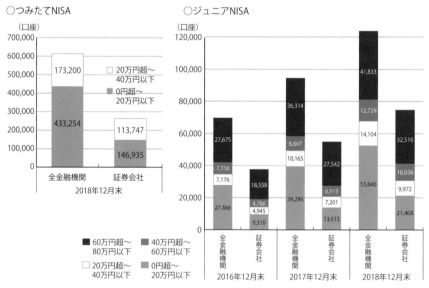

(出所) 金融庁「NISA・ジュニアNISA利用状況調査（各時点）」及び日本証券業協会「NISA及びジュニアNISA口座開設・利用状況調査結果（各時点）」

▶ 3. 年齢階層別の累積買付総額

　年齢階層別の累積買付額について、一般NISAの制度開始（2014年1月）から2018年12月末時点までの全金融機関の一般NISAにおける買付額では、60歳代以上の高齢者層による買付が9兆1,185億円であり、20～50歳代の現役層による買付は6兆5,158億円であった。一方で、同時点のつみたてNISAの買付額では、20～50歳代の現役層による買付額が795億円で、60歳代以上の高齢者層による買付は136億円となっている（図表2-9）。

　両者の違いについては、高齢者層の場合は、既に一定の資産形成ができているために、自由なタイミングである程度まとまった資金を投じることのできる一般NISAが選好されており、まだ資産形成の途上にある現役層については、長期の積立投資が前提となるつみたてNISAが選好されていることに起因するものと考えられる。

▶ 4. 商品別累積買付総額

　全金融機関の商品別の累積買付額では、2018年12月末時点の一般NISAにおいて、上場株式が39.7％、投資信託が57.7％、ETF（上場投資信託）が1.6％、REIT（不動産投資信託）が0.9％を占めており、つみたてNISAでは、投資信託がほぼすべてを占めている（うちインデックス投資信託が68.7％、アクティブ運用投資信託が18.9％）。また、ジュニアNISAでは、上場株式が41.9％、投資信託が53.9％、ETFが3.0％、REITが1.1％となっており、全体として投資信託の投資割合が高い結果となっている。

　一方、証券会社における2018年12月末時点における商品別累積買付額では、一般NISAで上場株式が61.1％、投資信託が35.0％、ETFが2.4％、REITが1.5％であり、つみたてNISAにおいては、投資信託がほぼすべてを占め、このうちインデックス投資信託が64.8％、アクティブ運用投資信託が14.6％、ETFが0.1％となっている。また、ジュニアNISAにおいては、上場株式が57.7％、投資信託が36.7％、ETFが4.1％、REITが1.5％となっている。つみたてNISAについては、全金融機関、証券会社ともに同水準の結果であるが、一般NISAやジュニアNISAにおいては、全金融機関における投資割合と比較して上場株式の割合が高い結果となっている（図表2-10）。こ

図表2-9　年齢階層別累積買付総額

〇一般NISA

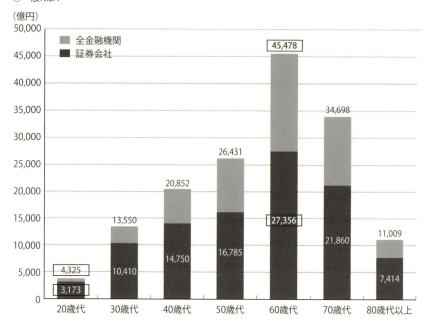

〇つみたてNISA

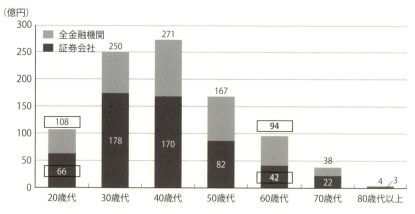

(出所) 金融庁「NISA・ジュニアNISA利用状況調査（各時点）」及び日本証券業協会「NISA及びジュニアNISA口座開設・利用状況調査結果（各時点）」

図表2-10　商品別累積買付総額

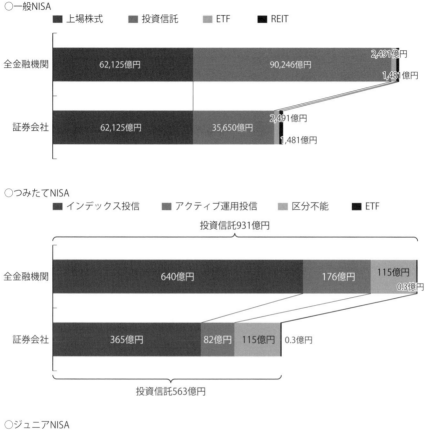

（出所）金融庁「NISA・ジュニアNISA利用状況調査（各時点）」及び日本証券業協会「NISA及びジュニアNISA口座開設・利用状況調査結果（各時点）」

うした違いは、つみたてNISAの投資対象が一定の投資信託等に限定されている点や、現行規制上、証券会社では上場株式、ETF、REITや投資信託等が購入できるのに対し、銀行等では投資信託しか購入できないといった点に起因するものと考えられる。

Ⅲ．NISAにおける売却状況

▶ 1．累積売却総額の推移について

　NISA口座で購入した商品を売却した際の金額を「売却額」として調査している。なお、売却額は売却時の時価ベースで収集しているため、買付時の価格からは変動している点に留意されたい。一般NISA制度開始（2014年1月）から2018年12月末時点までの全金融機関における累積売却額では、一般NISAでは、6兆2,065億円、つみたてNISAでは約16億円、ジュニアNISAでは292億円となっている。証券会社における累積売却額では、一般NISAが4兆4,865億円、つみたてNISAでは6億円、ジュニアNISAでは276億円となっている（図表2-11）。

▶ 2．商品別累積売却総額について

　全金融機関における商品別の累積売却額（2018年12月末時点）について、一般NISAでは上場株式が3兆3,007億円と最も多く、投資信託が2兆7,056億円、ETFが1,384億円、REITが618億円となっており、各商品別での買付に占める売却の割合は、上場株式の53.1％とETFの55.5％が比較的高い一方、投資信託の30.0％とREITの41.7％は比較的低い結果となっている。つみたてNISAでは、インデックス投資信託が12億円、アクティブ運用投資信託が約3億円となっており、買付に占める売却の割合では、インデックス投資信託が1.9％、アクティブ運用投資信託が1.6％という結果となっている。ジュニアNISAにおいては、上場株式が239億円と最も高く、投資信託が40億円、ETFが9億円、REITが3億円であり、各商品別における買付に占める売却の割合では、上場株式が49.0％と最も高く、投資信託は6.4％と最も低い結果となった。全体的にジュニアNISAについては売却の割合が低いこ

図表2-11 累積売却総額の推移

（注）2018年中の課税口座への払出し分を含まない。

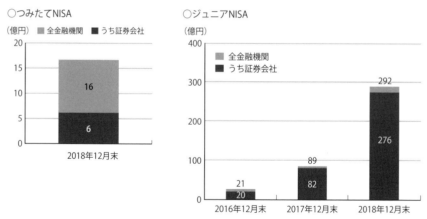

（出所）金融庁「NISA・ジュニアNISA利用状況調査（各時点）」及び日本証券業協会「NISA及びジュニアNISA口座開設・利用状況調査結果（各時点）」

とがわかる（図表2-12）。

なお、同時点での証券会社の一般NISAにおける累積売却額について、買付に占める売却の割合では、上場株式が53.1％、投資信託が27.6％、ETFが55.5％、REITが41.7％であった。

図表2-12　商品別累計売却総額

○一般NISA

（注）2018年中の課税口座への払出し分を含まない。

○つみたてNISA

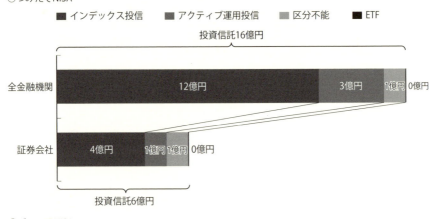

○ジュニアNISA

（出所）金融庁「NISA・ジュニアNISA利用状況調査（各時点）」及び日本証券業協会「NISA及びジュニアNISA口座開設・利用状況調査結果（各時点）」

Ⅳ．NISA口座の残高

▶ 1．残高の推移について

　調査時点においてNISA口座内で保有している商品の時価総額を「残高」として調査している。残高は調査時点の時価ベースで収集しているため、買付時の価格からは変動している点に留意されたい。全金融機関のNISA口座における残高の推移は、2018年12月末時点で一般NISAが7兆7,457億円となり、2014年12月末時点の残高2兆7,978億円と比較して約5兆円増加している（図表2-13）。つみたてNISAにおける残高では2018年12月末時点で884億円となり（図表2-15）、ジュニアNISAの残高は934億円で2016年12月末時点の残高281億円と比較して、約653億円増加している（図表2-16）。

　2018年12月末時点の証券会社における残高の推移では、一般NISAが5兆877億円となり、全金融機関の残高の65.7％を占め（図表2-14）、つみたてNISAの残高は546億円となり、全金融機関における残高の61.8％を占めて

図表2-13　全金融機関の一般NISA口座における残高の推移

（出所）金融庁「NISA・ジュニアNISA利用状況調査（各時点）」

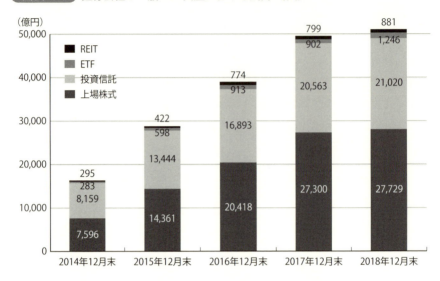

図表2-14 証券会社の一般NISA口座における残高の推移

（出所）日本証券業協会「NISA及びジュニアNISA口座開設・利用状況調査結果（各時点）」

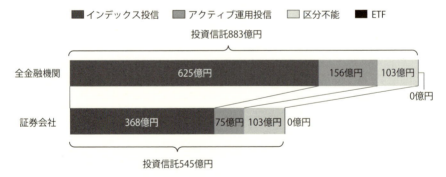

図表2-15 つみたてNISA口座における残高（2018年12月末時点）

（出所）金融庁「NISA・ジュニアNISA利用状況調査」及び日本証券業協会「NISA及びジュニアNISA口座開設・利用状況調査結果」

いる（図表2-15）。ジュニアNISAの残高では、2018年12月末時点で674億円となり、こちらも全金融機関の残高のうち、72.2%を占める結果となっている（図表2-16）。

図表2-16　ジュニアNISA口座における残高の推移

○全金融機関

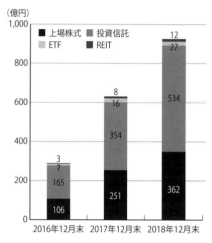

（出所）金融庁「NISA・ジュニアNISA利用状況調査（各時点）」

○証券会社

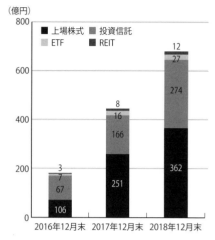

（出所）日本証券業協会「NISA及びジュニアNISA口座開設・利用状況調査結果（各時点）」

▶ 2．年齢階層別残高の推移

　全金融機関の一般NISAにおける年齢階層別残高の推移は、毎年ほぼすべての年代において残高は増加している。また2014年から2018年までのいずれにおいても60歳代の残高が最も多く、20歳代の残高が最も少ない結果となった（図表2-17）。これは、投資に回せる余裕資産の違いに起因するものと考えられる。なお、証券会社における年齢階層別の残高についても全金融機関における残高と同様、60歳代が最も多く、20歳代が最も少ないという結果になっている（図表2-18）。

　全金融機関におけるつみたてNISAにおける残高では、2018年12月末時点で40歳代の残高が最も多く、80歳代以上の残高が最も少ない結果となり（図表2-19）、口座数や買付額と同様、一般NISAとは異なる結果となっている。証券会社においては、30歳代の残高が最も多く、80歳代の残高が最も少なかった（図表2-20）。

図表2-17　全金融機関の一般NISA口座における年齢階層別残高の推移

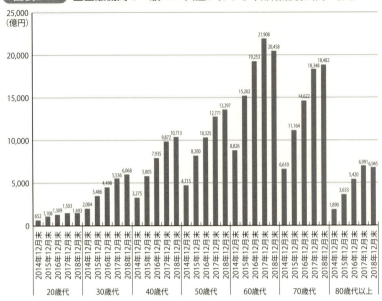

（出所）金融庁「NISA・ジュニアNISA利用状況調査（各時点）」

図表2-18　証券会社の一般NISA口座における年齢階層別残高の推移

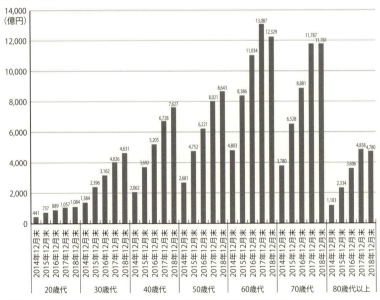

（出所）日本証券業協会「NISA及びジュニアNISA口座開設・利用状況調査結果（各時点）」

図表2-19 全金融機関のつみたてNISA口座における年齢階層別残高（2018年12月末時点）

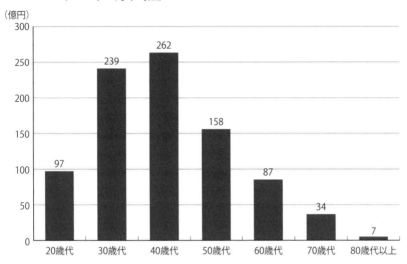

（出所）金融庁「NISA・ジュニアNISA利用状況調査」

図表2-20 証券会社のつみたてNISA口座における年齢階層別残高（2018年12月末時点）

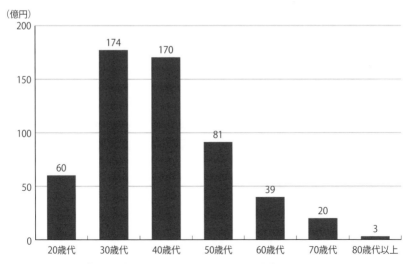

（出所）日本証券業協会「NISA及びジュニアNISA口座開設・利用状況調査結果」

▶3. 勘定年別残高の推移

　日本証券業協会では、証券会社の一般NISA口座における残高について、各年の勘定（投資可能枠）ベースでも調査を行っている。

　2014年勘定の残高が2014年12月末時点で1兆6,333億円だったのに対し、2018年12月末時点では、4,947億円となっている。2015年勘定の残高は2015年12月末時点で1兆6,665億円であったところ、2018年12月末時点で8,567億円となっている（図表2-21、2-22）。

　その他の年の勘定の残高も減ってはいるものの、全体の残高は毎年増加していることから、値動きによる影響も考慮する必要があるが、売却に比して買付が多いことがここからもみてとれる。

図表2-21　証券会社の一般NISA口座における勘定年別残高の推移

（出所）日本証券業協会「NISA及びジュニアNISA口座開設・利用状況調査結果（各時点）」

図表2-22 証券会社のジュニアNISA口座における勘定年別残高の推移

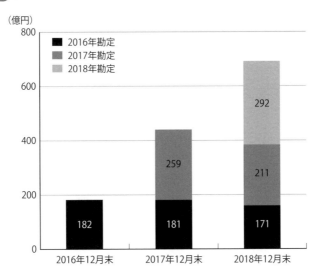

(出所) 日本証券業協会「NISA及びジュニアNISA口座開設・利用状況調査結果(各時点)」

V. 一般NISAにおけるロールオーバーの状況

　2018年12月末において、一般NISA制度が開始された2014年中に購入した上場株式等の非課税保有期間が満了することとなった。投資家においては2014年中に購入した商品を、2019年に設けられる一般NISA口座の投資枠を用いて継続して保有する(ロールオーバー)か、課税口座(特定口座、一般口座)に払い出すかの選択が可能であった。

　今回の証券会社におけるロールオーバーの状況については、上場株式が1,841億円、投資信託が1,337億円、ETFが38億円、REITが71億円となっており、全体で3,289億円にのぼる。2018年12月末時点における2014年勘定の残高(4,947億円)と比較すると、66.5%が継続してNISA口座で保有されていることとなり、それ以外が課税口座に払い出されていることとなる(図表2-23)。

図表2-23 証券会社の一般NISA口座におけるロールオーバーの状況（2018年12月末時点）

○商品別

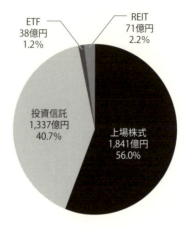

○2014年勘定の残高との比較

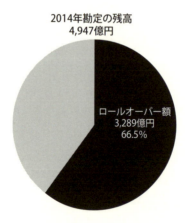

（出所）日本証券業協会「NISA及びジュニアNISA口座開設・利用状況調査結果」

Ⅵ. 個人投資家の証券投資に関する意識調査

▶ 1. 調査概要

　本協会では、我が国の個人金融資産が預貯金に偏在している状況を是正し、個人投資家による証券投資の促進を図るため、「個人投資家の証券投資に関する意識調査」[3]（以下「意識調査」という）を実施し、個人投資家の証券保有実態や証券投資に対する意識等の把握に努めている。

　意識調査は2006年以降毎年行っており、調査結果については、将来の資産形成に資する施策及び既存制度の利用促進のための施策の検討に際しての基礎資料として活用している。

　本節では、2018年7月に実施した直近の意識調査の結果等をもとに、NISA口座（一般NISA、つみたてNISA、ジュニアNISA）の利用状況等を概観することとしたい。

　なお、意識調査は2017年より調査方法を郵送調査からインターネット調査に変更している。インターネット調査の場合、調査対象者の情報感度が一般的に高いと考えられることに留意が必要である。

　2018年の意識調査の概要は、以下のとおりである。

```
調査対象
    全国の個人投資家（20歳以上）5,000人
    ※株式、投資信託、公社債のいずれか、もしくは複数保有している層に調査を依頼
調査方法
    インターネット調査
調査日程
    2018年7月5日～7月17日
有効回答数
    5,000人
    ※本調査では、全体数値が我が国の有価証券保有者の性別・年代の実態を反映するよう、2015
     年度に本協会が実施した「証券投資に関する全国調査（個人調査）」の結果をもとにサンプル
     を割付
調査項目
    金融商品の保有実態と投資、金融機関への満足度、金融に関する知識の現状、行動心理、NISA、
    ジュニアNISA、フィンテックの利用状況等11項目64問（属性設問3問を除く）
```

---

[3] 本協会ウェブサイト（http://www.jsda.or.jp/shiryoshitsu/toukei/kojn_isiki.html）に2006年以降の調査結果（概要・本文）を掲載。

▶ 2．NISA口座の利用状況
1）一般NISA口座

　一般NISAについては、図表2-24に示すとおり、全体では62.6％が証券会社、銀行・信用金庫・信用組合、郵便局などに口座を開設している（以下「口座開設済み」という）。また、今後、証券会社、銀行・信用金庫・信用組合、郵便局などに口座開設の申込みを行う予定、もしくは申し込みたいが申込先は未定（以下「口座開設意向あり」という）が12.5％であり、これを含めると、個人投資家全体の75.1％、つまり4人に3人が一般NISAの利用に前向きな姿勢を示している。

　これを年代別にみると、口座開設済みの割合は、60代以上の高年齢層において60％後半、70歳以上で最も高く71.1％である。しかし、年代が下がるほど口座開設済みの割合は低くなる傾向がみられ、40代及び50代では50％半ばまで低下する。更に、20代〜30代の若年層においては49.9％と5割を下回っており、一般NISA口座の開設者には高年齢層への偏りがみられ

図表2-24　一般NISA口座の開設状況―性別・年代別（2018年調査）

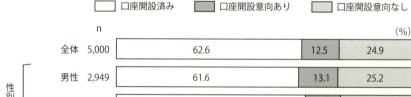

（出所）日本証券業協会

る。これに対して、口座開設意向ありの割合は、年代が下がるほど高くなる傾向がみられ、60代以上の高年齢層では1割にも届かないが、40代及び50代では16〜17％、20代〜30代の若年層では21.7％と2割を超えている。この結果、一般NISAの利用について、口座開設意向ありまで含めてみると、60代以上の高年齢層では70％後半、50代以下の各年代においても70％前半を示しており、年代による差異は必ずしも大きくない。

　また、個人年収別に口座開設状況をみると、図表2-25のとおり、口座開設済みの割合は、個人年収300万円以上700万円未満の各層において6割を超えている。特に、個人年収300万円未満の層において口座開設済みは66.3％と最も高く、口座開設意向あり（10.2％）を含めると76.5％に達しており、一般NISAが低所得者層の資産形成の一助となっていることがみてとれる。

　次に、一般NISA口座の開設状況について、年代別の変化をみてみたい。2015年の意識調査における口座開設済みの割合は、図表2-26に示すとおり、全体では54.6％であった。年代別にみると、50代以上の各年代において口座開設済みは5割を超え、60代で最も高く62.6％であるが、その一方で、40代以下の年代では4割程度となっている。

　これを先にみた2018年の意識調査と比較してみると、全体では口座開設済みの割合は8.0ポイント上昇するとともに、口座を申し込むつもりがない

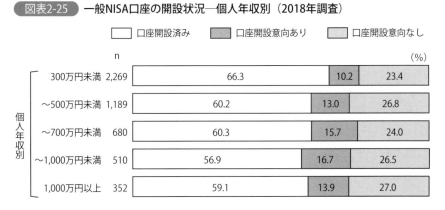

図表2-25　一般NISA口座の開設状況―個人年収別（2018年調査）

（出所）日本証券業協会

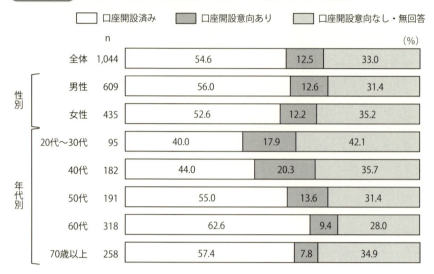

図表2-26 一般NISA口座の開設状況―性別・年代別（2015年調査）

（出所）日本証券業協会

（以下「口座開設意向なし」）の割合は8ポイント程度低下している。年代別にみると、20代〜30代、40代、70歳以上の各年代において、口座開設意向なしの割合が大きく低下し、口座開設済みの割合が10ポイント程度上昇していることがみてとれる。2015年と2018年の意識調査では、調査方法に違いがあることに留意が必要ではあるものの、一般NISA口座については、高年齢層のみならず、40代以下の若年層や資産形成層と呼ばれる世代にも着実に広がっているといえる。

2）つみたてNISA口座

2018年の意識調査では、2018年1月に導入されたつみたてNISAの口座開設・開設意向についても尋ねている。導入半年後に実施した調査ということもあって、図表2-27に示すとおり、全体では口座開設済みは10.5％であり、口座開設意向あり（22.9％）まで含めても、つみたてNISAの利用に関心を寄せているのは3割程度（33.4％）である。

しかし、つみたてNISAについては、口座開設済み、口座開設意向ありの

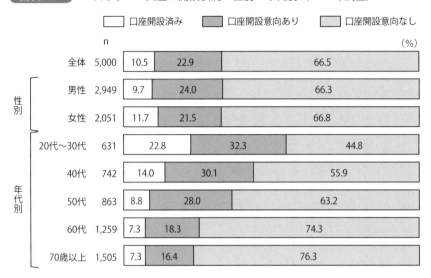

図表2-27 つみたてNISA口座の開設状況―性別・年代別（2018年調査）

（出所）日本証券業協会

割合は、ともに年代が下がるほど高くなる傾向がみられ、一般NISAとは異なり、年代による差異が顕著に出ている。すなわち口座開設済みの割合は、50代以上の各年代では1割に満たないのに対して、40代では14.0％であり、最も高い20代～30代の若年層では22.8％と2割を超える。また、口座開設意向ありの割合についても、40代以下の年代では3割を超え、とりわけ20代～30代の若年層では32.3％と最も高く、口座開設済みまで含めると55.1％と5割を優に超えている。

　また、現在保有している金融商品の合計額（以下「保有金融資産」という）別の口座開設状況をみると、図表2-28に示すとおり、保有金融資産が小さくなるほど、口座開設済み、口座開設意向ありの割合は共に高くなる。特に、保有金融資産10万円未満の層において、口座開設済みは18.9％と最も高く、口座開設意向あり（29.7％）まで含めると約5割（48.6％）が、つみたてNISA口座の利用を前向きに考えていることが確認できる。

　年齢が上がるほど金融資産の蓄積が進んでいく傾向がみられることから、少額からの長期・積立・分散投資を支援するための制度であるつみたて

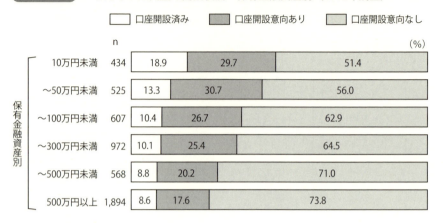

NISAは、保有金融資産の蓄積が少なく、これから中長期的な資産形成に取り組んでいこうとする若年層や現役層において、投資による資産形成を効率的に行いうるツールとして支持されているといえよう。

3）ジュニアNISA口座

ジュニアNISAについては、一般NISA口座またはつみたてNISA口座を既に開設している者のうち20歳未満の子や孫がいる者における口座の開設状況等をみたところ、図表2-29に示すとおり、10.2％が口座開設済みであり、口座開設意向あり（25.4％）まで含めると35.6％である。

これを年代別にみると、つみたてNISAと同様、年代による差異が顕著であり、60代以上の高年齢層（祖父母世代）と50代以下の年齢層（親世代）との間での較差が大きいことが確認できる。すなわち60代以上の各年代では口座開設済みは4％程度であり、口座開設意向ありを含めても25％程度にとどまっている。これに対して、50代以下の各年代では口座開設済みは15％を超え、20代～30代の若年層で最も高く23.3％である。更に、口座開設意向ありまで含めると、40代では49.2％と5割に近い水準となり、20代～30代の若年層においては62.5％と6割を超える。

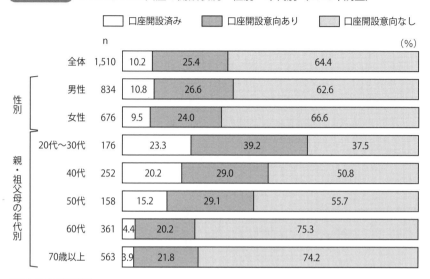

図表2-29 ジュニアNISA口座の開設状況—性別・年代別（2018年調査）

（出所）日本証券業協会

　このように、教育資金形成手段として期待されているジュニアNISAについては、今後、子どもの教育資金が必要になる場面に直面することが予想される親世代で、とりわけ年齢が若い層ほど高い関心を寄せている様子がうかがえる。

▶ 3. NISA（一般・つみたて）口座の開設先

　一般NISA口座の開設先については、図表2-30に示すとおり、「証券会社に開設している」が81.0％、「銀行・信用金庫・信用組合などに開設している」が17.6％、「郵便局に開設している」が1.4％であり、口座開設者の8割超が証券会社に口座を設けている。
　性別でみると、女性では「証券会社に開設している」が75.5％にとどまり、男性（84.9％）よりも9.4ポイント低くなっている。その一方で「銀行・信用金庫・信用組合などに開設している」が22.9％となっており、男性（13.9％）よりも9.0ポイント高い。また、年代別では特に大きな差異はみられないが、20代〜30代の若年層では「郵便局に開設している」が4.1％と、

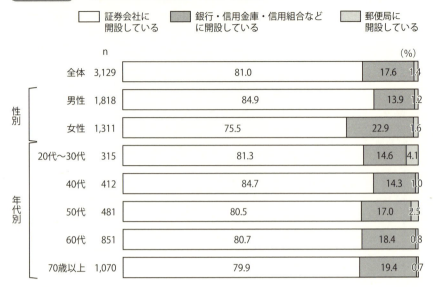

図表2-30 一般NISA口座の開設先（2018年調査）

（出所）日本証券業協会

他の年代よりも相対的に高くなっている。

　一方、つみたてNISA口座の開設先については、図表2-31に示すとおり、「証券会社に開設している」が69.0％、「銀行・信用金庫・信用組合などに開設している」が26.0％、「郵便局に開設している」が4.9％である。つみたてNISAについては株式が対象商品になっていないこともあって、一般NISA口座に比べて、証券会社に口座を開設している割合は7割程度にとどまり、その一方で、証券会社以外の金融機関に口座を開設している割合が上がっている。

　性別でみると、一般NISA口座と同様に、女性では「銀行・信用金庫・信用組合などに開設している」が男性よりも高く、30.8％と3割を超えている。また、年代別では、一般NISA口座とは違い、年代ごとの差異が大きい。特に60代では「証券会社に開設している」が58.7％と6割を下回り、「銀行・信用金庫・信用組合などに開設している」が約4割（38.0％）と他の年代に比べて高い。

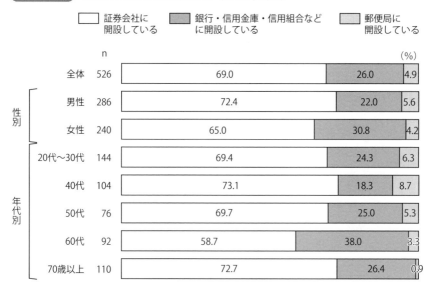

図表2-31　つみたてNISA口座の開設先（2018年調査）

（出所）日本証券業協会

▶ 4．NISA（一般・つみたて）口座の利用目的

　NISA（一般・つみたて）口座の開設者及び開設意向者に対して、図表2-32に示すとおり、口座の利用目的〔複数回答〕を尋ねたところ、「老後の資金づくり」が49.7％と最も多く、次いで、「特に目的は考えていない」が30.3％であった。これに「生活費の足し」（18.5％）、「旅行やレジャー資金づくり」（16.1％）が2割弱で続いている。

　口座の利用目的について、性別では大きな差異はみられないが、年代別でみると、年代が上がるほど「特に目的は考えていない」が多くなり、70歳以上では39.0％と約4割に上っている。一方で年代が下がるほど利用目的はより明確になる傾向がみられ、特に20代～30代の若年層では、他の年代に比べて、「子や孫の教育資金づくり」（16.0％）、「住宅購入のための資金づくり」（13.4％）、「耐久消費財（自動車や家電）などの購入資金づくり」（10.9％）の割合が高くなる。

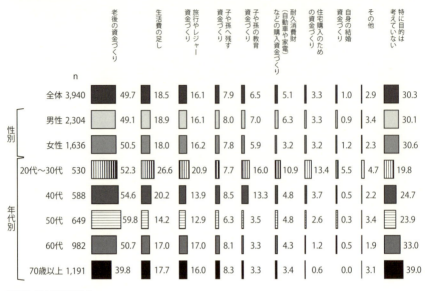

5. NISA（一般・つみたて）口座での金融商品購入経験

　一般NISA口座の開設者に対して、一般NISA口座での金融商品の購入経験を尋ねたところ、図表2-33に示すとおり、「購入したことがある」が82.7％で、「購入したことがない」は17.3％である。2018年の意識調査においては、口座開設者の8割以上に購入経験がみられるという高い結果が得られている。なお、年代別にみると、「購入したことがない」が60代以下の各層では概ね16％であるが、70歳以上では19.2％と最も高い。

　また、つみたてNISA口座の開設者に対して、つみたてNISA口座での金融商品の購入経験を尋ねたところ、図表2-34に示すとおり、「購入したことがある」が73.0％で、「購入したことがない」は27.0％である。年代別にみると、50代以上の各年代では「購入したことがある」が60％後半であり、3割以上が「購入したことがない」としている。これに対して、40代では「購入したことがある」が76.0％であり、20代〜30代では「購入したことがある」が最も高く83.3％となっており、若年層や資産形成層において、つみた

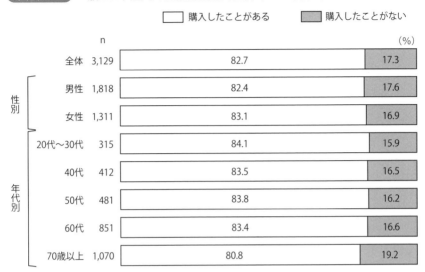

図表2-33 一般NISA口座での金融商品購入経験（2018年調査）

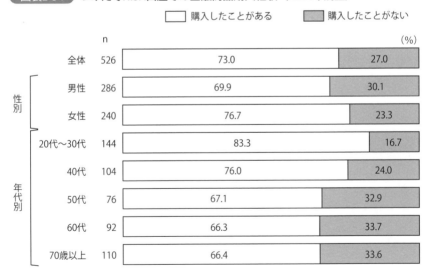

図表2-34 つみたてNISA口座での金融商品購入経験（2018年調査）

てNISAが積極的に活用されていることがみてとれる。

第3章
NISA制度導入の背景・沿革

I．株式譲渡益課税の強化の動き

　我が国では、1953年から1989年までの長きにわたり株式譲渡益課税が原則として非課税であった時代が続いてきた。

　1989年に株式譲渡益は原則課税に改められ、課税方式として申告分離課税と源泉分離課税が選択できる制度が導入された。源泉分離課税制度は、株式の譲渡代金の5％を利益とみなして、その利益に20％の所得税を課税する方式であり、つまり譲渡代金の1％が所得税というわかりやすくシンプルな制度であった。このため多くの個人投資家がこの源泉分離課税を選択する傾向[1]にあった。

　その後、2002年12月末に源泉分離課税が廃止され、申告分離課税に一本化された。2003年1月からは上場株式等に係る軽減税率（10％）が導入され、併せて源泉徴収のみで確定申告が不要となる特定口座制度が導入され、多くの個人投資家が源泉徴収ありの特定口座を利用している現状にある[2]。

　2003年1月からの軽減税率（10％）は、当初5年間の時限措置として導入され、その後3回延長されたが、2013年12月末で廃止され、2014年からは

---

[1]「源泉分離は、利益が大きければ税額が抑えられ、納税の手間もないため現在は投資家の8割が選択しているという。」（2000年3月10日付毎日新聞）
[2] 申告分離課税及び源泉徴収については第4章参照。

本則税率（20%【所得税15%、住民税5%】）に引き上げられている（図表3-1）。

図表3-1　株式譲渡益課税制度の沿革

改正年度	課税制度
1947年 （昭22）	○総合課税
1953年 （昭28）	○原則、非課税（回数多、売買株式数大、事業類似は総合課税）
1989年 （平元）	○原則、課税（以下のいずれかの方式を選択） ・申告分離課税（26%）【所得税20%、住民税6%】 ・源泉分離選択課税（みなし利益方式）（20%）
2001年 （平13）	○長期所有上場株式等の100万円特別控除の創設 ○長期所有上場株式等に係る暫定税率の特例の創設 ○緊急投資優遇措置（取得対価1,000万円まで）の創設
2002年 （平14）	○特定口座制度の創設（2003年1月～）
2003年 （平15）	○申告分離課税への一本化（源泉分離選択課税の廃止） ○上場株式等に係る税率引下げ（26%⇒20%）【所得税15%、住民税5%】 ○上場株式等に係る軽減税率（20%⇒10%）【所得税7%、住民税3%】 　（2003年1月～2007年12月末まで） ○上場株式等の譲渡損失の繰越控除制度の創設 ※長期所有上場株式等に係る暫定税率の特例の廃止 ※長期所有上場の100万円特別控除の特例の廃止
2004年 （平16）	○非上場株式に係る税率引下げ（26%⇒20%）【所得税15%、住民税5%】
2007年 （平19）	○上場株式等に係る軽減税率（10%）【所得税7%、住民税3%】の1年延長（2007年12月まで⇒2008年12月まで）
2008年 （平20）	○上場株式等に係る軽減税率（10%）【所得税7%、住民税3%】の廃止（2008年12月末まで） 　特例措置として、2009年1月から2010年12月末までの間、源泉徴収税率は10%【所得税7%、住民税3%】 　なお、上場株式等の譲渡益が年間500万円超の場合には申告不要の選択不可 　特例措置として、2009年1月から2010年12月末までの間、上場株式等の譲渡益が年間500万円以下の部分の税率は10%【所得税7%、住民税3%】 ○上場株式等の譲渡損失と配当等との間の損益通算の仕組みを導入 　（2009年分から。なお、特定口座を利用した損益通算は2010年分から）
2009年 （平21）	○特定口座における源泉徴収に係る軽減税率（10%）【所得税7%、住民税3%】の1年延長（2011年12月末まで） ○上場株式等の申告分離課税の税率の見直し（2009年～2011年まで10%【所得税7%、住民税3%】）
2010年 （平22）	○2012年から実施される上場株式等に係る税率の20%本則税率化にあわせて、非課税口座内の少額上場株式等に係る譲渡所得の非課税措置（日本版ISA）を導入

2011年 (平23)	○特定口座における源泉徴収に係る軽減税率（10％）【所得税7％、住民税3％】の2年延長（2013年12月末まで） ○上場株式等の譲渡所得等に係る軽減税率（10％）【所得税7％、住民税3％】の2年延長（2013年12月末まで） ○非課税口座内の少額上場株式等に係る譲渡所得等の非課税（日本版ISA）の施行日を2年延長し、2014年からの適用とする
2013年 (平25)	○上場株式等の譲渡所得等に係る軽減税率（10％）【所得税7％、住民税3％】は、適用期限（2013年末）をもって廃止 ○特定口座における源泉徴収に係る軽減税率（10％）【所得税7％、住民税3％】は、適用期限（2013年末）をもって廃止 ○非課税口座内の少額上場株式等に係る譲渡所得等の非課税（NISA）について、口座開設期間を10年間とし、非課税保有期間を最長5年とする（2013年10月～申し込み、2014年1月から制度開始） ○株式等に係る譲渡所得等の分離課税制度を、上場株式等に係る譲渡所得等と非上場株式等に係る譲渡所得等を別々の分離課税制度とする（2016年1月1日以後適用）

(出所) 財務省公表資料より日本証券業協会作成

Ⅱ. 株式配当課税の強化の動き

　我が国における株式配当課税の歴史は古く、1887年の所得税創設時から導入されている。株式配当課税は、原則総合課税であったが、源泉分離課税なども過去には選択できる時代もあった。

　2003年1月からの上場株式等に係る軽減税率（10％【所得税7％、住民税3％】）は、株式譲渡益課税と同様に当初5年間の時限措置として導入され、その後3回ほど延長されたが、2013年12月末で廃止され、2014年からは本則税率（20％【所得税15％、住民税5％】）に引き上げられている（図表3-2）。

図表3-2　配当課税制度の沿革

改正年度	課税制度
1887年 (明20)	○所得税の創設と同時に課税対象に
1899年 (明32)	○配当に対する所得税は非課税に 【配当は法人段階において課税されているので個人段階では非課税】
1920年 (大9)	○配当に対してその4割を控除して所得税を課す
1937年 (昭12)	○配当に対してその2割を控除して所得税を課す

第3章　NISA制度導入の背景・沿革

年	内容
1940年 (昭15)	○配当に対してその1割を控除して所得税を課す（総合課税も選択可）
1947年 (昭22)	○総合課税
1948年 (昭23)	○配当控除制度の創設
1951年 (昭26)	○証券投資信託制度が創設され、その収益の分配金が配当所得とされた
1965年 (昭40)	○源泉分離選択課税の創設（15％） （1銘柄 年50万円未満等） ○申告不要制度の創設（10％） （1銘柄 年5万円以下等）
1967年 (昭42)	○源泉分離選択課税の税率引上げ（15％⇒20％） ○申告不要の税率引上げ（10％⇒15％）
1973年 (昭48)	○源泉分離選択課税の税率引上げ（20％⇒25％）
1974年 (昭49)	○申告不要の要件の緩和（1銘柄年5万円⇒10万円）
1976年 (昭51)	○源泉分離選択課税の税率引上げ（25％⇒30％）
1978年 (昭53)	○源泉分離選択課税の税率引上げ（30％⇒35％） ○申告不要の税率引上げ（15％⇒20％）
2003年 (平15)	○源泉分離選択課税の廃止 ○上場株式等（大口以外）の申告不要の適用上限額の撤廃 ○上場株式等（大口以外）に係る軽減税率（10％）【所得税7％、住民税3％】（2003年4月から2008年3月末まで）
2007年 (平19)	○上場株式等（大口以外）に係る軽減税率（10％）【所得税7％、住民税3％】の1年延長（2008年3月まで⇒2009年3月まで）
2008年 (平20)	○上場株式等（大口以外）に係る軽減税率（10％）【所得税7％、住民税3％】の廃止（2008年12月末まで） 特例措置として、2009年1月から2010年12月末までの間、源泉徴収税率は10％【所得税7％、住民税3％】 なお、上場株式等の配当（同一の支払者からの年間の支払金額が1万円以下のものを除く）の額が年間100万円超の場合には申告不要の選択不可 ○上場株式等の申告分離課税（20％）【所得税15％、住民税5％】の創設（2009年1月から） 特例措置として、2009年1月から2010年12月末までの間、上場株式等の配当等の額が年間100万円以下の部分の税率は10％【所得税7％、住民税3％】
2009年 (平21)	○上場株式等の源泉徴収（大口以外）に係る軽減税率（10％）【所得税7％、住民税3％】を2011年末まで1年延長 ○上場株式等の申告分離課税の税率の見直し（2009年〜2011年まで10％【所得税7％、住民税3％】）
2010年 (平22)	○2012年から実施される上場株式等に係る税率の20％本則税率化にあわせて、少額上場株式等に係る配当所得の非課税（日本版ISA）を導入

2011年 (平23)	○上場株式等の配当等（大口以外）に係る軽減税率（10％）【所得税7％、住民税3％】を2013年末まで2年延長 ○上場株式等の配当等（大口以外）に係る源泉徴収の軽減税率（10％）【所得税7％、住民税3％】を2013年末まで2年延長 ○非課税口座内の少額上場株式等に係る配当所得の非課税の施行日を2年延長し、2014年からの適用とする ○総合課税の対象としている大口株主等が支払を受ける上場株式等に係る配当等の要件について、発行済株式等の総数等に占める保有割合を3％に引き下げる
2013年 (平25)	○上場株式等の配当等（大口以外）に係る軽減税率（10％）【所得税7％、住民税3％】は、適用期限（2013年末）をもって廃止 ○上場株式等の配当等（大口以外）に係る源泉徴収の軽減税率（10％）【所得税7％、住民税3％】は、適用期限（2013年末）をもって廃止 ○非課税口座内の少額上場株式等に係る配当所得の非課税（NISA）について、口座開設期間を10年間とし、非課税保有期間を最長5年とする

（出所）財務省公表資料より日本証券業協会作成

Ⅲ．NISA制度の創設までの経緯

▶ 1．2009年度税制改正

　金融庁は、2008年8月、2009年度税制改正要望として、「日本版ISA」（小口の継続的長期投資非課税制度）の創設を掲げた。

　具体的には①小口投資家向けに、毎年一定額まで（例えば100万円）の上場株式等への投資に対する配当を非課税とすること、②長期安定保有を促す観点から、当面10年間の時限措置（毎年の投資限度額を100万円とした場合、1,000万円（100万円×10年間）までの累積投資が可能）とする内容であった。これには、我が国の個人金融資産における現預金の比率が高い中、広く国民に株式や株式投資信託への投資に係るインセンティブを付与し、投資家の裾野を広げて「貯蓄から投資へ」の流れを一層促進し、国民が広く参加し、信頼される株式市場を構築するという目的があった。

　この「日本版ISA」は、英国において1999年に導入されたISA（Individual Savings Account）という毎年7,200ポンドまで（当時）の投資への配当・譲渡益等を非課税とする個人貯蓄口座制度を参考としたものである。

　証券業界の税制改正要望においても、「貯蓄から投資へ」の流れを促進し国民が自助努力で老後に備えた資産形成を支援するため、英国ISA等を参考に、上場株式等の配当金・譲渡益及び公募株式投資信託の分配金・譲渡益に

ついて非課税とするなどの長期的な視野に立った制度を導入することを掲げていた。また、上場株式等に係る軽減税率（10%）の延長や退職者層等について配当所得を長期的に非課税とすることも含め、特別の配慮をすることなどを求めていた。

その結果、政府・与党における審議を経て、自由民主党・公明党「2009年度税制改正大綱」（2008年12月12日）において、上場株式等に係る軽減税率（10%）の廃止にあわせて少額の上場株式等投資のための非課税措置の創設が盛り込まれた。

図表3-3 2009年度税制改正大綱記載の「日本版ISA」の制度概要

項目	概要
非課税対象	非課税口座内の少額上場株式等の配当、譲渡益
年間非課税投資限度額	口座開設年に、新規投資額で100万円を上限（未使用枠は翌年以降繰越不可）
非課税投資総限度額	最大500万円（100万円×5年間）
非課税保有期間	最長10年間、途中売却は自由（ただし、売却部分の枠は再利用不可）
口座開設数	年間1人1口座（毎年異なる金融機関に口座開設可）
口座開設者	居住者等（その年1月1日において満20歳以上である者）
導入時期	上場株式等の20%本則税率化にあわせて導入
買付可能期間（口座開設期間）	5年間の各年
備考	不正防止のための適正な口座管理方法や、非課税口座の設定について要件違反があった場合における源泉徴収の取扱い等の制度設計の詳細については継続検討

（出所）財務省公表資料より日本証券業協会作成

	年	1	2	3	4	5	6	7	8	9	10	11	12	13	14
口座開設期間	1	100万													
	2		100万												
	3			100万											
	4				100万										
	5					100万									

←　非課税保有期間　最長10年　→

年間1人1口座開設可、投資限度額は100万円まで
5年間で最大5口座、全体で500万円まで投資可能
毎年口座開設が必要

5年間で累積最大5口座
非課税投資限度額最大500万円

（出所）財務省公表資料より日本証券業協会作成

自由民主党・公明党「2009年度税制改正大綱」(抜萃)

第一　基本的考え方
　7　金融・証券税制
　　金融市場については、金融所得課税の一体化を推し進め、簡素で分かりやすい制度とすることで、個人投資家が投資しやすい環境を整備することが重要であり、引き続き取り組んでいく。上場株式等の配当等について、現下の経済金融環境にもかんがみ、現行税制の3年間の延長を行う一方、その後の金融所得課税の一体化の取組みの中で、少額投資のための簡素な優遇措置を創設する。具体的には、10%軽減税率が廃止され20%本則税率が実現する際に、5年間毎年100万円までの上場株式等への投資に係る配当・譲渡益を非課税とする措置を導入するため、制度設計の詳細について更に検討を進め、平成22年度改正において法制上の措置を講じる。(以下略)

第三　税制改正の具体的内容
　八　金融・証券税制
　4　少額の上場株式等投資のための非課税措置の創設
　　(1)　金融所得課税の一体化の取り組みの中で「貯蓄から投資へ」の流れを促進する観点から、上場株式等の配当所得及び譲渡所得等に係る10%軽減税率が廃止され20%本則税率が実現する際に、以下を骨子とする少額の上場株式等投資のための非課税措置を創設する。
　　①居住者等(満20歳以上の者に限る。)は、金融商品取引業者等の営業所に非課税口座を開設できるものとする。
　　②非課税口座とは、本措置の施行の日から5年内の各年において開設する③の非課税措置の適用を受けるための口座(一の年につき一口座に限る。)で、その口座を開設した日からその年12月31日までに取得をする上場株式等(その取得対価の額の合計額が100万円に達するまでのものに限る。)のみを受け入れることとされているものをいう。
　　③非課税口座において当該口座を開設した日の属する年の1月1日から10年内に生ずる上場株式等に係る配当所得及び譲渡所得等に対しては、所得税及び住民税を課さない。
　　(2)　今後、不正防止のための番号制度等を利用した適正な口座管理方法や、非課税口座の設定について要件違反があった場合における源泉徴収の取扱い等の制度設計の詳細について更に検討を進め、平成22年度改正において法制上の措置を講ずる。
　　(3)　なお、金融所得課税の一体化については、金融商品間の課税方式の均衡化や上場株式等の配当所得と譲渡所得等との間における損益通算の範囲の拡大を踏まえ、今後、税の中立性を勘案しつつ、その他の金融資産性所得も対象とした一体化について、引き続き検討を行う。

(出所)　自由民主党・公明党「2009年度税制改正大綱」(2008年12月12日)

　2009年度税制改正大綱に盛り込まれたスキームでは、①居住者等(満20歳以上の者に限る)は、金融商品取引業者等の営業所に、5年内の各年において非課税口座(1年につき1口座)の開設が可能、②その口座を開設した日からその年12月31日までに取得をする上場株式等(その取得対価の額の合計額が100万円まで)のみを受け入れることが可能、③非課税口座において当該口座を開設した日の属する年の1月1日から10年内に生ずる上場株式等に係る配当所得及び譲渡所得等に対しては、所得税及び住民税が非課税となる、というものであった。また、不正防止のための番号制度等を利用した

適正な口座管理方法や、非課税口座の設定について要件違反があった場合における源泉徴収の取扱い等の制度設計の詳細について更に検討を進め、2010年度改正において法制上の措置を講ずる旨が記載された。

▶ 2. 2010年度税制改正

金融庁は、2009年8月、2010年度税制改正要望として、「少額の上場株式等投資のための非課税制度の法制上の措置の実現」を掲げた。

具体的には、①上場株式等の配当、譲渡益に対する本則税率（20%）の適用開始時に、少額の上場株式等投資のための非課税措置を創設すること、②制度設計に当たっては、不正防止のための番号制度等を利用した適正な口座管理方法や、非課税口座の設定について要件違反があった場合における源泉徴収の取扱い等に留意するとともに、投資家の利便性や金融機関の実務にも配慮すること、という内容であった。

証券業界では、「貯蓄から資産形成へ」の流れを加速・確実なものとするため、現行の上場株式等の譲渡益、配当金等に対する軽減措置を継続することを掲げ、少額の上場株式等投資のための非課税措置（日本版ISA）の制度設計に当たっては、投資家の利便性及び証券会社等の実務に配慮した簡素なものとすることを求めていた。

その結果、2010年度税制改正大綱（2009年12月22日閣議決定）において、非課税口座内の少額上場株式等に係る配当所得及び譲渡所得等の非課税措置の創設が盛り込まれ、「所得税法等の一部を改正する法律案」として国会に提出された。この法案は2010年3月24日に、参議院において可決・成立し、同年3月31日付けで公布された。

2010年度税制改正では、居住者等（満20歳以上の者に限る）は、金融商品取引業者等の営業所に、3年内の各年において非課税口座（1年につき1口座）を開設することが可能ということになり、口座開設期間が5年から3年に縮減した形となっている。

あわせて、不正防止のための適正な口座管理方法についても法制化がなされた。居住者等が非課税の適用を受けるためには、金融商品取引業者等の営業所に対し、氏名、住所等を記載した非課税口座開設届出書に非課税口座開

設確認書を添付して提出することが必要となった。更に、非課税口座開設確認書の交付を受けようとする居住者等は、氏名、住所等を記載した交付申請書に2011年1月1日における住所地を証する住民票の写し等を添付して、最初に非課税口座を開設しようとする年の前年10月1日からその開設年の9月30日までの間に、金融商品取引業者等の営業所の長に対して提出しなければならないとされた。当該申請書の提出を受けた金融商品取引業者等の営業

図表3-4　2010年度税制改正時の「日本版ISA」の制度概要

項目	概要
非課税対象	非課税口座内の少額上場株式等の配当、譲渡益
年間非課税投資限度額	口座開設年に、新規投資額で100万円を上限（未使用枠は翌年以降繰越不可）
非課税投資総限度額	最大300万円（100万円×3年間［2012～2014年］）
非課税保有期間	最長10年間、途中売却は自由（ただし、売却部分の枠は再利用不可）
口座開設数	年間1人1口座（毎年異なる金融機関に口座開設可）
口座開設者	居住者等（その年1月1日において満20歳以上である者）
導入時期	2012年から実施される上場株式等の20％本則税率化にあわせて導入
買付可能期間（口座開設期間）	3年間の各年
備考	法令において以下の点が定められた ・非課税口座内上場株式等の配当等の範囲 ・支払の取扱者の範囲 ・非課税口座内上場株式等の譲渡による所得の区分計算 ・非課税口座から非課税口座内上場株式等の払出しがあった場合の取扱い ・非課税口座の要件等 ・非課税口座開設確認書の交付申請に関する手続 ・非課税口座を開設する際の手続 ・非課税口座年間取引報告書の提出　等

（出所）財務省公表資料より日本証券業協会作成

←　　　　非課税保有期間　最長10年　　　　→

	年	2012	13	14	15	16	17	18	19	20	21	22	23
口座開設期間	2012	100万											
	2013		100万										
	2014			100万									

年間1人1口座開設可、投資限度額は100万円まで
3年間で最大3口座、300万円まで投資可能
毎年口座開設が必要

3年間で累積最大3口座
非課税投資限度額300万円

（出所）財務省公表資料より日本証券業協会作成

政府税制調査会「2010年度税制改正大綱」(抜粋)

第3章 各主要課題の改革の方向性
2．個人所得課税
(1) 所得税
③改革の方向性

　所得再分配機能を回復し、所得税の正常化に向け、税率構造の改革のほか、以下のような改革を推進します。
　第一に、的確に所得捕捉できる体制を整え、課税の適正化を図るために、社会保障・税共通の番号制度の導入を進めます。ただし、一般の消費者を顧客としている小売業等に係る売上げ（事業所得）や、グローバル化が進展する中で海外資産や取引に関する情報の把握などには一定の限界があり、番号制度も万能薬ではないという認識も必要です。
　第二に、所得控除から税額控除・給付付き税額控除・手当へ転換を進めます。
　第三に、本来、全ての所得を合算して課税する「総合課税」が理想ではありますが、金融資産の流動性等にかんがみ、当面の対応として、景気情勢に十分配慮しつつ、株式譲渡益・配当課税の税率の見直しに取り組むとともに、損益通算の範囲を拡大し、金融所得の一体課税を進めます。

第4章　平成22年度税制改正
2．個人所得課税
(2) 金融証券税制
①非課税口座内の少額上場株式等に係る配当所得及び譲渡所得等の非課税措置の創設
　金融所得課税の一体化の取組の中で個人の株式市場への参加を促進する観点から、平成24年から実施される上場株式等に係る税率の20％本則税率化にあわせて、次の非課税口座内の少額上場株式等に係る配当所得及び譲渡所得等の非課税措置を導入します。
　イ　非課税措置の概要
　　（イ）居住者等が、金融商品取引業者等の営業所に開設した非課税口座において管理されている上場株式等（以下「非課税口座内上場株式等」といいます。）に係る配当等でその非課税口座の開設の日の属する年の1月1日から10年内に支払を受けるべきもの（当該金融商品取引業者等がその配当等の支払事務の取扱いをするものに限ります。）については、所得税及び個人住民税を課さないこととします。
　　（ロ）居住者等が、非課税口座の開設の日の属する年の1月1日から10年内にその非課税口座に係る非課税口座内上場株式等の金融商品取引業者等への売委託等による譲渡をした場合には、その譲渡による譲渡所得等については、所得税及び個人住民税を課さないこととします。また、非課税口座内上場株式等の譲渡による損失金額は、所得税及び個人住民税に関する法令の規定の適用上、ないものとみなします。
　ロ　非課税口座
　　（イ）「非課税口座」とは、居住者等（その年の1月1日において満20歳以上である者に限ります。）が、上記イの非課税措置の適用を受けるため、金融商品取引業者等の営業所に対し、その者の氏名、住所等を記載した非課税口座開設届出書に非課税口座開設確認書を添付して提出することにより平成24年から平成26年までの各年において設定された上場株式等の振替記載等に係る口座（1人につき1年1口座に限ります。）をいいます。
　　（ロ）非課税口座には、その設定の日からその年12月31日までの間に当該非課税口座を設定された金融商品取引業者等を通じて新たに取得した上場株式等（その非課税口座を設定した時からの取得対価の額の合計額が100万円を超えない範囲内のものに限ります。）及び当該上場株式等を発行した法人の合併等により取得する合併法人株式等のみを受け入れることができます。
　　（ハ）非課税口座内上場株式等の範囲は、上場株式等に係る10％軽減税率の対象となる上場株式等と同様とします。

> ハ　非課税口座開設確認書の申請手続
> （イ）上記ロの非課税口座開設確認書の交付を受けようとする居住者等は、その者の氏名、住所等を記載した交付申請書にその者の平成23年1月1日における住所地を証する住民票の写し等を添付して、その者が最初に非課税口座を開設しようとする年の前年10月1日からその開設年の9月30日までの間に、金融商品取引業者等の営業所の長に対して提出しなければならないこととします。当該申請書の提出を受けた金融商品取引業者等の営業所の長は、その申請書に記載された事項をe-Tax等を利用する方法により、すみやかに当該金融商品取引業者等の営業所の所在地の所轄税務署長に送付しなければならないこととします。
> （ロ）当該申請書の記載事項の送付を受けた税務署長は、その申請書の提出をした者につき、その送付を受けた時以前に申請書の提出がないことを確認しなければならないものとし、当該申請書の提出がないことの確認をした税務署長は、申請者の氏名、生年月日、基準日の住所等を記載した非課税口座開設確認書を当該金融商品取引業者等の営業所を通じてその申請書を提出した者に交付しなければならないこととします。
> ニ　非課税口座年間取引報告書（仮称）の税務署長への提出
> 　金融商品取引業者等は、その年中に非課税の適用を受けた非課税口座内上場株式等に係る配当所得及び譲渡所得等の金額、非課税口座内上場株式等の残高等を記載した報告書を作成し、これを翌年1月31日までに、非課税口座が開設されていた金融商品取引業者等の営業所の所在地の所轄税務署長に提出しなければならないこととします。
> ホ　その他所要の措置を講じます。

（出所）政府税制調査会「2010年度税制改正大綱」（2009年12月22日閣議決定）

所の長は、その申請書に記載された事項をe-Tax等を利用する方法により[3]、すみやかに当該金融商品取引業者等の営業所の所在地の所轄税務署長に送付しなければならない。当該申請書の記載事項の送付を受けた税務署長は、その申請書の提出をした者につき、その送付を受けた時以前に申請書の提出がないことを確認しなければならないものとされ、当該申請書の提出がないことの確認をした税務署長は、申請者の氏名、生年月日、基準日の住所等を記載した非課税口座開設確認書を当該金融商品取引業者等の営業所を通じてその申請書を提出した者に交付しなければならないとされた。また、同一人の非課税口座が重複して開設されることがないようにするために、氏名、生年月日、基準日の住所等の名寄せを行うこととされている。この他、金融商品取引業者等は、その年中に非課税の適用を受けた非課税口座内上場株式等に係る配当所得及び譲渡所得等の金額、非課税口座内上場株式等の残高等を記載した報告書を作成し、これを翌年1月31日までに、非課税口座が開設されていた金融商品取引業者等の営業所の所在地の所轄税務署長に提出すること

---

3 e-Tax（国税電子申告・納税システム）とは、インターネットで国税に関する申告や納税、申請・届出などの手続きを行うことのできるシステム。

が義務づけられた。

▶3．2011年度税制改正

金融庁は、2010年8月、2011年度税制改正要望として、「上場株式等の配当・譲渡所得に係る軽減税率を延長すること」、「日本版ISA（少額投資非課税制度）に関する利便性の向上・事務手続の簡素化」を掲げた。

上場株式等の配当・譲渡所得の軽減税率（10％）は、2011年末にその適用期限切れを迎え、2012年1月から、本則税率（20％）に移行する予定であったが、当時の経済金融情勢、配当の二重課税問題等に鑑みれば、経済の持

図表3-5　2011年度税制改正ベースの「日本版ISA」の制度概要

項目	概要
非課税対象	非課税口座内の少額上場株式等の配当、譲渡益
非課税投資限度額	口座開設年に、新規投資額で100万円を上限（未使用枠は翌年以降繰越不可）
非課税投資総限度額	最大300万円（100万円×3年間［2014〜2016年］）
非課税保有期間	最長10年間、途中売却は自由（ただし、売却部分の枠は再利用不可）
口座開設数	年間1人1口座（毎年異なる金融機関に口座開設可）
口座開設者	居住者等（その年1月1日において満20歳以上である者）
導入時期	2014年から実施される上場株式等の20％本則税率化にあわせて導入
買付可能期間（口座開設期間）	3年間の各年
備考	・施行の2年延期 ・非課税口座の要件に関する改正 ・配当所得の非課税措置の対象とならない大口株主等の配当等の要件の見直し

（出所）財務省公表資料より日本証券業協会作成

　　　　　　　　← 　非課税保有期間　最長10年　　→

	年	2014	15	16	17	18	19	20	21	22	23	24	25
口座開設期間	2014	100万											
	2015		100万										
	2016			100万										

年間1人1口座開設可、投資限度額は100万円まで
3年間で最大3口座、300万円まで投資可能
毎年口座開設が必要

3年間で累積最大3口座
非課税投資限度額300万円

（出所）財務省公表資料より日本証券業協会作成

政府税制調査会「2011年度税制改正大綱」（抜粋）

第2章　各主要課題の平成23年度での取組み
2．個人所得課税
(1) 所得税
　ホ　金融証券税制
　　金融証券税制については、個人金融資産を有効に活用し、我が国経済を活性化させるためにも、金融所得間の課税方式の均衡化と損益通算の範囲拡大を柱とする金融所得課税の一体化に向けた取組みを進める必要があります。
　　現行の上場株式等の配当・譲渡所得等に係る10％軽減税率は、公平性や金融商品間の中立性の観点から、20％本則税率とすべきですが、景気回復に万全を期すため、2年延長し、平成26年1月から20％本則税率とします。これに伴い、非課税口座内の少額上場株式等に係る配当所得及び譲渡所得等の非課税措置（いわゆる「日本版ISA」）の導入時期については、平成26年1月からとします。これらの措置については、経済金融情勢が急変しない限り、確実に実施することとします。
　（以下略）
第3章　平成23年度税制改正
2．個人所得課税
(4) 金融証券税制
②非課税口座内の少額上場株式等に係る配当所得及び譲渡所得等の非課税（いわゆる「日本版ISA」）について、次の措置を講じます。
　イ　施行日を2年延長し、平成26年1月1日からの適用とします。
　ロ　非課税口座に受け入れることができる上場株式等の範囲に、次のものを追加します。
　　（イ）非課税口座を開設されている金融商品取引業者等が行う募集により取得した上場株式等
　　（ロ）非課税口座内上場株式等について無償で割り当てられた上場新株予約権で、その割当ての際に非課税口座に受け入れられるもの
　　（ハ）2以上の非課税口座で管理している同一銘柄の非課税口座内上場株式等について行われた株式分割等により取得した上場株式等

（出所）政府税制調査会「2011年度税制改正大綱」（2010年12月16日閣議決定）

続的な成長を支える資金の供給促進に係る政策的要請は引き続き大きいため、軽減税率の延長を求めていた。

　証券業界では、経済を活性化し国民生活が豊かになることを目指し、現行の上場株式等の譲渡益、配当金等に対する軽減措置を維持すること、非課税口座内の少額上場株式等に係る配当所得・譲渡所得等の非課税措置（日本版ISA）の制度については、投資者の利便性及び金融商品取引業者等の実務に配慮した簡素なものとすることを継続して求めていた。

　その結果、2011年度税制改正では、当時の経済金融情勢に鑑み、景気回復に万全を期す観点から、上場株式等の配当等及び譲渡所得等に対する10％軽減税率の適用期限を2年延長し、2013年12月31日まで適用することとされた。これに伴い、非課税口座内の少額上場株式等に係る配当所得及び譲

渡所得等の非課税措置についても施行が延期され、2014年1月1日から適用することが決定した。あわせて非課税口座の意義についても、非課税上場株式等管理契約に基づき2014年から2016年までの間に設定された口座とされるなど所要の整備が図られた。

▶ 4. 2012年度税制改正

金融庁は、2011年9月、2012年度税制改正要望として、「少額上場株式等に係る配当所得及び譲渡所得等の非課税措置（日本版ISA）の利便性向上・事務手続の簡素化に向けた所要の措置」を掲げた。

金融庁要望では、①非課税投資限度額にかかわらず、非課税口座内の金融商品から得た分配金の同一銘柄への継続再投資を可能にすること、②非課税口座の管理方法を簡素化すること、③非課税口座を開設する際の手続きを簡素化することを求めていた。

証券業界では、非課税口座内の少額上場株式等に係る配当所得及び譲渡所得等の非課税措置（日本版ISA）について、その拡充を図るとともに、個人投資者の利便性及び金融商品取引業者等の実務に配慮した簡素なものとすることを求めていた。

そして2012年度税制改正では、非課税口座が開設される金融商品取引業者等における口座管理システムへの負荷に配慮して、その管理方法を簡素化する観点から、非課税口座年間取引報告書の記載事項の改正等が行われた。

政府税制調査会「2012年度税制改正大綱」（抜粋）

第3章　平成24年度改正
1．個人所得課税
(3) 租税特別措置等
［国税］
⑧非課税口座内の少額上場株式等に係る配当所得及び譲渡所得等の非課税（いわゆる「日本版ISA」）について、次の措置を講じます。
　イ　非課税口座年間取引報告書に記載すべき事項のうち繰越取得対価の額の記載を不要とするとともに、非課税口座内保管上場株式等について行われた株式分割等により非課税口座に受け入れた上場株式等がある場合には、その数、事由等を記載することとします。
　ロ　非課税口座開設確認書の交付申請書と非課税口座開設届出書について、これらの書類を同時に金融商品取引業者等の営業所の長に提出できる取扱いとします。

（出所）政府税制調査会「2012年度税制改正大綱」（2011年12月10日閣議決定）

▶ 5. 2013年度税制改正

　金融庁は、2012年9月、2013年度税制改正要望において、「日本版ISA（少額上場株式等に係る配当所得及び譲渡所得等の非課税措置）の恒久化等」を初めて掲げた。

　そのとき約1,500兆円であった我が国の家計金融資産について、自助努力に基づく資産形成を支援・促進し、家計からの成長マネーの供給拡大を図るため、日本版ISAの活用に期待する要望であった。しかし当時導入が予定されていた制度は、2014年からの3年間に行われる投資だけを対象とする時限措置となっていた（100万円×3年間）。これに対して、幅広く家計に国内外の資産への長期・分散投資による資産形成を行う機会を提供する観点から日本版ISAの拡充・簡素化を進める必要があるとし、特に、老後の備えや教育資金など国民の自助努力（資産形成）を本格的に支援するためには、恒久化等が望ましいといった理由から、要望として掲げられた。

　具体的には、投資可能期間を（2014年からの3年間に限らず）恒久化することで、その結果、非課税投資総限度額が拡大することとなる（現行300万円⇒1,000万円）が、富裕層を過度に優遇する結果とならないよう、非課税保有期間（現行10年間）の見直し等を通じ、500万円以上とすることが想定されていた。また対象商品を拡大し、公社債・公社債投信への投資を可能とすること、毎年新たな口座の開設を不要とする（原則1口座とする）ことを求めていた。

　一方、証券業界では、個人を含む幅広い投資家の市場参加を促進することを通じて、国民生活を豊かにするため、現行の上場株式等の譲渡益、配当金等に対する軽減措置を維持することを求めていた。とりわけ、配当金等については、長期的な投資による資産形成を促進する観点にも配慮しつつ、非課税口座内の少額上場株式等に係る配当所得及び譲渡所得等の非課税措置（日本版ISA）について、その拡充を図るとともに、個人投資者の利便性及び金融商品取引業者等の実務に配慮した簡素なものとすることを要望していた。

　その結果、2013年度税制改正では、上場株式等に係る配当所得及び譲渡所得等に対する軽減税率（10％）の特例が2013年12月31日の適用期限をもって廃止されることに伴い、非課税口座内の少額上場株式等に係る配当所得

及び譲渡所得等の非課税措置が2014年1月1日から導入することとなり、その際、本措置については、家計の安定的な資産形成を支援するとともに、経済成長に必要な成長資金の供給を拡大し、デフレ脱却を後押しする観点から、次のとおり拡充することとされた。

○非課税口座の開設期間の延長
　計画的な資産形成を始めるための十分な期間を設定するとともに、非課税口座の開設が行われる金融商品取引業者等において、そのシステム整備に要する費用対効果のバランスを考慮し、非課税口座を開設できる期間を2014年1月1日から2023年12月31日までの間（10年間）に延長された。

○非課税期間の見直し
　非課税口座の開設期間が延長されたことにあわせて、本制度を家計の計画

図表3-6　2013年度税制改正時の「日本版ISA」の制度概要

項目	概要
非課税対象	非課税口座内の少額上場株式等の配当、譲渡益
非課税投資限度額	非課税管理勘定の設定年に、次の金額の合計額で100万円を上限（未使用枠は翌年以降繰越不可） ①その年中の新規投資額 ②その口座の他の年分の非課税管理勘定から移管する上場株式等の時価
非課税投資総限度額	最大500万円（100万円×5年間）
非課税保有期間	最長5年間、途中売却は自由（ただし、売却部分の枠は再利用不可）
口座開設数	1金融商品取引業者等につき1口座（口座内に各年分の非課税管理勘定を設ける仕組みとすることにより、毎年新たな口座開設は不要とする） ※非課税適用確認書の提出により非課税口座内に非課税管理勘定を設定することができる年数は、最大4年分とする。
口座開設者	居住者等（その年1月1日において満20歳以上である者）
導入時期	2014年から実施される上場株式等の20%本則税率化にあわせて導入
買付可能期間（口座開設期間）	2014年から2023年までの10年
備考	・非課税口座の開設期間の延長 ・非課税上場株式等管理契約の改正 ・非課税口座開設確認書に関する改正 ・非課税口座に受け入れることができる上場株式等の範囲の改正

（出所）財務省公表資料より日本証券業協会作成

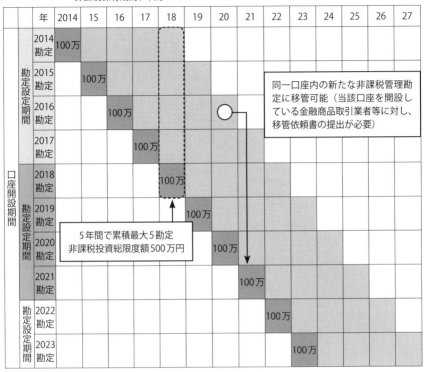

年間1人1口座開設可、投資限度額は100万円まで
(出所)財務省公表資料より日本証券業協会作成

自由民主党・公明党「2013年度税制改正大綱」(抜萃)

第一 平成25年度税制改正の基本的考え方
1 成長による富の創出に向けた税制措置
(4) その他
　家計の安定的な資産形成を支援するとともに、経済成長に必要な成長資金の供給を拡大することが課題であり、このため、従来の仕組みを大幅に拡充し10年間、500万円の非課税投資を可能とする日本版ISA(少額上場株式等に係る配当所得及び譲渡所得等の非課税措置)の創設及び金融所得課税の一体化の拡充(公社債等の利子及び譲渡損失並びに上場株式等に係る所得等の金融商品間の損益通算範囲の拡大等)を行う。

第二 平成25年度税制改正の具体的内容
一 個人所得課税
2 金融・証券税制
　(2) 非課税口座内の少額上場株式等に係る配当所得及び譲渡所得等の非課税措置等について、次の措置を講ずる。

① 非課税口座を開設することができる期間を、平成26年1月1日から平成35年12月31日まで（現行：平成26年1月1日から平成28年12月31日まで）とする。
② 非課税の対象となる配当等及び譲渡所得等を、次に掲げるものとする。
　イ　非課税口座に非課税管理勘定を設けた日から同日の属する年の1月1日以後5年を経過する日までの期間（以下「非課税期間」という。）内に支払を受けるべき非課税口座内上場株式等の配当等
　ロ　非課税期間内に金融商品取引業者等への売委託等による譲渡をした場合における当該譲渡に係る非課税口座内上場株式等の譲渡所得等
③ 非課税口座に関する要件について、次の見直しを行う。
　イ　非課税口座を開設された金融商品取引業者等は、当該非課税口座を開設した居住者等から提出を受けた非課税適用確認書（現行：非課税口座開設確認書）に記載された勘定設定期間（非課税口座に新たに非課税管理勘定を設けることができる期間をいう。以下同じ。）内の各年の1月1日（年の中途において非課税適用確認書が提出された場合における当該提出年にあっては、その提出の日）に非課税管理勘定を設けるものとする。
　ロ　各年分の非課税管理勘定においては、次に掲げる上場株式等で、非課税口座に非課税管理勘定が設けられた日から同日の属する年の12月31日までの間に受け入れた上場株式等の取得対価の額（（ロ）の上場株式等については移管日における時価）の合計額が100万円を超えないものを受け入れることができることとする。
　　（イ）当該非課税口座を開設された金融商品取引業者等を通じて新たに取得した上場株式等
　　（ロ）当該非課税口座に係る他の年分の非課税管理勘定から一定の手続の下で移管がされる上場株式等
　　（注）上記（ロ）により、非課税期間が終了する日（12月31日）に有している非課税口座内上場株式等については、同日の属する年の翌年1月1日に新たに設定される非課税管理勘定に移管することが可能となる。
　ハ　非課税適用確認書は、居住者等からの申請に基づき税務署長から交付を受けた書類で、勘定設定期間として次に掲げる期間のいずれかの期間、当該期間の区分に応じそれぞれ次に定める基準日における国内の住所その他の事項が記載された書類をいうものとする。

	勘定設定期間	基準日
（イ）	平成26年1月1日から平成29年12月31日まで	平成25年1月1日
（ロ）	平成30年1月1日から平成33年12月31日まで	平成29年1月1日
（ハ）	平成34年1月1日から平成35年12月31日まで	平成33年1月1日

　ニ　非課税適用確認書の交付を受けようとする居住者等は、交付申請書に上記ハの基準日における住所地を証する住民票の写し等を添付して、勘定設定期間の開始の日の属する年の前年10月1日から当該勘定設定期間の終了の日の属する年の9月30日までの間に、金融商品取引業者等の営業所に提出するものとする。
　ホ　居住者等は、同一の金融商品取引業者等に重複して非課税口座を開設することができないものとし、同一の勘定設定期間に重複して非課税適用確認書を提出することができないものとする。
④ 上場株式等の配当等及び譲渡所得等に係る10％軽減税率（所得税7％、住民税3％）は、平成25年12月31日をもって廃止する。
⑤ その他所要の措置を講ずる。

（出所）自由民主党・公明党「2013年度税制改正大綱」（2013年1月24日）

的な資産形成に資する制度としつつ、富裕層に対して過度な優遇とならないようにする公平性の観点から、10年間とされていた非課税口座内上場株式等に係る配当所得及び譲渡所得等の非課税保有期間が最長5年間に短縮された。

　〇非課税口座開設確認書に関する改正
　改正前の制度では、非課税口座開設確認書の交付を受けようとする居住者等は、その者が最初に非課税口座を開設しようとする年の前年10月1日から同日以後1年を経過する日までの間に、これを金融商品取引業者等の営業所の長に提出をしなければならないこととされていたが、非課税口座を毎年開設する必要がなくなり、同一の勘定設定期間は同一の非課税口座においてこの特例の適用を受ける仕組みになったことに伴い、非課税適用確認書の交付申請については、勘定設定期間の開始の日の属する年の前年10月1日からその勘定設定期間の終了の日の属する年の9月30日までの間に、これを金融商品取引業者等の営業所に提出をすることとされた。

　以上、2013年度税制改正により改正された制度が、2014年から開始された現行NISAの基本的なスキームである（現行の制度の具体的な内容については第4章参照）。なお、少額投資非課税制度についての「NISA」という愛称は、2013年4月30日に日本版ISA愛称選定委員会で決定したものである（詳しくは第8章参照）。

Ⅳ．NISA制度の改正

▶ 1．2014年度税制改正

　金融庁は、2013年8月、2014年度税制改正要望において、「NISA（少額投資非課税制度）の利便性向上」を掲げた。
　この背景には、2014年1月より開始されるNISAの普及・定着により、自助努力に基づく家計の資産形成の支援・促進と、経済成長に必要な成長マネーの供給拡大の両立を図ることへの期待があった。しかし、当時導入が予定

されていたNISAについては、①同一勘定設定期間内（最長4年間）において口座開設先の変更ができない、②一度開設したNISA口座を廃止した場合、同一勘定設定期間内の再開設ができない等、利用者にとって不便な点が残っていた。このため、NISAの普及・定着を図る観点から、早期に同制度の利便性向上・手続きの簡素化を求めていた。

証券業界では、「NISA（少額投資非課税制度）の恒久化、拡充及び簡素化」として、国民の中長期的な資産形成手段として、NISAが幅広く普及・定着するよう、①非課税保有期間及び口座開設期間の恒久化を図ること、②1年単位で、NISA口座を開設する証券会社等の変更を認めること、③同一の勘定設定期間内においてNISA口座を廃止した後、翌年以降に再度NISA口座の開設を認めること、④個人番号（マイナンバー）による重複口座確認を行うことで、住民票の写し等の提出を不要とし、非課税適用確認書の申請事項の提供を簡素化することなどを求めていた。

そして、2014年度税制改正では、これまで株式等のリスク資産への投資に親しみがなかった層に継続的な資産形成を始めるインセンティブを付与するとともに、経済成長に必要な成長資金を確保する観点から導入されたというNISA制度の趣旨を踏まえ、NISA制度の利便性を更に向上させる観点等から、次の改正が行われた。

〇非課税口座の再開設及び非課税管理勘定の再設定に関する手続きの創設
　非課税口座に非課税管理勘定を設定するためには非課税適用確認書を提出することが必要とされていたが、この非課税適用確認書は同一の勘定設定期間に一度しか税務署長から交付を受けることができないため、一旦非課税口座を開設して非課税管理勘定を設けると同一の勘定設定期間内は他の金融商品取引業者等に再度非課税口座を開設したり、非課税管理勘定を設けたりすることはできないとされていた。NISA制度はいわば投資初心者向けの制度であるところ、一旦金融商品取引業者等の営業所において非課税口座を開設したものの、他の金融商品取引業者等で販売している金融商品に投資をしてNISA制度を適用したいといった場合に、非課税口座を開設する金融商品取引業者等を変更することができないことについて改善を望む声があがってい

自由民主党・公明党「2014年度税制改正大綱」（抜粋）

第二　平成26年度税制改正の具体的内容
Ⅱ 年末での決定事項
一　個人所得課税
2　金融・証券税制
（国税・地方税）
(1) 非課税口座内の少額上場株式等に係る配当所得及び譲渡所得等の非課税措置（NISA）について、金融商品取引業者等の営業所に非課税口座を開設している、又は開設していた者は、当該非課税口座に設けられた非課税管理勘定の年分の属する勘定設定期間と同一の勘定設定期間内に、次の手続の下で非課税口座の再開設又は非課税管理勘定の再設定をすることができることとする。ただし、当該非課税口座を廃止した年分の非課税管理勘定に既に上場株式等を受け入れていた場合には、当該廃止した年分は、非課税口座の再開設又は非課税管理勘定の再設定をすることはできない。
① 非課税管理勘定廃止通知書の交付
　イ　金融商品取引業者等の営業所に非課税口座を開設している居住者等が、当該非課税口座に設けられるべき非課税管理勘定を当該非課税口座以外の非課税口座に設けようとする場合には、当該非課税口座に当該非課税管理勘定が設けられる日の属する年の前年10月1日から同日以後1年を経過する日までの間に、当該金融商品取引業者等の営業所の長に、金融商品取引業者等変更届出書（以下「変更届出書」という。）を提出しなければならない。この場合において、当該変更届出書を提出する日以前に当該非課税管理勘定に既に上場株式等の受入れをしているときは、当該金融商品取引業者等の営業所の長は、当該変更届出書を受理してはならない。
　ロ　変更届出書の提出があった場合において、当該変更届出書に係る非課税管理勘定が既に設けられているときは、当該非課税管理勘定は、当該提出があった日に廃止されるものとする。また、当該提出があった日の属する年の翌年以後の各年（同日の属する勘定設定期間内の各年に限る。）においては、当該非課税管理勘定が設けられていた非課税口座には新たに非課税管理勘定を設けることができないものとする。ただし、同日後に下記③の手続が行われた場合は、この限りでない。
　ハ　変更届出書の提出を受けた金融商品取引業者等の営業所の長は、当該変更届出書を提出した者の氏名、整理番号、当該変更届出書の提出を受けた旨その他の事項を、当該営業所の所在地の所轄税務署長に、電子情報処理組織（e-Tax）を使用する方法により提供しなければならない。
　ニ　所轄税務署長に上記ハの事項の提供をした金融商品取引業者等の営業所の長は、当該変更届出書を提出した居住者等に対し、非課税管理勘定の廃止年月日、非課税管理勘定の再設定ができる年分その他の事項を記載した非課税管理勘定廃止通知書を交付するものとする。
② 非課税口座廃止通知書の交付
　イ　非課税口座廃止届出書（以下「廃止届出書」という。）の提出を受けた金融商品取引業者等の営業所の長は、当該廃止届出書を提出した者の氏名、整理番号、当該廃止届出書の提出を受けた旨その他の事項を、当該営業所の所在地の所轄税務署長に、電子情報処理組織（e-Tax）を使用する方法により提供しなければならない。
　ロ　所轄税務署長に上記イの事項の提供をした金融商品取引業者等の営業所の長は、当該廃止届出書を提出した居住者等に対し、非課税口座の廃止年月日、非課税口座の再開設又は非課税管理勘定の再設定ができる年分その他の事項を記載した非課税口座廃止通知書を交付するものとする。

③ 非課税口座の再開設又は非課税管理勘定の再設定の手続
　イ　金融商品取引業者等の営業所に非課税口座の再開設をしようとする居住者等は、非課税口座開設届出書に非課税管理勘定廃止通知書又は非課税口座廃止通知書（以下「廃止通知書」と総称する。）を添付して、その非課税口座の再開設をしようとする年の前年10月1日から同日以後1年を経過する日までの間に、当該金融商品取引業者等の営業所の長に提出しなければならない。
　ロ　既に金融商品取引業者等の営業所に非課税口座を開設している居住者等が当該非課税口座に非課税管理勘定の再設定をしようとする場合には、当該居住者等は、その非課税管理勘定の再設定をしようとする年の前年10月1日から同日以後1年を経過する日までの間に、廃止通知書を当該金融商品取引業者等の営業所の長に提出しなければならない。
　ハ　廃止通知書（非課税口座開設届出書に添付して提出されるものを含む。以下同じ。）の提出を受けた金融商品取引業者等の営業所の長は、その提出を受けた後速やかに、当該提出をした者の氏名、整理番号、当該廃止通知書の提出を受けた旨その他の事項（以下「提出事項」という。）を、当該営業所の所在地の所轄税務署長に、電子情報処理組織（e-Tax）を使用する方法により提供しなければならない。
　ニ　当該提出事項の提供を受けた所轄税務署長は、当該廃止通知書を発行した金融商品取引業者等の営業所の長からの上記①ハの変更届出書又は②イの廃止届出書に係る届出事項の提供の有無を確認するものとし、当該確認をした所轄税務署長は、次に掲げる場合の区分に応じそれぞれ次に定める事項を、当該提出事項の提供をした金融商品取引業者等の営業所の長に、電子情報処理組織（e-Tax）を使用する方法により提供するものとする。
　　（イ）これらの届出書に係る届出事項の提供がある場合（（ロ）に掲げる場合に該当する場合を除く。）　当該金融商品取引業者等の営業所に非課税口座の再開設又は非課税管理勘定の再設定をすることができる旨その他の事項
　　（ロ）これらの届出書に係る届出事項の提供がない場合又は当該提出事項が提供された時前に既に当該所轄税務署長若しくは当該所轄税務署長以外の税務署長に対して同一の居住者等に係る提出事項の提供がある場合　当該金融商品取引業者等の営業所に非課税口座の再開設又は非課税管理勘定の再設定ができない旨その他の事項
　ホ　上記ニ（イ）に定める事項の提供を受けた金融商品取引業者等の営業所の長は、当該営業所に非課税口座の再開設又は当該営業所の非課税口座に非課税管理勘定の再設定をするものとする。
　（注）上記の改正は、平成27年1月1日以後に変更届出書又は廃止届出書が提出される場合について適用する。

（出所）自由民主党・公明党「2014年度税制改正大綱」（2013年12月12日）

た。このようなニーズに応えるため、金融商品取引業者等の営業所に非課税口座を開設している者又は開設していた者が、その非課税口座に設けられた非課税管理勘定の年分の属する勘定設定期間と同一の勘定設定期間内に、一定の手続きの下で発行された非課税管理勘定廃止通知書又は非課税口座廃止通知書を提出することにより、非課税口座の再開設又は非課税管理勘定の再設定を可能とする仕組みが導入された。

▶ 2. 2015年度税制改正

金融庁は、2014年8月、2015年度税制改正要望において、「NISA（少額投資非課税制度）の拡充・利便性向上」を掲げた。

金融庁要望では、①NISAについて年間投資限度額を、毎月の定額投資に適した金額（120万円：毎月10万円×12か月）に引き上げること、②NISA口座開設手続き等の簡素化として、重複口座の確認については、マイナンバーを用いることで、住民票の写し等の提出を不要とすること、③税務当局においてはNISA口座開設手続きの迅速化に向けた所要の措置を講じること、を求めていた。

自由民主党・公明党「2015年度税制改正大綱」（抜萃）

第一　平成27年度税制改正の基本的考え方
I　デフレ脱却・経済再生に向けた税制措置
3　投資家のすそ野拡大・成長資金の確保
　家計の安定的な資産形成を支援するとともに、経済成長に必要な成長資金を確保することが課題である。こうした観点から、若年層への投資のすそ野の拡大等を図るためジュニアNISA（未成年者口座内の少額上場株式等に係る配当所得及び譲渡所得等の非課税措置）を創設するとともに、NISAの年間投資上限額の引上げを行う。

第二　平成27年度税制改正の具体的内容
一　個人所得課税
1　金融・証券税制
（国税・地方税）
〔拡充等〕
(1) 非課税口座内の少額上場株式等に係る配当所得及び譲渡所得等の非課税措置（NISA）について、次の措置を講ずる。
　① 非課税口座に設けられる各年分の非課税管理勘定に受け入れることができる上場株式等の取得対価の額の限度額を、120万円（現行：100万円）に引き上げる。
　（注）上記①の改正は、平成28年分以後の非課税管理勘定について適用する。
　② 非課税適用確認書の交付申請書の記載事項等の金融商品取引業者等の営業所の長から所轄税務署長への提供方法について、光ディスク等を提出する方法を廃止し、電子情報処理組織（e-Tax）を使用する方法に一本化する。
　③ 金融商品取引業者等の営業所の長が所轄税務署長の承認を受けた場合に当該所轄税務署長以外の税務署長に提供することができる事項の範囲に、次に掲げる事項を加える。
　　イ　居住者等から提出を受けた非課税口座異動届出書の記載事項
　　ロ　居住者等から提出を受けた非課税口座移管依頼書の記載事項
　　ハ　金融商品取引業者等に事業譲渡等があった場合の提供事項
　④ なお、個人番号を用いることによる非課税口座の開設手続の簡素化については、平成29年分までは基準日の住所を証する住民票の写し等の提出により重複して非課税口座を開設することを防止する実務が確立していることを踏まえ、平成30年分以後の非課税口座の開設の際に実施できるよう、引き続き検討を行う。

（出所）自由民主党・公明党「2015年度税制改正大綱」（2014年12月30日）

証券業界では、「NISA（少額投資非課税制度）の恒久化、拡充及び簡素化」として、①NISAが幅広く普及・定着するよう、非課税保有期間及び口座開設期間の恒久化を図ること、②個人の自助努力による資産形成の拡充を支援する観点から、NISA口座における年間の投資限度額（100万円）を引き上げること、③NISA利用者の利便性向上の観点から、NISA口座開設手続きについて、マイナンバーによる重複口座確認を行うことで住民票の写し等の提出を不要とし、非課税適用確認書の申請事項を簡素化するとともに、口座開設に要する期間の迅速化を図る措置を講じること、を求めていた。

　そして、2015年度税制改正では、投資家の裾野を広げる観点等から、次の改正が行われた。

○非課税投資限度額の引上げ

　非課税口座に設けられる各年分の非課税管理勘定に受け入れることができる上場株式等の取得対価の限度額は100万円とされていたが、投資家の裾野を一層拡大し、家計の資産形成を更に支援する観点から、月々の積立投資に適した金額である120万円に引き上げられた。

▶ 3．2016年度税制改正

　金融庁は、2015年8月、2016年度税制改正要望において、「NISAの更なる利用拡大に向けた利便性向上」を掲げた。

　金融庁要望では、①NISA口座開設時の重複口座の有無の確認方法として、2018年以降一律にマイナンバーのみを用いることとし、住民票の写し等の提出を不要とすること、②現在、NISA口座を保有している者が定期的に求められる重複口座の確認について、マイナンバー制度開始以降、金融機関に対してマイナンバーの告知を行った場合には、次回以降の確認は不要とすることを求めていた。

　証券業界では、「NISA（少額投資非課税制度）及びジュニアNISA（未成年者少額投資非課税制度）の恒久化、拡充及び簡素化」として、①中長期的な投資による資産形成の支援を目的としている観点から、非課税保有期間の恒久化を図ること、②市場への継続的なリスクマネーの供給を実現する観点

から、制度の恒久化（口座開設期間の恒久化）を図ること、③非課税保有期間の恒久化を前提として、スイッチングを認めること、④NISA利用者の利便性向上の観点から、NISA口座開設手続きについて、マイナンバーによる重複口座確認を行うことにより住民票の写し等の提出を不要とすること、⑤既に住民票の写し等により重複口座確認が行われている者がNISA口座開設時又は番号法整備法の経過措置期間中[4]にNISA口座に係るマイナンバーの告知・税務署への提供が行われた場合には、改めてマイナンバーの告知等を不要とする措置を講じること、を求めていた。

2016年度税制改正では、NISAの利便性向上の観点等から、次の改正が行われた。

〇基準日における国内の住所の記載及びその住所を証する書類の添付不要並びに勘定設定期間の変更
①基準日の廃止及び勘定設定期間の改正

NISA制度では、これまで非課税適用確認書の交付申請書に記載する基準日における国内の住所を用いて同一人物による非課税口座の重複開設の有無を確認していたが、2016年よりマイナンバー制度が導入されたことに伴い、今後は、このマイナンバーを利用して重複開設の有無を確認することとされた。このため、2018年分以後の勘定設定期間に係る非課税適用確認書の交付申請書については、基準日における国内の住所の記載及びその住所を証する書類の添付が不要とされた。これに伴い、ⓐ2018年1月1日から2021年12月31日までの期間及びⓑ2022年1月1日から2023年12月31日までの期間とされていた2018年分以後の勘定設定期間が、2018年1月1日から2023年12月31日までの期間に統一された。

上記の改正の結果、本非課税措置における勘定設定期間は、次に掲げるいずれかの期間となっている。

　イ　2014年1月1日から2017年12月31日までの期間
　ロ　2018年1月1日から2023年12月31日までの期間

---

4 番号法整備法において、証券会社は2018年12月末までに顧客からマイナンバーの告知を受けることとされた。なお、2019年度税制改正によりこの期間は2021年末まで延長されている。

自由民主党・公明党「2016年度税制改正大綱」(抜粋)

第一　平成28年度税制改正の基本的考え方
2　少子化対策・女性活躍の推進・教育再生等に向けた取組み
　(1)　少子化への対応、働き方の選択に対する中立性の確保等の観点からの個人所得課税の見直しに向けた検討
　　(前略)雇用の流動化や、労働者に近い形態で働く自営業主の割合の増加など、働き方が多様化していることを踏まえ、所得の種類に応じた控除と人的な事情に配慮した控除の役割分担を含め、各種控除のあり方を検討する。あわせて、老後の生活など各種のリスクに備える自助努力を支援するための企業年金、個人年金、貯蓄・投資、保険等に関連する諸制度のあり方について、社会保障制度を補完する観点や働き方の違い等によって有利・不利が生じないようにするなど公平な制度を構築する観点から幅広い検討を行う。
　　なお、金融所得に対する課税のあり方については、法人実効税率の引下げも踏まえ、税負担の垂直的な公平性等を確保する観点から、検討する。

第二　平成28年度税制改正の具体的内容
一　個人所得課税
2　金融・証券税制
（国税・地方税）
〔延長・拡充〕
　(1)　非課税口座内の少額上場株式等に係る配当所得及び譲渡所得等の非課税措置（NISA）について、次の措置を講ずる。
　①　非課税適用確認書の交付申請書について、基準日における国内の住所の記載及び当該住所を証する書類の添付を不要とする。これに伴い、平成30年以後の勘定設定期間を、平成30年1月1日から平成35年12月31日までとする。
　②　平成29年分の非課税管理勘定が設定されている非課税口座を平成29年10月1日において開設している居住者等で、同日においてその者の個人番号を当該非課税口座が開設されている金融商品取引業者等の営業所の長に告知をしているものは、同日に当該金融商品取引業者等の営業所の長に対し、平成30年1月1日から平成35年12月31日までの勘定設定期間が記載されるべき非課税適用確認書の交付申請書の提出をしたものとみなす。ただし、当該居住者等から当該金融商品取引業者等の営業所の長に対し、平成29年9月30日までに、非課税適用確認書の交付申請書の提出があったものとみなされることを希望しない旨の申出があった場合には、この限りでない。なお、当該金融商品取引業者等の営業所の長は、当該居住者等に対し、平成29年10月15日までに、非課税適用確認書の交付申請書が提出されたこととなる旨の通知をしなければならない。
　③　非課税口座を開設している居住者等が出国により非課税口座を廃止する場合において、その者が出国の日の3月前の日における有価証券等の価額により国外転出をする場合の譲渡所得等の特例の適用を受けるときは、その非課税口座内の上場株式等を、出国の日の3月前の日の価額により譲渡し、かつ、再び取得したものとして譲渡所得等の非課税措置を適用する。
　　(注1)　上記①の改正は、平成30年以後の勘定設定期間に係る非課税適用確認書の交付申請書について適用する。
　　(注2)　上記③の改正については、未成年者口座内の少額上場株式等に係る譲渡所得等の非課税措置（ジュニアNISA）についても同様とする。

（出所）自由民主党・公明党「2016年度税制改正大綱」(2015年12月16日)

②2018年1月1日から2023年12月31日までの勘定設定期間に係る非課税適用確認書の交付申請書の提出に関する経過措置

　納税者の手続きを簡素化する観点から、上記①の改正に伴う経過措置として、2017年分の非課税管理勘定が設定されている非課税口座を2017年10月1日において開設している居住者等で、同日においてその者の個人番号をその非課税口座が開設されている金融商品取引業者等の営業所の長に告知をしているものは、同日にその金融商品取引業者等の営業所の長に対し、2018年1月1日から2023年12月31日までの勘定設定期間が記載されるべき非課税適用確認書の交付申請書の提出をしたものとみなすこととされた。ただし、その居住者等からその金融商品取引業者等の営業所の長に対し、2017年9月30日までに、この経過措置の適用を受けることを希望しない旨その他一定の事項を記載した書類の提出があった場合には、この経過措置の適用はない。この経過措置の適用により、2017年10月1日において非課税口座を開設している者で個人番号の告知をしているものは、特段の手続きを行うことなく2018年1月1日から2023年12月31日までの勘定設定期間の非課税適用確認書の交付を受けることができ、簡便に本非課税措置を継続して適用できることとなった。

▶ 4. 2017年度税制改正

　金融庁は、2016年8月、2017年度税制改正要望において、「少額からの積立・分散投資の促進のためのNISAの改善」、「現行NISAにおける非課税期間終了時の対応」及び「投資可能期間（現行：2023年まで）の恒久化」を掲げた。

　当時、NISA（少額投資非課税制度）は、口座開設数が約1,000万口座、買付金額が約7.8兆円となるなど、着実に普及しつつあった（2016年3月末時点）。これを踏まえて、金融庁は、NISAの更なる普及のため、手元資金が十分でない若年層等の利用を促進する観点から、少額からの積立・分散投資に適した「積立NISA」の創設を求めていた。

　「積立NISA」は、一般NISAとの選択制としたうえで、年間投資限度額60万円、非課税保有期間20年間として要望されている。これには、長期・分

散投資のメリットを十分得られるよう、①現行NISAよりも年間投資限度額を小さくする一方、非課税投資保有期間をより長期とする、②長期・分散投資に適した一定の投資商品かつ定期・定額での投資（積立投資）に限った恒久措置として導入するといった内容の要望であった。

証券業界では、「NISA（少額投資非課税制度）及びジュニアNISA（未成年者少額投資非課税制度）の恒久化、拡充及び簡素化」として、①上場株式等への投資を促進し、市場への継続的なリスクマネーの供給を実現する観点から、NISAに係る非課税保有期間の恒久化を図ること、②仮に、NISAの非課税保有期間の恒久化又は延長が図られない場合には、非課税保有期間終了時の対応として、含み損商品の払出し時の取得価額の特例措置、ロールオーバーの上限額の撤廃、その他手続きの簡素化等の措置を講じること、③国民が中長期的な投資を行う環境を整備し、自助努力による資産形成を支援する観点から、NISAに係る制度の恒久化（口座開設期間の恒久化）を図ること、④非課税保有期間の恒久化を前提として、NISA及びジュニアNISAにおけるスイッチング（取得した上場株式等の売却代金の範囲内での他の上場株式等の再取得）を認めること、⑤少額からの積立・分散投資に適した「積立NISA」の制度設計に当たっては、投資者の利便性及び証券会社等の実務に配慮した簡素なものとすること、を求めていた。

図表3-7　非課税累積投資契約に係る非課税措置の概要

	非課税累積投資契約に係る非課税措置 （積立NISA）	従来の非課税措置 （一般NISA）
毎年の投資限度額	40万円	120万円 （2014・15年は100万円）
非課税保有期間	20年間	5年間
買付可能期間 （口座開設期間）	20年間 （2018〜2037年）	10年間 （2014〜2023年）
投資対象商品	長期の積立・分散投資に適した公募・上場株式投資信託 （商品性について内閣総理大臣が告示で定める要件を満たしたものに限る）	上場株式・公募株式投資信託等
投資方法	契約に基づく、定期かつ継続的な方法で投資	制限なし
制度の利用	いずれかの選択性	

（出所）財務省公表資料より日本証券業協会作成

図表3-8 つみたてNISAの概要

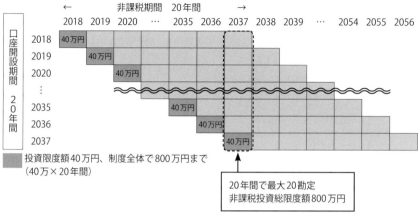

（出所）日本証券業協会

　その結果、2017年度税制改正では、家計の安定的な資産形成を支援する観点から、特に少額からの長期積立・分散投資を促進するための制度として、つみたてNISA（非課税累積投資契約に係る配当所得及び譲渡所得等の非課税措置）が創設されている（図表3-7、3-8）。

○非課税口座内上場株式等の移管手続きの簡素化

　さらに2017年度税制改正では非課税期間満了時の上場株式等の移管（いわゆるロールオーバー）に係る移管時の価額の限度額の撤廃が図られた。

　非課税口座に設けられる各年分の非課税管理勘定には、その非課税口座に設けられている他の年分の非課税管理勘定で管理されている上場株式等を移管することができることとされているが、これにより移管ができる上場株式等は、その移管時における価額（時価）で120万円までが限度とされていた。このため、移管しようとする上場株式等が取得時よりも値上がりしたことによって、移管時の価額が120万円を超えている場合には、移管をする上場株式等について、120万円におさまるよう選択する必要があった。このような他の年分の非課税管理勘定からの上場株式等の移管は5年間の非課税保有期間の満了時に集中して行われることが想定されるため、その移管に係る

自由民主党・公明党「2017年度税制改正大綱」(抜萃)

第一　平成29年度税制改正の基本的考え方
1　経済社会の構造変化を踏まえた個人所得課税改革
　(2)　今後の個人所得課税改革の方向性
　　老後の生活など各種のリスクに備える自助努力を支援するための企業年金、個人年金、貯蓄・投資、保険等に関連する諸制度のあり方について、社会保障制度を補完する観点や働き方の違い等によって有利・不利が生じないようにするなど公平な制度を構築する観点から幅広い検討を行う。
2　デフレ脱却・経済再生に向けた税制措置
　(4)　その他考慮すべき課題
　　④　現行のNISAが積立型の投資に利用しにくいことを踏まえ、家計の安定的な資産形成を支援する観点から、少額からの積立・分散投資を促進するための積立NISAを新たに創設する。創設に当たっては、投資初心者でも理解できるよう、複数の銘柄の有価証券等に対して分散投資を行うなどの要件を満たし、特定の銘柄等によるリスクの集中の回避が図られた投資信託に商品を限定するとともに、実践的な投資教育をあわせて推進することが重要である。
　　　　また、非課税投資の期間が長期にわたることも踏まえ、制度の適正な利用について定期的な点検ができる体制の構築を前提とする。また、前述の個人所得課税改革において、老後の生活など各種のリスクに備える自助努力を支援する公平な制度の構築に向けた検討を行う中で、NISA全体に係る整理を行う。こうした方針に沿って、制度の簡素化や税制によって政策的に支援すべき対象の明確化の観点から、複数の制度が並立するNISAの仕組みについて、少額からの積立・分散投資に適した制度への一本化を検討する。
　　⑤　金融所得に対する課税のあり方について、税負担の垂直的な公平性等を確保する観点から、諸外国の制度や市場への影響も踏まえつつ、必要な検討を行う。

第二　平成29年度税制改正の具体的内容
一　個人所得課税
2　金融・証券税制
(国税・地方税)〔延長・拡充〕
　(1)　非課税口座内の少額上場株式等に係る配当所得及び譲渡所得等の非課税措置(NISA)について、次の措置を講ずる。
　　①　非課税累積投資契約に係る非課税措置を次のように創設し、現行の非課税上場株式等管理契約に係る非課税措置と選択して適用できることとする。
　　　イ　居住者等が、金融商品取引業者等の営業所に開設した非課税口座に累積投資勘定を設けた日から同日の属する年の1月1日以後20年を経過する日までの間に支払を受けるべき累積投資勘定に係る株式投資信託(その受益権が金融商品取引所に上場等がされているもの又はその設定に係る受益権の募集が一定の公募により行われたものに限る。以下「公募等株式投資信託」という。)の配当等(当該金融商品取引業者等がその配当等の支払事務の取扱いをするものに限る。)については、所得税及び個人住民税を課さない。
　　　ロ　居住者等が、金融商品取引業者等の営業所に開設した非課税口座に累積投資勘定を設けた日から同日の属する年の1月1日以後20年を経過する日までの間にその累積投資勘定に係る公募等株式投資信託の譲渡をした場合には、その譲渡による譲渡所得等については所得税及び個人住民税を課さない。また、当該公募等株式投資信託の受益権の譲渡による損失金額は、所得税及び個人住民税に関する法令の規定の適用上ないものとみなす。
　　　ハ　非課税累積投資契約とは、上記イ及びロの非課税の適用を受けるために居住者等が金融商品取引業者等と締結した公募等株式投資信託の受益権の定期かつ継続的な方法による買付け及びその管理に関する契約で、その契約書において、次に掲げる事項が定められているものをいう。
　　　　(イ)　公募等株式投資信託の受益権の管理は、累積投資勘定(当該契約に基づき非課税口座で管理される公募等株式投資信託の受益権を他の取引に関する記録と区分して行うため

の勘定で、平成30年から平成49年までの各年のうち現行の非課税管理勘定が設定される年以外の年に設けられるものをいう。）において行うこと。
(ロ) 当該累積投資勘定は、当該居住者等から提出を受けた非課税適用確認書、勘定廃止通知書又は非課税口座廃止通知書に記載された勘定設定期間においてのみ設けられること。
(ハ) 当該累積投資勘定は、原則としてその勘定設定期間内の各年の1月1日において設けられること。
(ニ) 当該累積投資勘定には、累積投資に適した商品性を有するものとして次に掲げる事項が投資信託約款に記載されている公募等株式投資信託の受益権のみを受け入れること。
　a　信託契約期間の定めがないこと又は20年以上の信託契約期間が定められていること。
　b　収益の分配は、原則として信託の計算期間ごとに行うこととされており、かつ、月ごとに行うこととされていないこと。
　c　信託財産は、複数の銘柄の有価証券又は複数の種類の特定資産に対して分散投資をして運用を行い、かつ、一定の場合を除いてデリバティブ取引への投資による運用を行わないこと。
　d　その他一定の事項
(ホ) 当該累積投資勘定においては、その居住者等の非課税口座に累積投資勘定が設けられた日から同日の属する年の12月31日までの間に当該金融商品取引業者等への買付けの委託により取得した公募等株式投資信託の受益権（当該期間内の取得対価の額の合計額が40万円を超えないものに限る。）及び公募等株式投資信託の受益権の分割等により取得する公募等株式投資信託の受益権のみを受け入れること。
(ヘ) 当該金融商品取引業者等の営業所の長は、非課税口座が開設された日の属する年の1月1日以後10年を経過する日及び同日の翌日以後5年を経過する日ごとに、これらの日において当該非課税口座を開設している居住者等の住所地等を確認することとされていること。
(ト) その他一定の事項
② 非課税口座に設けられた非課税管理勘定に、他の年分の非課税管理勘定又は未成年者口座に設けられた非課税管理勘定から移管がされる上場株式等については、その移管により非課税管理勘定に受け入れる上場株式等の価額（払出し時の金額）の上限額を撤廃する。
(注) 上記②の改正については、未成年者口座内の少額上場株式等に係る配当所得及び譲渡所得等の非課税措置（ジュニアNISA）における非課税管理勘定又は継続管理勘定への上場株式等の移管についても同様とする。

(出所) 自由民主党・公明党「2017年度税制改正大綱」（2016年12月8日）

事務処理を円滑にする観点から、非課税保有期間の満了に伴い移管する上場株式等でその満了時に設けられる非課税管理勘定に移管するものに限っては移管時の上場株式等の価額の限度額を撤廃することとされた。

▶ 5. 2018年度税制改正

　金融庁では、2017年8月、2018年度税制改正要望において、「NISA等の利便性向上」、「NISAの恒久化」を掲げた。
　NISA（少額投資非課税制度）については、当時、口座開設数が約1,000万口座、買付金額が約10.5兆円となるなど、着実に普及してきていた（一般

NISA：2017年3月末時点）。一方、口座開設以降一度も買付が行われていない口座が相当数にのぼるなど稼働率の向上が課題とされていた。この理由の一つとしては、投資家がNISA口座の開設を申し込んでも、その当日には買付ができず（二重口座でないことの確認が必要）、買付ができるようになるまでに買付意欲を失ってしまうことが挙げられており、NISA（一般NISA、ジュニアNISA、つみたてNISA）の口座開設申込時に、即日で買付を可能とすることを求めていた。

　また、一般NISAの場合、保有から5年が経ち非課税保有期間が終了した後、顧客は引き続き非課税枠を使って投資を行うロールオーバーができるが、ロールオーバーを希望しない場合、その商品は課税口座へ自動的に移管される。課税口座には一般口座と特定口座があるが、当時の制度では特に意思表示をしない限り一般口座に移管されることとなっていた（つみたてNISA等も同様）。これを受け、顧客の利便性向上のため、NISAの非課税保有期間終了時に、特に意思表示をしない限り特定口座に移管されるものとすることを求めていた。

　証券業界では、「NISA（少額投資非課税制度）及びジュニアNISA（未成年者少額投資非課税制度）の恒久化、拡充及び簡素化」として、①NISA及びジュニアNISAについて、中長期的な投資による資産形成の支援を目的としている観点から、非課税保有期間の恒久化を図ること、②NISA及びジュニアNISAについて、市場への継続的なリスクマネーの供給を実現する観点から、制度の恒久化（口座開設期間の恒久化）を図ること、③NISA及びジュニアNISAの非課税保有期間の恒久化を前提として、スイッチング（NISA口座及びジュニアNISA口座で取得した上場株式等の売却代金の範囲内での他の上場株式等の再取得をすること）を認めること、④NISA利用者の利便性向上の観点から、NISA口座開設手続きについて、マイナンバーによる重複口座確認を行うことにより住民票の写し等の提出を不要とすること、⑤既に住民票の写し等により重複口座確認が行われている者がNISA口座開設時又は番号法整備法の経過措置期間中にNISA口座に係るマイナンバーの告知・税務署への提供が行われた場合には、改めてマイナンバーの告知等を不要とする措置を講じること、を求めていた。

自由民主党・公明党「2018年度税制改正大綱」(抜粋)

第一　平成30年度税制改正の基本的考え方
2　デフレ脱却・経済再生
(5)　その他考慮すべき課題
④　金融所得に対する課税のあり方については、家計の安定的な資産形成を支援するとともに税負担の垂直的な公平性等を確保する観点から、関連する各種制度のあり方を含め、諸外国の制度や市場への影響も踏まえつつ、総合的に検討する。

第二　平成30年度税制改正の具体的内容
一　個人所得課税
2　金融・証券税制
(国税・地方税)〔延長・拡充等〕
(3)　非課税口座内の少額上場株式等に係る配当所得及び譲渡所得等の非課税措置(NISA)について、次の措置を講ずる。
①　非課税口座の開設手続について、次の見直しを行う。
　イ　金融商品取引業者等の営業所に非課税口座の開設をしようとする居住者等は、当該営業所の長に対し、非課税適用確認書の添付を要しない非課税口座簡易開設届出書の提出ができることとする。当該届出書の提出を受けた金融商品取引業者等の営業所の長は、当該営業所に非課税口座を開設するとともに、当該届出書に記載された事項(以下「届出事項」という。)を電子情報処理組織を使用する方法により、速やかに当該営業所の所在地の所轄税務署長に提供しなければならない。
　ロ　上記イの届出事項の提供を受けた所轄税務署長は、当該届出書の提出をした者につき、その提供を受けた時前における届出事項及び非課税適用確認書の交付申請書に係る申請事項(以下「申請事項」という。)の提供の有無を確認するものとし、当該確認をした所轄税務署長は、次に掲げる場合の区分に応じそれぞれ次に定める事項を、当該届出事項の提供をした金融商品取引業者等の営業所の長に、電子情報処理組織を使用する方法により提供しなければならない。
　　(イ)　当該届出事項の提供を受けた時前に届出事項及び申請事項の提供がない場合　当該金融商品取引業者等の営業所における非課税口座の開設が適当である旨
　　(ロ)　当該届出事項の提供を受けた時前に届出事項又は申請事項の提供がある場合　当該金融商品取引業者等の営業所における非課税口座の開設が当初よりできなかった旨
②　非課税口座内上場株式等は、非課税期間終了の日(非課税管理勘定が設けられた日の属する年の1月1日から5年を経過した日又は累積投資勘定が設けられた日の属する年の1月1日から20年を経過した日をいう。以下同じ。)に非課税口座が開設されている金融商品取引業者等に開設されている特定口座がある場合には、他の年分の非課税管理勘定又は特定口座以外の他の保管口座に移管されるときを除き、当該特定口座に移管されることとする。この場合において、非課税期間終了の日に非課税口座内上場株式等を特定口座以外の他の保管口座に移管しようとするときは、当該金融商品取引業者等の営業所の長に対し、当該非課税口座内上場株式等を当該他の保管口座に移管することを依頼する旨その他の事項を記載した書類の提出(当該書類の提出に代えて行う電磁的方法による当該書類に記載すべき事項の提供で、特定署名用電子証明書等の送信と併せて行うものを含む。)をしなければならないこととする。
③　非課税口座廃止届出書を提出する居住者等が当該届出書の提出を受ける金融商品取引業者等の営業所の長に個人番号の告知をしていない場合には、当該営業所の長が所轄税務署長に提供する廃止届出事項から個人番号を除外する。
④　その他所要の措置を講ずる。
　(注1)　上記①の改正は、平成31年1月1日以後に非課税口座簡易開設届出書が提出される場合について適用する。
　(注2)　上記②の改正については、未成年者口座内の少額上場株式等に係る配当所得及び譲渡所得等の非課税措置(ジュニアNISA)における未成年者口座内上場株式等の移管(課税未成年者口座を構成する特定口座への移管を含む。)についても同様とする。

(出所)　自由民主党・公明党「2018年度税制改正大綱」(2017年12月14日)

その結果、2018年度税制改正では、NISA制度について、利便性を向上させる観点等から次の改正が行われた。

○非課税口座簡易開設届出書の創設
　新規に非課税口座の開設をしようとする居住者等は、非課税口座開設届出書に非課税適用確認書を添付して、これを金融商品取引業者等の営業所の長に提出することとされていた。この非課税適用確認書の交付を受けるためには、居住者等は、金融商品取引業者等の営業所の長を経由して所轄税務署長に非課税適用確認書の交付申請をする必要があるが、この一連の手続きには一定の期間（1～2週間程度）を要していた。2018年度税制改正においては、迅速な口座開設を可能とするため、非課税口座簡易開設届出書が新設され、非課税適用確認書の交付申請を必要としない非課税口座開設手続きが導入された。
　なお、引き続き従来の口座開設手続きによる非課税口座の開設も可能であるとされている。

▶ 6. 2019年度税制改正

　金融庁では、2018年8月、2019年度税制改正要望において、「NISA制度の恒久化」及び「NISA制度の利便性向上等」を掲げた。
　NISA制度については、口座数・買付額ともに順調に推移し、家計の安定的な資産形成のツールとして広く定着しつつあったが、時限措置であるため、制度の延長・恒久化を求める声が多くあった。特に、「つみたてNISA」については、2018年から投資を開始する人は20年間のつみたて期間が確保できる一方、2019年以降は、つみたて期間が1年ずつ縮減することとなり、長期の積立投資を奨励する制度であるにもかかわらず、20年のつみたて期間が確保されていない。このため、家計の安定的な資産形成を継続的に後押しする観点から、NISA制度について、恒久措置とすること、特に、「つみたてNISA」については、開始時期にかかわらず、20年間のつみたて期間が確保されるよう、制度期限（2037年）を延長することを求めていた。
　また、当時、NISA口座保有者が海外転勤等により一時的に出国する場合、

既にNISA口座で保有している商品は課税口座に払い出され、帰国後においても、NISA口座に戻す（移管する）ことはできなかった。これについて利用者からの問題提起もあり、NISA口座保有者が、海外転勤等により一時的に出国している間であっても引き続きNISA口座を利用できるようにすることや成年年齢が引き下げられたことを踏まえ、NISA制度の利用開始年齢を引き下げること等を求めていた。

証券業界では、「つみたてNISAの制度期限の延長」、「NISA制度の恒久化・根拠法の制定等」及び「NISAの利便性向上等」として、以下の要望を掲げた。

①つみたてNISAについて、2037年までとされている投資可能期間（口座開設期間）を延長することにより、来年以降に投資を開始しても投資可能期間が少なくとも20年となるようにすること、②NISA制度を恒久化するとともに、NISAが国民の安定的な資産形成に資する恒久的な制度となるよう根拠法（NISA法）を制定すること、③取得後20年又は5年とされているNISAの非課税保有期間を恒久化又は延長すること、④成年年齢引下げに伴い、NISAの対象年齢を18歳以上とすること、⑤NISAのロールオーバーに係る移管依頼書の電磁的提出について、特定署名用電子証明書等の送信と併せて行われる場合に限り認められているが、本人確認の措置を講じることによりその範囲を拡大すること、⑥NISAについて「非課税口座異動届出書」の提出による当年中の勘定の変更を認めること、⑦NISA制度利用者が出国する場合に、NISA口座において現に保有している上場株式等について継続的に配当等の非課税の取扱いを可能とする措置を講じること、⑧NISA口座内の上場株式等について、売却代金の範囲内での他の上場株式等の再取得を認めること、を求めていた。

その結果、2019年度税制改正では、①非課税口座を開設している居住者等が一時的な出国により居住者等に該当しないこととなる場合の特例措置、②成年年齢引下げに伴いNISAの対象年齢を20歳以上から18歳以上へ引下げ、③ロールオーバー移管依頼書の電磁的記録の提供の範囲拡大、④非課税口座異動届出書の提出による当年中の勘定変更などの措置が講じられた。

自由民主党・公明党「2019年度税制改正大綱」（抜萃）

第一　平成31年度税制改正の基本的考え方
5　経済社会の構造変化等を踏まえた税制の検討
(1) 個人所得課税のあり方
② 老後の生活等に備える資産形成を支援する公平な制度のあり方

　　老後の生活など各種のリスクに備える資産形成については、企業年金、個人年金等の年金税制、貯蓄・投資、保険等の金融税制が段階的に整備・拡充されてきたが、働き方の多様化が進展する中で、働き方の違い等によって税制による支援が異なること、各制度それぞれで非課税枠の限度額管理が行われていることといった課題がある。また、「人生100年時代」に向けて、全世代型社会保障制度の構築が進められていく中、税制においても、どのようなライフコースを歩んだ場合でも老後に備える資産形成について公平に税制の適用を受けることができる制度のあり方を考えることが必要である。こうした認識の下、関係する諸制度について、社会保障制度を補完する観点や働き方の違い等によって有利・不利が生じないようにするなど公平な制度を構築する観点から、諸外国の制度も参考に、包括的な見直しを進める。
　　その際には、拠出・運用・給付の各段階を通じた課税のあり方について、公平な税負担の確保等の観点から検討する必要がある。また、給与・退職一時金・年金給付の間の税負担のバランスについて、働き方やライフコースの多様化を踏まえた検討が必要である。
　　あわせて、金融所得に対する課税のあり方について、家計の安定的な資産形成を支援するとともに、所得階層別の所得税負担率の状況も踏まえ、税負担の垂直的な公平性等を確保する観点から、関連する各種制度のあり方を含め、諸外国の制度や市場への影響も踏まえつつ、総合的に検討する。
　　NISAについては、その政策目的や制度の利用状況を踏まえ、望ましいあり方を検討する。

第二　平成31年度税制改正の具体的内容
一　個人所得課税
2　金融・証券税制
（国税・地方税）〔延長・拡充〕
(1) 非課税口座内の少額上場株式等に係る配当所得及び譲渡所得等の非課税措置（NISA）について、次の措置を講ずる。
① 非課税口座を開設している居住者等が一時的な出国により居住者等に該当しないこととなる場合の特例措置を次のとおり講ずる。
　　イ　当該居住者等がその出国の日の前日までに当該非課税口座が開設されている金融商品取引業者等の営業所の長に、その者に係る給与等の支払をする者からの転任の命令その他これに準ずるやむを得ない事由に基因して出国をする旨、引き続き非課税措置の適用を受けようとする旨、帰国をした後再び当該非課税口座において非課税上場株式等管理契約又は非課税累積投資契約に基づく上場株式等の受入れを行う旨その他の事項を記載した届出書（以下「継続適用届出書」という。）の提出をしたときは、その出国の時から、その者が当該金融商品取引業者等の営業所の長に、帰国をした年月日、当該非課税口座において再び非課税上場株式等管理契約又は非課税累積投資契約に基づく上場株式等の受入れを行わせようとする旨その他の事項を記載した届出書（以下「帰国届出書」という。）の提出をする日と当該継続適用届出書の提出をした日から起算して5年を経過する日の属する年の12月31日とのいずれか早い日までの間は、その者を居住者等に該当する者とみなして、本措置を引き続き適用する。この場合において、当該帰国届出書の提出をする日までは、当該非課税口座に設けられた非課税管理勘定又は累積投資勘定に上場株式等を受け入れることができないこととする。
　　ロ　継続適用届出書の提出をした者が当該提出をした日から起算して5年を経過する日の属する年の12月31日までに当該金融商品取引業者等の営業所の長に帰国届出書の提出をしなかった場合には、同日においてその者が当該金融商品取引業者等の営業所の長に非課税口座廃止届出書を提出したものとみなす。

ハ　その出国につき、国外転出をする場合の譲渡所得等の特例の対象となる者は、継続適用届出書の提出をすることができないこととする。
② 居住者等が非課税口座を開設することができる年齢要件をその年1月1日において18歳以上（現行：20歳以上）に引き下げる。
③ 次に掲げる書類の提出に代えて行う電磁的方法による当該書類に記載すべき事項を記録した電磁的記録の提供の際に行うこととされている本人確認の方法について、その者の氏名、生年月日及び住所の記載のある住所等確認書類を提示する方法を加える。
　イ　特定口座以外の他の保管口座への非課税口座内上場株式等移管依頼書
　ロ　非課税口座内上場株式等移管依頼書
　ハ　未成年者口座非課税口座間移管依頼書
④ 非課税口座を開設している居住者等は、当該非課税口座にその年に設けられている勘定を変更しようとする場合には、当該非課税口座が開設されている金融商品取引業者等の営業所の長に対し、非課税口座異動届出書の提出ができることとする。この場合において、当該非課税口座異動届出書を提出する日以前に当該勘定に既に上場株式等の受入れをしているときは、当該金融商品取引業者等の営業所の長は、当該非課税口座異動届出書を受理することができないこととする。
⑤ その他所要の措置を講ずる。
　（注）上記②の改正は、平成35年1月1日以後に設けられる非課税口座について適用するとともに、所要の経過措置を講ずる。

（出所）自由民主党・公明党「2019年度税制改正大綱」（2018年12月14日）

Ｖ．ジュニアNISA制度導入の背景・沿革

▶ 1．2015年度税制改正

　金融庁は、2014年8月、2015年度税制改正要望において、「ジュニアNISAの創設」を掲げた。

　ジュニアNISAの制度趣旨は、若年層への投資の裾野を拡大し、「家計の安定的な資産形成の支援」及び「経済成長に必要な成長資金の供給拡大」の両立を図ることであった。また、期待される効果として、若年層への投資の裾野の拡大、高齢者に偏在する膨大な金融資産を成長資金へと動かす契機にすること及び長期投資の促進が挙げられた。

　要望理由としては、高齢者層による若年層への資金援助に対する意欲は高く、また若年層には大学への進学等へのまとまった資金ニーズが存在しており、さらに若年層への資産移転及び、若年層の将来に向けた資産形成へのニーズが高いことを踏まえ、これを後押しする投資の枠組みが必要というものである。また、英国においては、2011年11月にジュニアISAが開始されており、同制度も参考としている。

証券業界でも、次世代を担う若者の教育資金づくりや資産形成などをサポートする観点から、NISAの年齢制限を撤廃した「ジュニアNISA制度」を創設することを求めていた。

　その結果、2015年度税制改正では、若年層への投資の裾野拡大を図るとともに、高齢者層から若年層への世代間の資産移転を促すことを目的として、対象者を20歳未満の者に限定した未成年者口座内の少額上場株式等に係る配当所得及び譲渡所得等の非課税措置が創設された。

図表3-9　2015年度税制改正時の「ジュニアNISA」の制度概要

項目	概要
非課税対象	20歳未満の者が開設する未成年者口座内の少額上場株式等の配当、譲渡益
非課税投資限度額	非課税管理勘定の設定年に、次の金額の合計額で80万円を上限（未使用枠は翌年以降繰越不可） ① その年中の新規投資額 ② その口座の他の年分の非課税管理勘定から移管する上場株式等の時価
非課税投資総限度額	最大400万円（80万円×5年間）
買付可能期間（口座開設期間）	2016年から2023年までの8年間
非課税保有期間	原則最長5年間 （注）　口座開設期間終了後も、既投資分は20歳になるまで非課税で保有し続けることを可能とする。 （非課税期間の終了時に有する上場株式等の時価80万円を限度）
払出し制限	・非課税期間中に生じた上場株式等の譲渡代金及び配当や、非課税期間終了時に他の年分の非課税管理勘定に移管しなかった上場株式等は、課税未成年者口座で管理。 ・その年3月31日において18歳である年の前年12月31日までは原則として未成年者口座及び課税未成年者口座からの払出しは不可。 ・未成年者口座や課税未成年者口座から制限に反して払出しをする場合は、過去に未成年者口座内で生じた配当と譲渡益及び払出し時点の未成年者口座内の少額上場株式等の含み益について課税。 （注）　災害等により居住家屋が全壊したこと等の重大なやむを得ない事由が生じた場合には、非課税による払出しが可能。
施行日	マイナンバー法の施行に合わせ、2016年1月に受付を開始し、同年4月より口座開設開始。

（出所）財務省公表資料より日本証券業協会作成

【非課税措置のイメージ①】
〈20歳前に制度が終了する場合〉

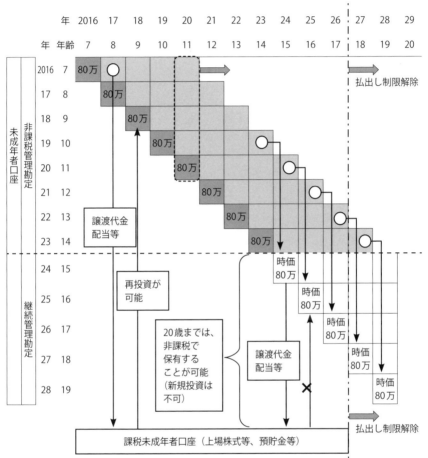

(出所)財務省公表資料より日本証券業協会作成

【非課税措置のイメージ②】
〈制度終了前に20歳になる場合〉

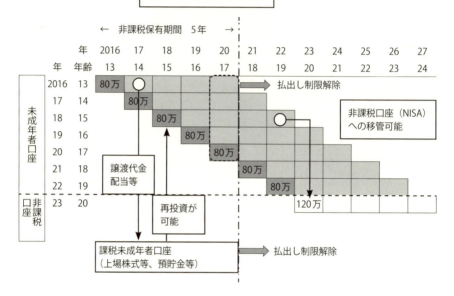

自由民主党・公明党「2015年度税制改正大綱」（抜粋）

第二　平成27年度税制改正の具体的内容
一　個人所得課税
1　金融・証券税制
（国税・地方税）
〔新設〕
(1) 未成年者口座内の少額上場株式等に係る配当所得及び譲渡所得等の非課税措置を次のように創設する。
① 非課税措置の概要
　イ　居住者等が、未成年者口座に設けた次に掲げる勘定の区分に応じそれぞれ次に定める期間内に支払を受けるべき当該勘定において管理されている上場株式等の配当等（当該未成年者口座において支払を受けるものに限る。）及び当該期間内に譲渡した当該上場株式等の譲渡所得等については、所得税を課さない。
　（イ）非課税管理勘定　当該非課税管理勘定を設けた日から同日の属する年の1月1日以後5年を経過する日までの期間
　（ロ）継続管理勘定　当該継続管理勘定を設けた日からその未成年者口座を開設した者がその年1月1日において20歳である年の前年12月31日までの期間

ロ　非課税管理勘定は、平成28年から平成35年までの各年（当該未成年者口座を開設している者が、その年1月1日において20歳未満である年及び出生した日の属する年に限る。）に設けることができることとし、毎年80万円を上限に、新たに取得した上場株式等及び同一の未成年者口座の他の非課税管理勘定から移管される上場株式等を受け入れることができる。

　ハ　継続管理勘定は、平成36年から平成40年までの各年（当該未成年者口座を開設している者がその年1月1日において20歳未満である年に限る。）に設けることができることとし、毎年80万円を上限に、同一の未成年者口座の非課税管理勘定から移管される上場株式等を受け入れることができる。

（注）上記ロ及びハの80万円の上限は、新たに取得した上場株式等についてはその取得対価の額により、他の非課税管理勘定から移管される上場株式等についてはその移管の時の価額（時価）により判定する。

② 未成年者口座

　イ　未成年者口座とは、居住者等（その年1月1日において20歳未満である者及びその年に出生した者に限る。）が、本特例の適用を受けるため、金融商品取引業者等の営業所の長に対し、その者の氏名、住所及び個人番号等を記載した未成年者口座開設届出書に未成年者非課税適用確認書を添付して提出することにより平成28年から平成35年までの間に開設した口座（1人につき1口座に限る。）をいう。

　ロ　未成年者口座で管理されている上場株式等につき支払を受ける配当等及び当該上場株式等を譲渡した場合におけるその譲渡代金等については、課税未成年者口座において管理されなければならない。

　ハ　未成年者口座を開設した居住者等は、当該未成年者口座を開設した日から居住者等がその年3月31日において18歳である年（以下「基準年」という。）の前年12月31日までの間は、当該未成年者口座内の上場株式等を課税未成年者口座以外の口座に払い出すことはできない。ただし、当該居住者等が、その居住する家屋が災害により全壊したことその他これに類する事由（当該事由が生じたことにつき税務署長の確認を受けた場合に限る。以下「災害等の事由」という。）に基因して当該未成年者口座及び課税未成年者口座内の上場株式等及び金銭の全てを払い出す場合は、この限りでない。

③ 課税未成年者口座

　イ　課税未成年者口座とは、居住者等が未成年者口座を開設している金融商品取引業者等の営業所（当該金融商品取引業者等の関連会社の営業所を含む。）に開設した特定口座、預貯金口座又は預り金の管理口座をいう。

　ロ　課税未成年者口座内の上場株式等及び預貯金等は、当該課税未成年者口座を開設した居住者等の基準年の前年12月31日までは、その資金を未成年者口座における投資に用いる場合を除き、当該課税未成年者口座から払い出すことはできない。ただし、当該居住者等の災害等の事由に基因して当該課税未成年者口座及び未成年者口座内の上場株式等及び金銭の全てを払い出す場合は、この限りでない。

④ 払出制限について要件違反があった場合の取扱い

　イ　未成年者口座及び課税未成年者口座を開設した居住者等が、基準年の前年12月31日までに、これらの口座内の上場株式等及び預貯金等をこれらの口座から払出しをした場合には、当該払出しがあった日において上場株式等の譲渡又は配当等の支払があったものとして、次の金額に対して15％（他に地方税5％）の税率により源泉徴収を行う。

　（イ）次に掲げる金額の合計額から、当該未成年者口座を開設した日から当該払出しがあった日までの間に当該未成年者口座において取得した上場株式等の取得対価の額等の合計額を控除した金額

　　a　当該未成年者口座を開設した日から当該払出しがあった日までの間に、当該未成年者口座において行われた上場株式等の譲渡に係る譲渡対価の額及び当該未成年者口座から課税未成年者口座に移管がされた当該移管の時における上場株式等の価額（時価）の合計額

　　b　当該払出しがあった日において当該未成年者口座において有する上場株式等の価額（時価）の合計額

（ロ）当該未成年者口座を開設した日から当該払出しがあった日までの間に当該未成年者口座において支払を受けた上場株式等の配当等の額の合計額
　（注）上記（イ）の譲渡所得の金額の計算上損失が生じた場合には、その生じた損失の金額はなかったものとみなす。また、上記（ロ）の配当所得の金額から控除することもできない。
　ロ　上記イにより源泉徴収された上場株式等に係る譲渡所得等の金額は、確定申告不要制度を適用できる。
⑤　年間取引報告書の税務署長への提出
　金融商品取引業者等は、未成年者口座においてその年中に生じた上場株式等の配当所得の金額及び譲渡所得等の金額その他の事項について報告書を作成し、これを翌年1月31日までに、税務署長に提出しなければならない。
⑥　非課税口座（NISA口座）への移管等
　イ　その年1月1日において20歳である居住者等が同日に未成年者口座を開設している場合には、同日以後は、当該未成年者口座が開設されている金融商品取引業者等の営業所に当該居住者等の非課税口座が開設されたものとみなすこととする。
　ロ　金融商品取引業者等の営業所に開設されている未成年者口座の非課税管理勘定又は継続管理勘定において管理されていた上場株式等は、同一の金融商品取引業者等の営業所に開設されている非課税口座に移管できることとする。
（注）上記の制度は、平成28年1月1日以後に未成年者口座の開設の申込みがされ、同年4月1日から当該未成年者口座に受け入れる上場株式等について適用する。ただし、これらの日が、行政手続における特定の個人を識別するための番号の利用等に関する法律附則第1条第4号に定める日前となる場合には、同日からとする。

（出所）自由民主党・公明党「2015年度税制改正大綱」（2014年12月30日）

▶ 2．2016年度税制改正

　証券業界では、2016年度税制改正要望においてNISAと同様にジュニアNISAについても、制度の恒久化、拡充及び簡素化等を求めていた。
　そして、2016年度税制改正では、ジュニアNISAに関して利便性を向上さ

自由民主党・公明党「2016年度税制改正大綱」（抜粋）

第二　平成28年度税制改正の具体的内容
一　個人所得課税
2　金融・証券税制
（国税・地方税）
〔延長・拡充〕
（1）非課税口座内の少額上場株式等に係る配当所得及び譲渡所得等の非課税措置（NISA）について、次の措置を講ずる。
③　非課税口座を開設している居住者等が出国により非課税口座を廃止する場合において、その者が出国の日の3月前の日における有価証券等の価額により国外転出をする場合の譲渡所得等の特例の適用を受けるときは、その非課税口座内の上場株式等を、出国の日の3月前の日の価額により譲渡し、かつ、再び取得したものとして譲渡所得等の非課税措置を適用する。
（注）上記③の改正については、未成年者口座内の少額上場株式等に係る譲渡所得等の非課税措置（ジュニアNISA）についても同様とする。

（出所）自由民主党・公明党「2016年度税制改正大綱」（2015年12月16日）

せる観点等から、課税未成年者口座の要件の見直し等の改正が行われた。具体的には、改正前まで、「課税未成年者口座」とは特定口座や預貯金口座など、各々の口座を指すものとして考えられていたが、この改正によって、特定口座や預貯金口座など複数の口座によって構成されるものを指すこととされた。

▶ 3. 2017年度税制改正

　証券業界では、2017年度税制改正要望においてNISAと同様にジュニアNISAについても、制度の恒久化、拡充及び簡素化等を求めていた。更に利便性向上のため、18歳までの払出し制限の緩和等及び贈与税の基礎控除額の特例等の措置を講じることも併せて求めていた。

　2017年度税制改正では、ジュニアNISAに関して利便性を向上させる観点等から、①5年間の非課税保有期間満了時にロールオーバーを行う際の受入れ限度額の撤廃、②ロールオーバーの移管依頼書についてマイナポータルを利用した場合に限って電磁的提出を認める等の改正が行われた。

自由民主党・公明党「2017年度税制改正大綱」（抜粋）

第二　平成29年度税制改正の具体的内容
一　個人所得課税
2　金融・証券税制
（国税・地方税）
〔延長・拡充〕
(1) 非課税口座内の少額上場株式等に係る配当所得及び譲渡所得等の非課税措置（NISA）について、次の措置を講ずる。
② 非課税口座に設けられた非課税管理勘定に、他の年分の非課税管理勘定又は未成年者口座に設けられた非課税管理勘定から移管がされる上場株式等については、その移管により非課税管理勘定に受け入れる上場株式等の価額（払出し時の金額）の上限額を撤廃する。
（注）上記②の改正については、未成年者口座内の少額上場株式等に係る配当所得及び譲渡所得等の非課税措置（ジュニアNISA）における非課税管理勘定又は継続管理勘定への上場株式等の移管についても同様とする。

（出所）自由民主党・公明党「2017年度税制改正大綱」（2016年12月8日）

▶ 4．2018年度税制改正

　金融庁は、2018年度税制改正要望において、「NISAの利便性向上」、「NISAの恒久化」を掲げた。ジュニアNISAについてもNISAと同様な措置を求めていた。

　証券業界では、NISAと同様にジュニアNISAについても、制度の恒久化、拡充及び簡素化等を求めていた。更に利便性向上のため、18歳までの払出し制限の緩和等及び贈与税の基礎控除額の特例等の措置を講じることも併せて求めていた。

　その結果、2018年度税制改正では、ジュニアNISAに関して利便性を向上させる観点等から、一般NISAと同様に、非課税保有期間の満了時に、ジュニアNISA口座を開設している金融商品取引業者等の営業所に特定口座を有している場合には、当該ジュニアNISA口座で非課税保有期間が満了した上場株式等は、原則としてその特定口座に移管されることとする改正が行われた。

自由民主党・公明党「2018年度税制改正大綱」（抜萃）

第二　平成30年度税制改正の具体的内容
一　個人所得課税
2　金融・証券税制
〔国税・地方税〕
〔延長・拡充等〕
(3) 非課税口座内の少額上場株式等に係る配当所得及び譲渡所得等の非課税措置（NISA）について、次の措置を講ずる。
② 非課税口座内上場株式等は、非課税期間終了の日（非課税管理勘定が設けられた日の属する年の1月1日から5年を経過した日又は累積投資勘定が設けられた日の属する年の1月1日から20年を経過した日をいう。以下同じ。）に非課税口座が開設されている金融商品取引業者等に開設されている特定口座がある場合には、他の年分の非課税管理勘定又は特定口座以外の他の保管口座に移管されるときを除き、当該特定口座に移管されることとする。この場合において、非課税期間終了の日に非課税口座内上場株式等を特定口座以外の他の保管口座に移管しようとするときは、当該金融商品取引業者等の営業所の長に対し、当該非課税口座内上場株式等を当該他の保管口座に移管することを依頼する旨その他の事項を記載した書類の提出（当該書類の提出に代えて行う電磁的方法による当該書類に記載すべき事項の提供で、特定署名用電子証明書等の送信と併せて行うものを含む。）をしなければならないこととする。
(注)　上記②の改正については、未成年者口座内の少額上場株式等に係る配当所得及び譲渡所得等の非課税措置（ジュニアNISA）における未成年者口座内上場株式等の移管（課税未成年者口座を構成する特定口座への移管を含む。）についても同様とする。

（出所）自由民主党・公明党「2018年度税制改正大綱」（2017年12月14日）

▶ 5. 2019年度税制改正

　金融庁は、2019年度税制改正要望において、「NISA制度の恒久化」、「NISA制度の利便性向上等」を掲げた。ジュニアNISAについてもNISAと同様の措置を求めていた。

　証券業界では、NISAと同様にジュニアNISAについても、制度の恒久化、拡充及び簡素化等を求めていた。更に利便性向上のため、18歳までの払出し制限の緩和等及び贈与税の基礎控除額の特例等の措置を講じることも併せて求めていた。

　その結果、2019年度税制改正では、ジュニアNISAに関して利便性を向上させる観点等から、①成年年齢引下げに伴って、ジュニアNISA口座開設の年齢要件を18歳未満に引下げること、②ロールオーバーの移管依頼書について電磁的提出を行う場合の要件緩和といった改正が行われた。

自由民主党・公明党「2019年度税制改正大綱」（抜粋）

第二　平成31年度税制改正の具体的内容
一　個人所得課税
2　金融・証券税制
（国税・地方税）
〔延長・拡充〕
(2) 未成年者口座内の少額上場株式等に係る配当所得及び譲渡所得等の非課税措置（ジュニアNISA）について、次の措置を講ずる。
① 居住者等が未成年者口座の開設並びに非課税管理勘定及び継続管理勘定の設定をすることができる年齢要件をその年1月1日において18歳未満（現行：20歳未満）に引き下げる。
② 次に掲げる書類の提出に代えて行う電磁的方法による当該書類に記載すべき事項を記録した電磁的記録の提供の際に行うこととされている本人確認の方法について、その者の氏名、生年月日及び住所の記載のある住所等確認書類を提示する方法を加える。
　イ　未成年者口座内上場株式等移管依頼書
　ロ　特定口座以外の他の保管口座への未成年者口座内上場株式等移管依頼書
③ その他所要の措置を講ずる。
(注) 上記①の改正は、平成35年1月1日以後に設けられる未成年者口座等について適用するとともに、所要の経過措置を講ずる。

（出所）自由民主党・公明党「2019年度税制改正大綱」（2018年12月14日）

第4章
NISAに関する税制上の措置

I. NISA制度の全体像

1）株式等の配当益・譲渡益課税のあらまし

　我が国の現行税制では、個人が上場株式等（詳しくは後述）から得る配当等（配当所得）と当該上場株式等を譲渡したことによって得る譲渡所得の金額については、原則として、他の所得の金額と区分して税金を計算する申告分離課税の対象となる。なお、この「上場株式等」とは、主に東京証券取引所に代表される金融商品取引所に上場されている株式・投資信託のことを指す（図表4-1）。

　個人が上場株式等から得る配当所得（発行済株式総数の3％以上を保有する「大口個人株主」が受け取る配当金を除く）に対しては、確定申告をせずともよい申告不要制度が設けられている[1]。この制度の適用を受けた場合、支払いを受ける際に予め所得税15％（復興特別所得税を含めると15.315％）及び住民税5％、合計20.315％が配当等の額から差し引かれ、投資家に対して支払われることとなる（源泉徴収）。

　なお、上場株式等の配当等を受け取る方法は現在4つ存在するが（図表4-2）、NISA制度によって配当等を非課税とするためには、「株式数比例配分

---

[1] 確定申告を行うことを前提に、総合課税と申告分離課税のいずれかの選択も可能となっている。

図表4-1 「上場株式等」の範囲

```
上場株式等
上場株式
上場投資信託（不動産投資信託（J-REIT）を含む）
公募株式投資信託の受益権
上場優先出資証券
特定公社債
公募公社債投資信託　など
```

```
一般株式等
上場株式以外の株式等
```

(出所) 日本証券業協会「個人投資家のための証券税制Q&A（2018年版）」をもとに作成

図表4-2 国内上場株式等の配当等の受取方法

方　式	概　　要
株式数比例配分方式	上場株式の配当金等を証券会社の取引口座で受け取る方式（すべての上場株式の配当金等について適用される）
登録配当金受領口座方式	株主等が所有する全ての銘柄の配当金を一つの銀行口座で受け取る方法
個別銘柄指定方式（単純取次ぎ方式）	株主等が所有する銘柄ごとに銀行口座を指定して配当金を受け取る方法
配当金領収証方式	ゆうちょ銀行等及び郵便局の窓口で配当金領収証と引き換えに配当金を現金で受け取る方法

(注) 証券会社等によって、方式の名称が異なる場合がある。
(出所) 日本証券業協会「個人投資家のための証券税制Q&A（2018年版）」をもとに作成

方式」を選択しなければならない（詳しくは後述）。

　一方で、個人が保有する上場株式等を譲渡したことによって得る所得（譲渡益）には、所得税15％（復興特別所得税を含めると15.315％）及び住民税5％の税率が課せられる。なお、課税対象となる譲渡益の金額の計算は、以下の方法で行う。

　（当該譲渡に係る総収入金額）－（取得費＋譲渡に要した費用）＝譲渡益

　上記の計算の結果生じた譲渡益は、前述の通り、原則として申告分離課税の対象となることから、その発生の翌年に確定申告を行う必要がある。投資

家は確定申告を通じて、前年に発生した各々の上場株式等の譲渡益（損）を計算し、それらを通算して全体の譲渡益（損）を確定させることになる。なお、この計算の結果として、その年の譲渡損が譲渡益を上回る場合には、譲渡益と通算しきれなかった譲渡損の額を、翌年以降3年間繰り越すことが可能となっている（譲渡損失の繰越控除）。

この確定申告における計算を証券会社等が代行して行う制度として、特定口座制度が存在するが、これはさらに「源泉徴収なしの特定口座」と、「源泉徴収ありの特定口座」に区分される。「源泉徴収なしの特定口座」では、当該特定口座に係る譲渡損益の計算を証券会社等が投資家に代わって行い、その結果は「特定口座年間取引報告書」として投資家に交付される。この交付を受けた投資家は、確定申告の際に当該報告書の記載事項を利用して容易に譲渡損益の計算を行うことが可能となる。

一方で、「源泉徴収ありの特定口座」においては、その特定口座に係る譲渡損益の計算だけでなく、計算の結果生じた譲渡益に対する税金の支払いも、証券会社が源泉徴収にて行うため、投資家で確定申告を行う必要がなくなる。ただし、確定申告を行わなかった場合、前述の譲渡損失の繰越控除の適用を受けることはできない[2]。

2）NISA制度の概要

NISA制度とは、対象となる口座で新規に購入する一定額までの上場株式等について、そこから発生する配当等や譲渡益に係る税が非課税となる制度である。対象はあくまでも新規の買付分に限られており、既に保有している上場株式等をNISA制度で開設した口座に移すことはできない。

制度の対象者や購入可能な金融商品によって、2014年1月に導入されたNISA制度（少額投資非課税制度）、2016年4月に導入されたジュニアNISA制度（未成年者少額投資非課税制度）、2018年1月に導入されたつみたてNISA制度の3つに分類することができる。次項からは、各制度の詳細について詳しく見ていく（各制度の概要は図表1-1も参照）。

---

2 「源泉徴収ありの特定口座」であっても、確定申告を行えば譲渡損失の繰越控除の適用を受けることができる。

Ⅱ．一般NISA

1）制度の対象者

2014年に導入された一般NISAは、国内に居住する居住者又は恒久的施設を有する非居住者（以下、「居住者等」という）のうち、その年の1月1日時点で20歳以上である者を対象としている。2018年からは、これとは別につみたてNISAが導入されている（詳しくは後述）。

なお、2018年6月に民法の成年年齢を20歳から18歳に引き下げる内容を含む民法の一部を改正する法律が成立し、2022年4月から施行されることを受け、2019年度税制改正によって、一般NISA・つみたてNISAの年齢要件についても、「その年の1月1日時点で20歳以上である者」から、「その年の1月1日時点において18歳以上である者」とする法令改正が行われている（2018年6月公布）。

一般NISAまたはつみたてNISA口座の開設は1人につき1口座までに限られている。開設した口座には、毎年1月1日に、新たな非課税管理勘定が設けられ、購入した金融商品はここで受入れることとなる。口座開設先の金融機関は、この勘定単位で変更することが可能だが、勘定が設けられた翌年以降にその勘定を設置している金融機関を変更したり、一度商品を受入れてしまった勘定を他の金融機関に移動させたりすることはできない（図表4-3）。これは、複数の金融機関間で顧客の保有している金融商品の情報を管理するシステムの仕様に差異があるために連携対応が困難であることが理由の一つとして考えられる。

2）非課税措置の内容

一般NISAでは、NISA口座で購入した上場株式・公募株式投資信託・ETF・REIT等から得られる譲渡益・配当等に対する課税が、購入から5年間は非課税扱いとなる（この非課税扱いとなる期間は非課税保有期間などといわれる）。なお、NISAの範となった英国ISAでは、非課税扱いとなる期間は創設時から無期限であったことから、この非課税保有期間の考え方は、

図表4-3 口座と勘定の関係性のイメージ

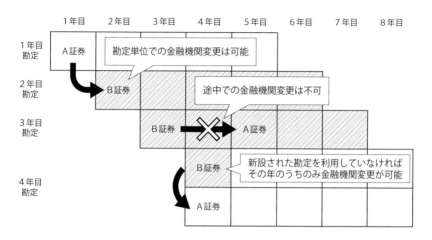

(出所）日本証券業協会

NISA独自のものであるといえる。

　NISA口座での買付には、年単位で上限が設けられており、導入初期の2014年1月から2015年12月末までの2年間は、一般NISAの非課税投資限度額は100万円であった。しかし、2015年度税制改正によって、2016年1月から、この投資限度額が120万円まで引き上げられている。なお、前述の非課税保有期間と、この非課税投資限度額とを掛け合わせることによって、一般NISA制度全体での非課税投資総限度額を計算することができる。限度額の引上げ後は、最大で600万円（非課税投資限度額120万円×非課税保有期間5年）の非課税枠が設けられることとなった。この非課税枠は、金融商品を購入した額だけ費消される方式となっており、その後に金融商品を売却したとしても非課税枠が再び復活することはない。また、未使用分が生じたとしても、翌年以降に繰り越すことはできない。一方、英国ISAでは、非課税枠で購入した商品を売却して新たな商品を購入することにより非課税の適用を受ける商品を入れ替えること（スイッチング）が可能となっており、投資家が自らのポートフォリオを柔軟に見直せるような仕組みとなっている（図表4-4）。

図表4-4　NISA及び英国ISAの非課税枠のイメージ

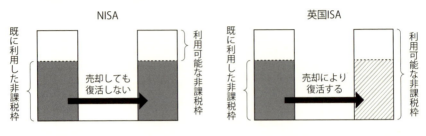

(出所) 日本証券業協会

　なお、NISA制度では、非課税措置をその収益の額にかかわらず受けることができるが、一方で損失があったとしても特定口座や一般口座で保有する他の上場株式等の配当所得及び譲渡所得等との通算も認められていない。これは、NISA口座内で生じた損益については、税務上認識されず、ないものとして扱われることに起因している。

　一般NISA口座を開設できる時期（買付可能期間（口座開設期間））は、2014年1月から2023年12月末までの10年間とされており、税制上の時限措置となっている。

3）開設手続き
①基本的な流れ

　導入当時、NISA口座を開設するためには住民票の写しを提示する必要があった。これは、一人一つまでとされているNISA口座の重複開設を防ぐための措置であった。一部の金融機関では、仕事等の都合から自分で住民票を取得できないような個人であっても容易に口座開設できるよう、住民票の取得を代行するサービスも提供された。なお、このサービスについては、弁護士法第72条に基づく非弁護士による法律事務の禁止行為に該当する可能性も指摘されていたが、金融庁、経済産業省及び法務省で検討を行った結果、金融機関に報酬を得る目的がなく、又は、住民基本台帳法に基づいて争いなく住民票の写しが交付されるのであれば、法律違反にはあたらないと整理された[3]。

②マイナンバー制度の導入

　2016年1月から、国民一人ひとりに12桁の番号を付すマイナンバー制度が導入されると、NISA口座開設時の重複確認にもマイナンバーが活用されることとなり、2016年度税制改正により、投資家には、口座開設時、これまで金融機関に対して提示していた住民票の写しの代わりに、自らのマイナンバーを告知することが義務づけられるようになった。また、既にNISA口座を開設している投資家に対してもマイナンバーを告知することが義務づけられ、これを行わない場合には2018年以降の非課税管理勘定が設定できないこととされた。

③即日買付

　NISA口座の開設にあたっては、前述の通り、重複口座の有無を確認する手続きが必要となっていたが、この確認作業に1～2週間程度必要となることにより、口座の申し込みを行った投資家の投資意欲を減退させている可能性が指摘されていた。現在は、2018年度税制改正により、口座開設手続きの迅速化が図られたため、最短で開設を申し込んだその日のうちから、NISA口座での取引が行えるようなサービスを提供している金融機関もある。ただし口座開設後に重複口座であることが判明した場合、重複によって無効とされた口座で既に得ていた譲渡所得や配当等に対する非課税措置も無効となり、遡及課税の対象となる。

4）口座廃止手続き

　NISA口座を開設している金融機関に届け出ることにより、NISA口座を廃止することも可能である。この場合、NISA口座で保有していた金融商品は、一般口座又は特定口座（二つを併せて、課税口座ともいう）に払い出されることになる。このとき、金融機関から投資家に対して、非課税口座払出通知書が交付される。この書類には、NISA口座で保有していた金融商品の払出日と払出価格（払出日の時価）等が記載される。この払出日と払出価格は、その後、課税口座で当該金融商品を売却等した際の譲渡益の計算の基礎

3　経済産業省「NISA口座の開設に伴う住民票の写しの代行取得サービスの提供が明確になりました～産業競争力強化法の「グレーゾーン解消制度」の活用～」（2015年3月31日）

となる取得日及び取得価額として用いられる。

　なお、2019年3月までは、NISA制度が居住者等を対象としたものであるために、海外転勤や海外留学等のやむを得ない事情で出国した場合であっても、NISA口座を廃止して保有する金融商品を課税口座に払い出さなければならず、帰国後も、一度払い出した金融商品をNISA口座に再び戻し入れることは不可能であった。このことが、NISA口座を活用した中長期的な資産形成にネガティブな影響を与えている可能性が指摘されていた。

　これを受けた2019年度税制改正によって、現在では、一時的な出国の際に、口座開設先の金融機関に対して届出を行うことによって、出国中もNISAの非課税措置の適用を引き続き受けることができる制度（いわゆる出国NISA）が設けられている。具体的には、出国から最大5年間は、NISA口座で保有している金融商品から得られる配当等について、非課税措置を受けることができる。ただし、海外出国中に新たにNISA口座で金融商品を買付けることができない点には注意が必要である。また、出国中に5年間の非課税保有期間が終了してしまう場合には、保有していた金融商品はすべて一般口座に払い出されることとなる。

5）ロールオーバー

　一般NISAでの非課税保有期間は5年間とされているが、これが終了するタイミングで、翌年に新たに設定される新しい非課税管理勘定に金融商品を移管させることを、ロールオーバーという。ロールオーバーした金融商品は、新たな非課税管理勘定の買付枠を費消する代わりに、6年目以降も継続して非課税措置の適用を受けることが可能となるメリットがある。

　当初、ロールオーバーは、移管先の非課税管理勘定の枠を費消することから、保有商品が値上がりによって投資限度額を超えていた場合、一部分しか移管できない事態が生じることが懸念されていた。しかし、2017年度税制改正によって、5年間の非課税保有期間を満了したときにロールオーバーするものについては、非課税管理勘定の限度額が撤廃されることになり、現在は、値上がりによって投資限度額を超えてしまったものについても、5年間保有を継続した後に全額をロールオーバーすることが可能となっている。

例えば、2014年中に一般NISAで100万円で買付けた上場株式等がその非課税保有期間（5年間）の終了時（2018年末時点）で時価130万円になっていた場合であっても、そのすべてを2019年の非課税管理勘定に受入れることが可能である。なお、この場合には、2019年の非課税投資限度額（120万

図表4-5　ロールオーバーのイメージ

①2018年12月末の時価が2019年の非課税枠（120万円）超の場合

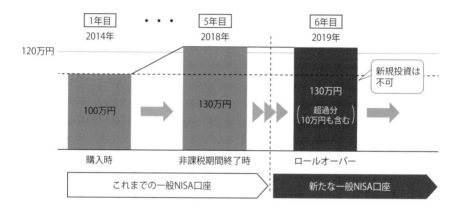

②2018年12月末の時価が2019年の非課税枠（120万円）未満の場合

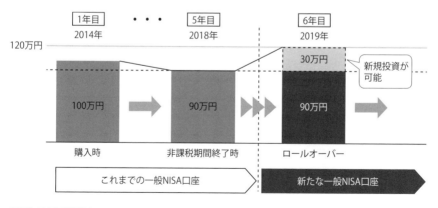

（出所）日本証券業協会

円)をすべて使い切ったことになるため、2019年中には、当該一般NISA口座で新規の買付ができなくなる。一方で、2014年中に100万円で買付けた上場株式がその非課税保有期間(5年間)の終了時(2018年末時点)に時価90万円に値下がりしていた場合、そのすべてを2019年の非課税管理勘定に受入れたうえで、投資限度額に達するまでの金額(30万円)分の新規買付を2019年中に行うことができる(図表4-5)。

なお、ロールオーバーを行わなかった場合、保有していた金融商品は課税口座に払い出されることとなる。口座開設者がNISA口座を開設している金融機関等で特定口座を保有している場合には、特段の手続きを要さずに、非課税保有期間終了時に特定口座に移管される(特定口座を保有していない場合は、一般口座に移管される)。特定口座への移管時には、同一年分の勘定で保有する同一銘柄の上場株式等は、そのすべてを特定口座に移管しなければならないこととされている。なお、特定口座を保有する口座開設者であっても、金融機関等に届出を行うことによって、NISA口座で保有していた商品を一般口座に移管することが可能である。

Ⅲ. ジュニアNISA

1) 制度の対象者

一般NISA、つみたてNISAが、その年の1月1日時点で20歳以上である者を対象としているのに対して、これを利用できない20歳未満の者を対象としているのがジュニアNISA(未成年者少額投資非課税制度)である。2016年1月から口座開設の受付が開始され、同年4月1日から上場株式等の購入がスタートした。

NISAと同様に、2022年4月に施行される予定の成年年齢の引下げを受けて、ジュニアNISAの対象についても、20歳未満から18歳未満に変更するための税制改正が行われているところである。

2）非課税措置の内容
①非課税措置の内容

ジュニアNISAでは、一般NISAと同様に、金融機関で開設したジュニアNISA口座（未成年者口座）を通じて購入した上場株式等から得られる配当等や譲渡益に対する税が、非課税となる。年間の非課税投資限度額は80万円で一般NISAの120万円と比較すると少額に設定されている。非課税保有期間は最長5年間であるため、最大で400万円（非課税投資限度額80万円×非課税保有期間5年間）の非課税投資が可能となっている。この非課税投資限度額は、一般NISAと同様、未使用分を翌年に繰り越したり、既に使用した分を再度利用したりすることはできない。

また、金融機関でジュニアNISAを開設すると同時に課税ジュニアNISA口座（課税未成年者口座）が開設されるようになっている。この口座では、ジュニアNISA口座での売却代金や配当金等のほか、顧客から拠出された資金の管理や、課税対象となる上場株式等の管理が行われる。

②運用管理者

ジュニアNISAの大きな特徴は、口座開設者が未成年であることから、判断能力が十分でない未成年者に代わって口座内資産の運用管理を行う、運用管理者を定める必要がある点である。この運用管理者について、NISA推進・連絡協議会（詳しくは第6章参照）では、ジュニアNISA口座が未成年者である口座開設者本人以外の者により仮名口座[4]として利用されることを防ぐ観点から、金融機関等に対して、ジュニアNISA口座の運用管理者を、口座開設者本人の法定代理人等から明確な書面による委任を受けた口座開設者本人の二親等以内の者に限定することを求めている。

なお、資金の出し手の範囲についても制度上の制限はないものの、仮名口座として利用されることを防ぐ観点から、金融機関等では、ジュニアNISA口座へ拠出される金銭について、口座開設者本人に贈与済みの資金であって、その他第三者に帰属するものではないことの確認を行っている。

---

[4] 口座開設者とその口座で行われた取引の損益の帰属者が一致しない口座をいう。

③払出制限

ジュニアNISA口座に受入れた資金及び運用によって得られた利益等については、口座開設者が18歳になるまで（厳密には、その年の3月31日において18歳である年の前年12月31日まで）は原則としてジュニアNISA口座からの払出しはできないという払出制限が課されている。これは、未成年者の将来に向けた長期投資という制度趣旨を鑑み、更に運用管理者がジュニアNISAを利用して、「NISA口座は1人1口座まで」という制限を潜脱することのないようにとの背景から設けられた。これにより、やむを得ない事情（図表4-6）を除いて、ジュニアNISA口座からの払出しがあった場合は、ジュニアNISA口座が廃止され、過去に非課税で支払われた配当等や過去に非課税とされた譲渡益が非課税の取り扱いがなかったものとみなされて、払出しの際に遡及課税されることとなる。こうした遡及課税の対象となりうる事由を総称して、契約不履行事由という[5]。

この遡及課税の対象となる可能性があるために、ジュニアNISAでは、成年者を対象とした一般NISAと異なり、口座を開設した金融機関を途中で変更することができないようになっている。

3）開設・廃止手続き

ジュニアNISA口座の開設にあたって必要となる手続きは、基本的に一般NISAと同様である。金融機関等に告知したマイナンバーでもって、重複口座の有無を確認したうえで、問題がなければ最短1～2週間程度で開設することができる。ただし、前述の通り、一般NISAと異なり、開設先の金融機関を変更するには、既に保有しているジュニアNISA口座を廃止したうえで、新たに申し込む形をとらなければならない。口座の廃止は、契約不履行事由に該当するために、既に保有しているジュニアNISA口座で受けた非課税措置はなかったものとして、遡及課税の対象となる。

ジュニアNISAは20歳未満を対象とした制度だが、口座開設者が20歳で1月1日を迎えた時点で、ジュニアNISA口座を開設している金融機関等にお

---

[5] 未成年者口座の廃止やジュニアNISA口座、課税ジュニアNISA口座内の資産の払出し等がこれに該当する。

図表4-6　ジュニアNISA口座からの引出しが認められるやむを得ない事情の例

【租税特別措置法施行令第25条の13の8第8項】
① 口座開設者本人が居住する家屋（その者又は生計を一にする親族が所有）が、災害により全壊、流失、半壊、床上浸水その他これらに準ずる損害を受けた場合
② 口座開設者本人の扶養者が当該扶養者又はその者と生計を一にする親族のためにその年中に支払った医療費（医療費控除の対象となるもの）の金額の合計額が200万円を超えた場合
③ 口座開設者の扶養者が、配偶者と死別若しくは離婚した場合又はその扶養者の配偶者が生死不明となり、かつ、これらの事由が生じた日の属する年の12月31日（その扶養者が同年の中途において死亡した場合には、その死亡の日）においてその扶養者が所得税法上の寡婦若しくは寡夫に該当し、又は該当することが見込まれる場合
④ 口座開設者本人又はその者の扶養者が、所得税法上の特別障害者になった場合
⑤ 口座開設者本人の扶養者が、雇用保険法上の特定受給資格者若しくは特定理由離職者に該当することとなったこと又は経営の状況の悪化によりその事業を廃止したことその他これに類する事由が生じた場合

※上記の場合に該当しても、非課税払出しは、口座開設者本人が納税地の所轄税務署長の確認を受け、当該税務署長から交付を受けた確認をした旨の記載がある書面を、証券会社等に対して、やむを得ない事由が生じた日から1年以内に提出した場合に限られている。

（出所）日本証券業協会

いて、一般NISA口座が自動的に開設されることとなる。ジュニアNISA口座で保有していた上場株式等については、適宜、一般NISA口座にロールオーバーすることが可能である。

4）ロールオーバー

ジュニアNISAにおいても、一般NISAと同様、非課税保有期間の5年間が終了するタイミングで翌年に設定される新たな非課税枠を利用して、非課税措置を継続して受けるロールオーバーが可能となっている。このとき、値上がり等によって保有している上場株式等の時価が、翌年の非課税投資限度額を超過していたとしても、そのすべてを移すことができる。ロールオーバーを希望しない場合は、課税ジュニアNISA口座に払い出されることとなる。

また、非課税保有期間5年間の終了と同時に払出制限が解除される（3月31日時点で18歳である年の1月1日を迎える）場合や、非課税保有期間5年間が終了した時点で既に払出制限が解除されている場合には、ジュニアNISA口座や課税ジュニアNISA口座以外の特定口座や一般口座に移管する

ことも可能である。

5）継続管理勘定

　ジュニアNISAでは、買付可能期間（口座開設期間）が一般NISAと同じく、2023年12月末までとされているが、ジュニアNISAにおいては原則18歳までの払出しが不可とされている。

　例えば、2019年に0歳からジュニアNISA口座を開設した場合、5歳となる2024年以降は、新たな非課税枠が設定されなくなってしまう。このようなケースでも、18歳までは非課税措置の継続適用を受けられるようにするために設けられるものが、継続管理勘定である。2023年12月までにジュニアNISA口座で買付を行った金融商品について、その非課税保有期間が終了するタイミングで、継続管理勘定にロールオーバーすることが可能である。継続管理勘定に移管した金融商品については、口座開設者が18歳となってジュニアNISA口座からの払出しが可能となるまでの間、譲渡益・配当等に対する非課税措置を引き続き受けることが可能である。ただし、継続管理勘定は継続保有のためだけに設定されるものであるため、新規の買付を行うことはできない（継続管理勘定の仕組みについては、図表3-9「非課税措置のイメージ①」も参照）。

Ⅳ．つみたてNISA

1）制度の対象者

　つみたてNISAは、積立による長期投資を強く後押しする観点から、成年者を対象としたNISA制度の新たな仕組みとして、2017年度税制改正によって創設された。一般NISA・ジュニアNISAと同じく、金融機関に口座を開設し、そこで購入した公募株式投資信託やETF（上場投資信託）から得られる分配金や譲渡益については、非課税となる措置が受けられる。なお、一般NISA（非課税投資勘定）とつみたてNISA（累積投資勘定）は、その制度上、いずれか一方しか同一年中に利用することはできない。

2）非課税措置の内容

つみたてNISAは、①年間の非課税投資限度額、②非課税保有期間、③受入れ可能な商品の3点について、一般NISAと大きく異なる特徴を有している。

一般NISAの年間の非課税投資限度額が120万円であるのに対して、つみたてNISAは40万円と小さく設定されている。一方で、非課税保有期間は20年間と、一般NISAの5年間よりも大幅に長くなっている。これによって、つみたてNISAを通じて投資可能な金額も800万円（非課税投資限度額40万円×非課税保有期間20年間）と、一般NISAの600万円よりも大きくなっている（図表1-1）。なお、非課税投資限度額の考え方そのものについては、一般NISA・ジュニアNISAと同様である。

積立による長期投資を後押しするという目的があるつみたてNISAにおいては、受入れ可能な金融商品も、一般NISAに比べて限定的なものになっている。具体的には、公募により発行された株式投資信託のうち、長期の積立・分散投資に適した一定の商品性を有するものや証券取引所に上場されているETF（詳しくは後述）のみが、つみたてNISAで受入れることができるとされており、一般NISAで受入れ可能な上場株式については対象外となっている。さらに、これらを受入れる際の買付け方法についても、つみたてNISAでは、事前に金融機関との間で締結した累積投資契約に基づいて、対象銘柄を指定したうえで、「1か月に1回」など定期的に一定金額の買付けを行う方法に限られている。

3）対象商品

前述の通り、つみたてNISAの対象商品には「長期の積立・分散投資に適した一定の商品性を有するもの」との要件が設けられている。この要件の具体的内容は、財務省・金融庁告示によって定められており、この要件を満たす商品については、監督官庁である金融庁に、各金融機関が届出を行うこととされている（図表4-7）。例えば、公募株式投資信託については、購入時に徴収される売買手数料がゼロ（ノーロード）であることが要件の一つになっている。このほか、信託契約期間が無期限又は20年以上であること、分配

図表4-7　つみたてNISA対象商品の要件

		対象指数	売買手数料（税抜）	信託報酬（税抜）	信託報酬等の実額通知	その他
公募株式投資信託	指定インデックス投資信託					
	①国内資産を対象とするもの	指定	ノーロード 注1	0.5%以下	必要	—
	②海外資産を対象とするもの			0.75%以下		
	指定インデックス投資信託以外の投資信託（アクティブ運用投資信託等）					
	①国内資産を対象とするもの	—	ノーロード 注1	1%以下	必要	・純資産額50億円以上 ・信託開始以降5年経過 ・信託期間の2/3で資金流入超
	②海外資産を対象とするもの			1.5%以下		
上場株式投資信託（ETF）	国内取引所のETF	指定	1.25%以下 注2	0.25%以下	必要	・円滑な流通のための措置が講じられているとして取引所が指定するもの ・最低取引単位1,000円以下（るいとう）
	外国取引所のETF					・資産残高1兆円以上 ・最低取引単位1,000円以下（るいとう）

(注) 1. 解約手数料（信託財産留保額を除く）、口座管理料についてもゼロ。
　　 2. 口座管理料についてはゼロ。
(出所) 日本証券業協会

頻度が毎月でないことといった要件も設けられている。

　なお、図表4-7にある「指定インデックス投資信託」とは、告示によって指定されたインデックス（株価指数）に基準価額が連動するように運用が行われる投資信託のことを指す。なお、現在の指定インデックスは図表4-8の通りである。

　これらの対象要件を満たし、金融機関が金融庁に届出を行った商品については、金融庁がウェブサイトにおいて公表しており、2019年5月7日時点で163本となっている（図表4-9）。

図表4-8　つみたてNISAの対象となるインデックス一覧

		日本	全世界	先進国	新興国
株式	単品でも組成可能	・TOPIX ・日経225 ・JPX日経400 ・MSCI Japan Index	・MSCI ACWI Index ・FTSE Global All Cap Index	・FTSE Developed Index ・FTSE Developed All Cap Index ・S&P 500 ・CRSP U.S. Total Market Index ・MSCI World Index ・MSCI World IMI Index	・MSCI Emerging Markets Index ・FTSE Emerging Index ・FTSE RAFI Emerging Index
株式	株式指数を含めた組合せでのみ組成可能			・MSCI Europe Index ・FTSE Developed Europe All Cap Index ・Stoxx Europe 600 ・MSCI Pacific Index	・MSCI AC Asia pacific Index
債券	株式指数を含めた組合せでのみ組成可能	・NOMURA-BPI総合 ・DBI総合 ・NOMURA-BPI国債 ・Barclays Japan Government Float Adjusted Bond Index	・Citi-group World Government Bond Index ・Barclays Capital Global Treasury	・Bloomberg-Barclays Global Aggregate Index ・Barclays U.S. Government Float Adjusted Bond Index ・Barclays Euro Government Float Adjusted Bond Index	・JP Morgan GBI EM Global Diversified ・JP Morgan Emerging Market Bond Index Plus
不動産投信	株式指数を含めた組合せでのみ組成可能	・東証REIT指数		・S&P先進国REIT指数 ・S&P米国REIT指数 ・S&P欧州REIT指数 ・FTSE NAREIT エクイティREITインデックス	

（出所）金融庁「つみたてNISAについて」（2017年6月）

図表4-9　つみたてNISA対象商品の分類

		国内	内外	海外
公募投信	株式型	38本	8本	39本
公募投信	資産複合型	4本	70本	1本
ETF		3本	―	―

（注）公募投資信託のうち、指定インデックス投信が142本、それ以外のものは18本ある。
（出所）金融庁「つみたてNISA対象商品の内訳（2019年5月7日時点）」

第5章
NISA制度に関する販売勧誘ルール

Ⅰ．金融商品取引法の適用

　NISA制度の取扱金融機関は、金融商品取引業者等（金融商品取引法第2条第9項に規定する金融商品取引業者（同法第28条第1項に規定する第一種金融商品取引業を行う者に限る。）、同法第2条第11項に規定する登録金融機関又は投資信託及び投資法人に関する法律第2条第11項に規定する投資信託委託会社をいう。以下同じ。）に限られている（租税特別措置法第37条の14第2項、同法第37条の14の2第1項）。

　NISA制度の取扱金融機関並びにその役員及び使用人は、NISA制度の対象商品（金融商品取引法に規定する金融商品）の販売勧誘を行うことから、金融商品取引法における金融商品取引業の行為規制の適用を受ける。

　以下は主な行為規制の内容である。

(1) 誠実・公正義務
　金融商品取引業者等並びにその役員及び使用人は、顧客に対して誠実かつ公正に、その業務を遂行しなければならない（金融商品取引法第36条）。

(2) 広告規制
　金融商品取引業者等は、その行う金融商品取引業の内容について広告その他これに類似するものとして内閣府令で定める行為をするときは、内閣府令

で定めるところにより、次に掲げる事項を表示しなければならない（金融商品取引法第37条第1項）。

一　当該金融商品取引業者等の商号、名称又は氏名
二　金融商品取引業者等である旨及び当該金融商品取引業者等の登録番号
三　当該金融商品取引業者等の行う金融商品取引業の内容に関する事項であって顧客の判断に影響を及ぼすこととなる重要なものとして政令で定めるもの

対象となる広告類似行為の具体的な範囲は、郵便、信書便、ファクシミリ、電子メール又はビラ・パンフレット配布等の「多数の者に対して同様の内容で行う情報の提供」と規定されている（金融商品取引業者等に関する内閣府令第72条）。このような要件に該当する限り、例えば販売用資料も広告等規制の対象となる。広告等の表示事項については、手数料等、元本損失又は元本超過損が生ずるおそれがある旨、その原因となる指標及びその理由、重要事項について顧客の不利益となる事実、金融商品取引業協会に加入している場合にはその名称等と定められている（金融商品取引法施行令第16条、金融商品取引業者等に関する内閣府令第76条）。また、広告等の表示方法についても、特にリスク情報については、広告で使用される最も大きな文字・数字と著しく異ならない大きさで表示することが義務付けられている（金融商品取引業者等に関する内閣府令第73条）。

(3) 書面交付義務及び説明義務

イ　契約締結前の書面交付義務

金融商品取引業者等は、金融商品取引契約を締結しようとするときは、内閣府令で定めるところにより、あらかじめ、顧客に対し、次に掲げる事項を記載した書面を交付しなければならない（金融商品取引法第37条の3第1項本文）。

①当該金融商品取引業者等の商号、名称又は氏名及び住所
②金融商品取引業者等である旨及び当該金融商品取引業者等の登録番号
③当該金融商品取引契約の概要
④手数料、報酬その他の当該金融商品取引契約に関して顧客が支払うべき対価に関する事項であって内閣府令で定めるもの

⑤顧客が行う金融商品取引行為について、金利、通貨の価格、金融商品市場における相場その他の指標に係る変動により損失が生ずることとなるおそれがあるときは、その旨

⑥上記⑤の損失の額について顧客が預託すべき委託証拠金その他の保証金その他内閣府令で定めるものの額を上回るおそれがあるときは、その旨

⑦上記①から⑥までに掲げるもののほか、金融商品取引業の内容に関する事項であって、顧客の判断に影響を及ぼすこととなる重要なものとして内閣府令で定める事項

契約締結前の書面交付義務が適用除外とされるのは次の場合となる。

- 金融商品取引所に上場されている有価証券（カバードワラント等を除く）の売買等（デリバティブ取引・信用取引等を除く）については、金融商品取引契約の締結前1年以内に当該顧客に対して包括的な書面（以下「上場有価証券等書面」という）を交付している場合（金融商品取引業等に関する内閣府令第80条第1項第1号）
- 金融商品取引契約の締結前1年以内に当該顧客に対して同種の内容の金融商品取引契約について契約締結前交付書面を交付している場合（同項第2号）
- 顧客に対し契約締結前交付書面に記載すべき事項のすべてが記載されている目論見書を交付している場合（同項第3号）
- 既に成立している金融商品取引契約の一部変更を内容とする金融商品取引契約を締結しようとする場合において、既に成立している当該金融商品取引契約に係る契約締結前交付書面の記載事項に変更すべきものがないとき又は当該顧客に対し契約変更書面を交付しているとき（同項第4号）

ロ　契約締結時の書面交付義務

　　金融商品取引業者等は、金融商品取引契約が成立したときその他内閣府令で定めるときは、遅滞なく、内閣府令で定めるところにより、書面を作成し、これを顧客に交付しなければならない（金融商品取引法第37条の4第1項）。

ハ　金融商品販売法上の説明義務

元本割れリスクがある金融商品の投資勧誘に当たっては、その旨及びその原因となる重要事項について説明しなければならないとされ、これを怠ったときは損害賠償責任を負う（金融商品販売法第3条から第5条）。

ニ　取引態様の事前明示義務

金融商品取引業者等は、顧客から有価証券の売買又は店頭デリバティブ取引に関する注文を受けたときは、あらかじめ、その顧客に対し、自己がその相手方となって当該売買若しくは取引を成立させるのか（仕切り注文）、又は媒介し、取次ぎし、若しくは代理して当該売買若しくは取引を成立させるのか（委託注文）の別を明らかにしなければならない（金融商品取引法第37条の2）。

(4) 適合性の原則の遵守義務

金融商品取引業者等は、金融商品取引行為について、顧客の知識、経験、財産の状況及び金融商品取引契約を締結する目的に照らして不適当と認められる勧誘を行って投資者の保護に欠けることのないように業務を行わなければならない（金融商品取引法第40条第1号）。

(5) 最良執行義務

金融商品取引業者等は、有価証券の売買等に関する顧客の注文について、政令で定めるところにより、最良の取引の条件で執行するための方針及び方法（最良執行方針等）を定めなければならない（金融商品取引法第40条の2第1号）。

(6) 受託契約準則の遵守義務

顧客の売買等の注文が、取引所金融商品市場で執行される場合には、取引所金融商品市場における有価証券の売買等の受託については、その所属する金融商品取引所の定める受託契約準則によらなければならない（金融商品取引法第133条第1項）。

(7) 善管注意義務、分別管理義務

金融商品取引業者等は、業務上種々の取引に伴い、顧客から有価証券や金銭の預託も受ける。この場合、金融商品取引業者等は、顧客に対し、善良な管理者の注意をもって有価証券等管理業務を行わなければならない（金融商品取引法第43条）。

金融商品取引業者等は、顧客資産が適切かつ円滑に返還されるよう、顧客から預託を受けた有価証券及び金銭を自己の固有財産と分別して管理しなければならない（金融商品取引法第43条の2第1項、第2項）。また、金融商品取引業等を廃止した場合等に顧客に返還すべき金銭を顧客分別金として、信託会社等に信託しなければならない（同条第2項）。更に、金融商品取引業者は、分別管理の状況について、定期的に公認会計士又は監査法人の監査を受けなければならない（同条第3項）。

(8) 損失補塡等の禁止

　金融商品取引業者等は、顧客から受託した有価証券の売買取引等について次の行為を行い、又は第三者を通じて行わせてはならない。

　一　損失保証・利回り保証（金融商品取引法第39条第1項第1号）
　二　損失補塡の申込み・約束（金融商品取引法第39条第1項第2号）
　三　損失補塡の実行（金融商品取引法第39条第1項第3号）

(9) 指定紛争解決機関との契約締結義務等

　金融商品取引業者等は、指定紛争解決機関との契約締結等、紛争解決のための措置を講じなければならない（金融商品取引法第37条の7）。

Ⅱ．金融商品取引業者等向けの総合的な監督指針の適用

▶ 1. NISA創設時の改正

　金融庁では、2014年1月よりNISA制度が導入されることを踏まえ、NISAを利用する取引の勧誘に関し、監督上の留意点を明らかにする観点から、2013年8月に「金融商品取引業者等向けの総合的な監督指針」の一部改正を行った。

　NISAでは、顧客の中長期的な資産形成を支援するという制度趣旨に沿った、顧客が税制上のメリットを享受しやすい金融商品の提供が望まれる。

　こうした点を踏まえ、NISAがその制度設計・趣旨に則り適切に利用されるよう、非課税口座を利用する取引の勧誘に関し、金融商品取引業者等の監督を行うこととされた。

金融商品取引業者等向けの総合的な監督指針（2013年8月改正）

Ⅳ－3－1 有価証券関連業に係る業務の適切性
（中略）
Ⅳ－3－1－2 勧誘・説明態勢
（1）～（6）（略）
（7）少額投資非課税制度を利用する取引の勧誘に係る留意事項
　平成26年1月より、自助努力による家計の安定的な資産形成を支援するとともに、経済成長に必要な成長資金の供給を拡大する観点から、少額投資非課税制度（以下「NISA」という。（注））が導入されることとなった。
　NISAは、年間の投資（購入）上限額が比較的少額（100万円）であり、家計の中長期的な資産形成を後押しするためのツールとして位置付けられていることから、初めて投資を行う者や若年層など、投資知識・経験の浅い顧客による利用が予想される。NISAの導入により、証券投資を通じた資産形成に関する裾野が広がり、ひいては証券市場の活性化につながることが期待される。
　また、NISAは、年間100万円を上限とする投資について、投資した有価証券を保有し続ける限り、その収益については最大5年間は非課税となることから、例えば、顧客が短期間で金融商品の売買（乗換え）を繰り返すような取引はNISAの制度趣旨に馴染まないものとなっている。このため、顧客の中長期的な資産形成を支援するというNISAの制度趣旨に沿った、顧客が税制上のメリットを享受しやすい金融商品等の提供が望まれる。
　こうした点を踏まえ、NISAが、その制度設計・趣旨に則り適切に利用されるよう、非課税口座を利用する取引の勧誘に関し、特に以下のような点に留意して監督するものとする。
（注）NISAとは、年間100万円までの上場株式等への投資から生じる配当所得・譲渡所得等に係る所得税・住民税を、投資した年から最長で5年間非課税とする制度。
① 顧客に対する説明態勢の整備
　イ．顧客の金融リテラシー向上への取組み
　　　初めて投資を行う者や若年層など、投資知識・経験の浅い顧客による利用が予想されるが、こうした顧客に対しては、単に法令上の適合性原則を遵守することだけではなく、顧客の金融（投資）リテラシー向上を図り、資産形成に取り組んでもらうことが顧客・金融機関相互の利益につながるとの観点に立って、中長期投資や分散投資の効果等の説明といった投資に関する基礎的な情報を、適切に提供するよう努めているか。
　ロ．NISAに基づく非課税口座の利用に関する説明
　　　非課税口座開設の勧誘・申込みの受付時や口座開設後に、以下の内容等について、必要に応じて、顧客に誤解を与えることのないよう正確に、分かりやすく説明しているか。
　　a．非課税口座については、通常の証券口座（特定口座等）と異なり、金融機関を跨った複数開設が認められず、一人一口座（一金融機関）のみ開設が認められること（仮に、顧客が複数の金融機関に口座開設の申込みを行った場合、口座開設までに相当の時間を要する場合があるなど、口座開設手続が円滑に進まないおそれがあること）。なお、顧客が予め希望している金融商品を購入できないことのないよう、この説明と併せて、自社が非課税口座において取り扱っている金融商品の種類（上場株式、上場投資信託、不動産投資信託、公募株式投資信託など）についても説明しておく必要がある。
　　b．非課税口座では、年間100万円まで、有価証券の買付けを行うことができ、非課税口座で保有している有価証券を一度売却するとその非課税枠の再利用ができないこと（そのため、短期間での売買（乗換え）を前提とした商品には適さないこと。）。
　　c．非課税となる投資枠の残額を翌年以降に繰り越すことはできないこと。
　　d．非課税口座の損失について、特定口座や一般口座で保有する他の有価証券の売買益や配当金との損益通算ができず、当該損失の繰越控除もできないこと。
　　e．投資信託における分配金のうち元本払戻金（特別分配金）はそもそも非課税であり、NISAにおいては制度上のメリットを享受できないこと。

② 制度設計・趣旨を踏まえた金融商品等の提供
　NISAが、家計の中長期的な資産形成を後押しする制度として導入された趣旨を踏まえ、NISAを利用する顧客に対して、例えば、一定期間に分割して投資することにより時間的な分散投資効果が得られる定額積立サービスの提供や、中長期にわたる安定的な資産形成に資するような金融商品を中心とした商品提供を行うなど、NISAの制度設計・趣旨を踏まえた金融商品等の提供を行っているか。

（出所）金融庁

2. ジュニアNISA創設時の改正

　金融庁では、2016年4月よりジュニアNISAが導入されることを踏まえ、ジュニアNISAを利用する取引の勧誘に関し、監督上の留意点を明らかにする観点から、2015年12月に「金融商品取引業者等向けの総合的な監督指針」の一部改正を行った。

　また、2016年1月より一般NISAの年間投資限度額が100万円から120万円に引き上げられること等に伴い、所要の改正を行った。

　ジュニアNISAの導入により、早期に証券投資に関心を持つきっかけを与えられること、また、口座開設者の成人時には、自動的に一般NISA口座が開設される制度設計とされていることなどから、これが普及し、正しく利用されていくことが望ましい。ジュニアNISAは、未成年者が口座開設者となることから、基本的には、その親権者等が未成年者を代理して投資指図を行うことが想定されているが、こうした親権者等が実質的に自身のためにジュニアNISA口座を利用し、非課税メリットを享受するといったことのないよう、口座開設者が3月末時点で18歳に到達する年までは、払出しを行わないことを前提として非課税を認めるなどの制約が設けられており、金融機関の実務においても、適切な管理が求められる。こうした点を踏まえ、ジュニアNISAが、その制度設計・趣旨に則り適切に利用されるよう、ジュニアNISA口座を利用する取引の勧誘に関し、「NISA及びジュニアNISAの口座開設及び勧誘並びに販売時等における留意事項について（ガイドライン）」（NISA推進・連絡協議会）を踏まえつつ、金融商品取引業者等の監督を行うこととされている。

金融商品取引業者等向けの総合的な監督指針（2015年12月改正）

Ⅳ－３－１ 有価証券関連業に係る業務の適切性
Ⅳ－３－１－２ 勧誘・説明態勢
（１）～（７）（略）
（８）少額投資非課税制度を利用する取引の勧誘に係る留意事項

　平成26年1月より、自助努力による家計の安定的な資産形成を支援するとともに、経済成長に必要な成長資金の供給を拡大する観点から、少額投資非課税制度（以下「NISA」という。（注））が導入された。

　NISAは、年間の投資（購入）上限額が比較的少額（120万円）であり、家計の中長期的な資産形成を後押しするためのツールとして位置付けられていることから、初めて投資を行う者や若年層など、投資知識・経験の浅い顧客による利用が予想される。NISAの導入により、証券投資を通じた資産形成に関する裾野が広がり、ひいては証券市場の活性化につながることが期待される。

　また、NISAは、年間120万円を上限とする投資について、投資した有価証券を保有し続ける限り、その収益については最大5年間は非課税となることから、例えば、顧客が短期間で金融商品の売買（乗換え）を繰り返すような取引はNISAの制度趣旨に馴染まないものとなっている。このため、顧客の中長期的な資産形成を支援するというNISAの制度趣旨に沿った、顧客が税制上のメリットを享受しやすい金融商品等の提供が望まれる。

　こうした点を踏まえ、NISAが、その制度設計・趣旨に則り適切に利用されるよう、非課税口座を利用する取引の勧誘に関し、「NISA及びジュニアNISAの口座開設及び勧誘並びに販売時等における留意事項について（ガイドライン）」（NISA推進・連絡協議会）を踏まえつつ、特に以下のような点に留意して監督するものとする。

　（注）NISAとは、年間120万円までの上場株式等への投資から生じる配当所得・譲渡所得等に係る所得税・住民税を、投資した年から最長で5年間非課税とする制度。

① 顧客に対する説明態勢の整備
　イ．（略）
　ロ．NISAに基づく非課税口座の利用に関する説明
　　非課税口座開設の勧誘・申込みの受付時や口座開設後に、以下の内容等について、必要に応じて、顧客に誤解を与えることのないよう正確に、分かりやすく説明しているか。
　　　a．非課税口座については、通常の証券口座（特定口座等）と異なり、金融機関を跨った複数開設が認められず、同一年において一人一口座（一金融機関）のみ開設が認められること（仮に、顧客が複数の金融機関に口座開設の申込みを行った場合、口座開設までに相当の時間を要する場合があるなど、口座開設手続が円滑に進まないおそれがあること。）。なお、顧客が予め希望している金融商品を購入できないことのないよう、この説明と併せて、自社が非課税口座において取り扱っている金融商品の種類（上場株式、上場投資信託、不動産投資信託、公募株式投資信託など）についても説明しておく必要がある。
　　　b．非課税口座では、年間120万円まで、有価証券の買付けを行うことができ、非課税口座で保有している有価証券を一度売却するとその非課税枠の再利用ができないこと（そのため、短期間での売買（乗換え）を前提とした商品には適さないこと。）。
　　　c．d．（略）
　　　e．投資信託における分配金のうち元本払戻金（特別分配金）はそもそも非課税であり、NISAにおいては制度上のメリットを享受できないこと。また、当該分配金の再投資を行う場合には、年間投資枠が費消されてしまうこと。
②（略）

（９）未成年者向けの少額投資非課税制度を利用する取引の勧誘に係る留意事項
　平成28年4月より、若年層による投資の裾野を拡大し、自助努力による家計の安定的な資産形成を支援するとともに、経済成長に必要な成長資金の供給を拡大する観点から、未成年者向けの少額投資非課税制度（以下「ジュニアNISA」という。（注））が導入されることとなった。

ジュニアNISAは、未成年者の将来に向けた資産形成のため、未成年者に非課税口座の開設を認めるものである。ジュニアNISAの導入により、早期に証券投資に関心を持つきっかけを与えること、また、口座開設者の成人時には、自動的にNISAの非課税口座（以下「NISA口座」という。）が開設される制度設計とされていることなどから、これが普及し、正しく利用されること、金融リテラシーの向上にも結びつくことによって、証券投資を通じた資産形成に関する裾野が広がり、ひいては証券市場の活性化に繋がることが期待される。

　また、ジュニアNISAは、未成年者が口座開設者となることから、基本的には、その親権者等が未成年者を代理して投資指図を行うことが想定されているが、こうした親権者等が実質的に自身のためにジュニアNISA口座を利用し、非課税メリットを享受するといったことのないよう、口座開設者が3月末時点で18歳に到達する年（以下「基準年」という。）までは、払出しを行わないことを前提として非課税を認めるなどの制約が設けられており、金融機関の実務においても、適切な管理が求められる。

　さらに、ジュニアNISAは、その制度趣旨や、年間80万円を上限とする投資について、投資した有価証券を保有し続ける限り、その収益については最大5年間は非課税となること、基準年までは払出しを行わないことを前提としていること等から、例えば、顧客が短期間で金融商品の売買（乗換え）を繰り返すような取引は馴染まないものとなっている。このため、顧客の中長期的な資産形成を支援するというジュニアNISAの制度趣旨に沿った、顧客が税制上のメリットを享受しやすい金融商品等の提供が望まれる。

　こうした点を踏まえ、ジュニアNISAが、その制度設計・趣旨に則り適切に利用されるよう、ジュニアNISA口座を利用する取引の勧誘に関し、「NISA及びジュニアNISAの口座開設及び勧誘並びに販売時等における留意事項について（ガイドライン）」（NISA推進・連絡協議会）を踏まえつつ、特に以下のような点に留意して監督するものとする。

　（注）ジュニアNISAとは、未成年者による、専用口座における年間80万円までの上場株式等への投資から生じる配当所得・譲渡所得等に係る所得税・住民税について、原則として18歳までの間は払出しを行わないことを条件（災害等のやむを得ない場合は除く。）として、投資した年から最長で5年間非課税とする制度（ただし、現行制度が終了した時点において、時価が80万円分までのものについては、20歳まで非課税で保有を継続することが認められる。）。

① 顧客に対する説明態勢の整備
　イ．顧客の金融リテラシー向上への取組み
　　　投資指図を行う親権者等に加え、未成年者である口座開設者本人についても、成人時にはNISA口座を保有し、金融商品の運用指図を行うこととなることや、若年層に投資の裾野を拡大するといった制度趣旨を踏まえ、単に法令上の適合性原則を遵守することだけではなく、顧客の金融（投資）リテラシー向上を図り、資産形成に取り組んでもらうことが顧客・金融機関相互の利益につながるとの観点に立って、金融・経済の仕組み、マネープランの重要性、中長期投資や分散投資の効果の説明といった金融に関する基礎的な情報を、口座開設者本人の年齢等に応じて段階的に提供するよう努めているか。
　ロ．ジュニアNISA口座の利用に関する説明
　　　ジュニアNISA口座開設の勧誘・申込みの受付時や口座開設後に、以下の内容等について、必要に応じて、顧客に誤解を与えることのないよう正確に、分かりやすく説明しているか。
　　　ａ．ジュニアNISA口座については、基準年まで払出しを行わないことを前提に非課税が認められており、基準年までの間に、災害等やむを得ない事情について税務署による確認を受けた場合を除き、払出しを行った場合、当該口座において過去に生じた利益に対して課税されること。
　　　ｂ．ジュニアNISA口座については、通常の証券口座（特定口座等）と異なり、金融機関を跨った複数開設が認められず、一人一口座（一金融機関）のみ開設が認められること、及び口座廃止した後でなければ口座開設金融機関を変更することができないこと（基準年前に口座廃止をした場合は、やむを得ない場合を除き過去に生じた利益について課税されることを含む。）。なお、顧客が予め希望している金融商品を購入できないことのないよう、この説明と併せて、自社がジュニアNISA口座において取り扱っている金融商品の種類（上場株式、

上場投資信託、不動産投資信託、公募株式投資信託など）についても説明しておく必要がある。
  c．未成年者の口座であることから、親権者等が代理で投資判断を行うことが一般的であると考えられるが、ジュニアNISA口座において運用できる資金は厳に口座開設者自身の資金に限られ、親権者等の資金を運用することは認められないこと（親権者等の資金を運用していた場合には、課税上の問題が生じること。）。
  d．ジュニアNISA口座では、年間80万円まで、非課税で有価証券の買付けを行うことができ、ジュニアNISA口座で保有している有価証券を一度売却するとその非課税枠の再利用ができないこと、及び払出し制限が課されるなど基準年以降に向けての中長期投資のための制度であること（そのため、短期間での売買（乗換え）を前提とした商品には適さないこと。）。
  e．非課税となる投資枠の残額を翌年以降に繰り越すことはできないこと。
  f．ジュニアNISA口座の損失について、特定口座や一般口座で保有する他の有価証券の売買益や配当金との損益通算ができず、当該損失の繰越控除もできないこと（なお、課税未成年者口座については、この限りではない。）。
  g．投資信託における分配金のうち元本払戻金（特別分配金）はそもそも非課税であり、ジュニアNISAにおいては制度上のメリットを享受できないこと。また、ジュニアNISAにおいては、元本払戻金（特別分配金）を受けること、さらに、その再投資を行うことに合理的な意味がないこと（ジュニアNISAには払出し制限が課されているため、分配金をジュニアNISAの枠外で受け取ることができない。また、分配金再投資を行う場合には、年間投資枠が費消される。）。
② 制度設計・趣旨を踏まえた金融商品等の提供
　ジュニアNISAが、未成年者の将来に向けた中長期的な資産形成を後押しする制度として導入された趣旨や、払出し制限等の制度設計を踏まえ、ジュニアNISAを利用する顧客に対して、例えば、一定期間に分割して投資することにより時間的な分散投資効果が得られる定額積立サービスの提供や、中長期にわたる安定的な資産形成に資するような金融商品を中心とした商品提供を行うなど、ジュニアNISAの制度設計・趣旨を踏まえた金融商品等の提供を行っているか。
③ 適切な口座管理
　未成年者向けの非課税口座であるジュニアNISAの特徴を踏まえ、当該口座が、親権者等によって仮名口座として利用されるといったことのないよう、特に留意する必要がある。
　こうした観点から、口座開設者の年齢等に応じて取引残高報告書等を口座開設者本人宛に送付することや、口座開設時や払出し時に、厳にジュニアNISA口座の資金が口座開設者本人の資金であり、本人のために利用される旨の確認を行うことといった、適切な口座管理がなされているか。

（出所）金融庁

▶ 3．つみたてNISA創設時の改正

　金融庁では、2018年1月よりつみたてNISAが導入されることを踏まえ、つみたてNISAを利用する取引の勧誘に関し、監督上の留意点を明らかにする観点から、2017年9月に、「金融商品取引業者等向けの総合的な監督指針」の一部改正を行った。

金融商品取引業者等向けの総合的な監督指針（2017年9月改正）

Ⅳ－3－1 有価証券関連業に係る業務の適切性
Ⅳ－3－1－1
（略）
Ⅳ－3－1－2 勧誘・説明態勢
（1）～（7）（略）
（8）少額投資非課税制度を利用する取引の勧誘に係る留意事項

　家計の安定的な資産形成を支援する仕組みとして、平成26年1月より、成人を対象とした少額投資非課税制度（以下「一般NISA」という。）が導入されている。以降、平成28年4月より、未成年者を対象とした少額投資非課税制度（以下「ジュニアNISA」という。）が導入され、また、平成30年1月より、成人を対象としつつ、積立投資に特化した少額投資非課税制度（以下「つみたてNISA」といい、一般NISA、ジュニアNISA及びつみたてNISAを総称して以下「NISA制度」という。）が導入されている。

　NISA制度は、年間の投資上限額の範囲内で購入した金融商品について、所定の非課税期間を通じて、その収益を非課税とする制度であり、これまで金融商品に対する投資を通じた資産形成を行ってこなかった者を中心に、当該方法による資産形成を促すことを目的としたものである。

　こうした点を踏まえ、NISA制度が、その趣旨に則り適切に利用されるよう、NISA制度を利用する取引の勧誘等に関し、「NISA制度の口座開設及び勧誘並びに販売時等における留意事項について（ガイドライン）」（NISA推進・連絡協議会）（以下本（8）において「ガイドライン」という。）を踏まえつつ、以下のような点に留意して監督するものとする。

① 顧客に対する説明態勢の整備
　イ．顧客の金融リテラシー向上への取組み
　　NISA制度は、初めて投資を行う者や若年層など、投資知識・経験の浅い顧客による利用が想定されるところ、こうした顧客に対しては、単に法令上の適合性原則を遵守することだけではなく、顧客の金融（投資）リテラシーの向上を図り、自らの資産形成に取り組んでもらうことが顧客・証券会社等相互の利益につながるとの観点に立って、中長期投資や分散投資の効果等の説明といった投資に関する基礎的な情報を、適切に提供するよう努めているか。
　ロ．NISA制度に関する説明
　　一般NISA及びつみたてNISAに係る非課税口座並びにジュニアNISAに係る未成年者口座（以下これらを総称して「NISA口座」という。）開設の勧誘・申込みの受付時等に、適合性原則等を踏まえた説明がされているか。例えば、ガイドラインで説明すべきとされている事項を、必要に応じて、顧客に誤解を与えることのないよう正確に、分かりやすく説明しているか。

② 制度設計・趣旨等を踏まえた金融商品の提供
　NISA制度が家計の安定的な資産形成を後押しする制度として導入された趣旨やNISA制度を利用する顧客の目的等を考慮しつつ、適合性原則等を踏まえて真に顧客の安定的な資産形成に資するような金融商品を中心とした商品提供を行っているか。なお、顧客の安定的な資産形成に資するかどうかの判断にあたっては、個別の商品の特性だけでなく、顧客のポートフォリオ全体のバランスに十分留意する必要がある。

③ ジュニアNISAについて留意すべき事項
　ジュニアNISAが未成年者向けの制度であることを踏まえ、ジュニアNISA口座が、親権者等によって仮名口座として利用されるといったことのないよう留意する必要がある。こうした観点から、例えば、ジュニアNISA口座開設者の年齢等に応じて取引残高報告書等を当該口座開設者本人宛に送付することや、ジュニアNISA口座開設時や払出し時に、当該口座内の資金が口座開設者本人の資金であり、本人のために利用される旨の確認を行うといった、適切な口座管理がなされているか。

（出所）金融庁

Ⅲ. NISA制度の口座開設及び勧誘並びに販売時等における留意事項について(ガイドライン)(NISA推進・連絡協議会)

▶ 1. NISA創設時に伴うガイドラインの制定

　NISA推進・連絡協議会(詳しくは第6章参照)では、2014年1月からのNISA制度の創設に当たり、第一種金融商品取引業者、登録金融機関及び投資信託委託会社におけるNISA口座の開設及びNISA口座を通じた上場株式等の勧誘及び販売時の留意事項について、2013年6月、業態横断的なNISAの主な制度上の留意事項を取りまとめた。

　2013年10月1日からのNISAの申込み開始に際し、NISA口座は1人1口座しか開設できず、他の金融機関等にNISA口座内上場株式等を移管することもできないことや配当等はNISA口座を開設する金融機関等経由で交付されないものは非課税とならないなど、口座開設時などにしっかりと投資家に説明することなどを求めている。

NISAの勧誘及び販売時における留意事項について

2013年6月6日
NISA推進・連絡協議会

　去る3月30日、平成25年度税制改正に係る所得税法等の一部を改正する法律(法律第5号)等が公布されました。約1,500兆円ある我が国家計金融資産について、自助努力に基づく資産形成を支援・促進し、家計からの成長マネーの供給拡大を図るための、少額上場株式等に係る配当所得及び譲渡所得等の非課税措置(以下「NISA(ニーサ)」といいます。)が平成26年1月より実施されます。

　今般、NISA推進・連絡協議会では、制度開始に当たり、第一種金融商品取引業者、登録金融機関及び投資信託委託会社(以下「金融機関等」といいます。)における非課税口座(以下「NISA口座」といいます。)の開設及びNISA口座を通じた上場株式等の勧誘及び販売時の留意事項について、下記のとおり取りまとめました。

　今後、同協議会を構成する各業界団体の会員である金融機関等においては、当該留意事項を踏まえた適切な勧誘及び販売を行うものとします。

記

1. NISAの導入趣旨及び目的を踏まえた勧誘及び販売における留意事項について

　NISAの当初の導入趣旨及び目的は、「個人の株式市場への参加を促進する」ことであったが、平成25年度税制改正において「約1,500兆円ある我が国家計金融資産について、自助努力に基づく資産形成を支援・促進する」ことが新たに追加された。

　このことは、既に証券投資を行っている層、以前に証券投資を行っていたが中断している層、投資経験が浅い層や投資経験がない層など国民各層が、等しく証券投資による非課税メリットを享受することにより、自助努力に基づく中長期の資産形成による成功体験を積み上げ、資産形成に係る習慣の定着、ひいては「貯蓄から投資へ」の流れを確実なものとすることが企図されているものと考えられる。

　また、個人投資者や金融機関等など市場関係者からは、NISAは、いくつかの制約や条件等が付されており、それらによる制度の分かり難さや使い勝手の悪さが指摘されているが、他方で、これらの制約や条件等は、NISAの導入趣旨及び目的である、幅広い国民各層における中長期的な資産形成を支援・促進させる面も指摘されている。

　NISAを利用する層としては、投資経験及び投資資金ともに豊富で比較的年齢の高い層だけでなく、投資経験が浅くまた投資資金が少ない若年層まで幅広く考えられるため、特定の投資スタイルや投資行動に限定されるのではなく、本制度のなかで多様な資産形成ニーズに則した利用が考えられる。いずれにしても、その導入趣旨及び目的に則した利用の拡大を推進することは不可欠であり、その積み重ねを通じて期待される効果が発現すれば、本制度の延長及び恒久化並びに拡充及び簡素化に係る改正に繋がることも期待される。

　このように、金融機関等では、NISAの導入趣旨及び目的を踏まえつつ、個人投資者の生活設計やマネープランを考慮のうえ、NISAの提案及び利用並びに金融商品の提供及び勧誘等を行うべきである。

　なお、NISAの導入は、投資経験の浅い層や投資経験がない層に対して、金融リテラシーの向上を促し、金融機関等にとって将来のコアとなる顧客へと育てていく貴重な機会と言える。そこで、こうした層がNISAを利用するに当たって、投資に関する基本的な知識や考え方について、何らかの機会・ツールを通じて、平易に分かりやすく伝える努力をすべきである。

2. NISAの主な制度上の留意事項について

　平成25年度税制改正により、NISAは大幅に拡充及び簡素化されたが、依然として個人投資者にとってその内容が分かり難いとの指摘がある。

　NISAが我が国の国民に幅広く利用され、また、定着していくためには、利用者及び金融機関等において、その仕組み及び特性等が正確かつ十分に理解されることが不可欠といえる。

　このため、国民各層がNISAの特性を踏まえ、適切かつ安定的な証券投資及び資産形成を行うことができるよう、業態横断的なNISAの主な制度上の留意事項を次のとおり取りまとめた。

（1）同一の勘定設定期間において複数の金融機関等にNISA口座を開設することができない

　　NISAでは、税務当局及び金融機関等が非課税投資枠を適切に管理し、また、制度自体の簡素化を図る観点から、特定口座とは異なり、NISA口座は一人一口座（一金融機関等）しか開設できず、他の金融機関等にNISA口座内上場株式等を移管することもできない。

　　また、非課税措置が有効活用され、また、個人投資者が安定的に中長期的な資産形成を行うためには、金融商品の選択が重要な要素のひとつとなるが、ある金融機関等にNISA口座を開設した場合、当該金融機関等で取り扱っていない金融商品を購入しようとしても、同一の勘定設定期間中に異なる金融機関等にNISA口座を開設することができない。

　　以上から、個人投資者がNISA口座において購入したい金融商品又は当該金融商品を提供する金融機関等を適切に選択できるよう、金融機関等では、NISA口座開設の勧誘や申込みの受付までに、①一つの勘定設定期間においてNISA口座は一人一口座（一金融機関等）しか開設できず、また、異なる金融機関等にNISA口座内の上場株式等の移管ができないこと、②自社で取り扱い、又は取り扱うことができる金融商品の種類（上場株式、上場投資信託、不動産投資信託、公募株式投資信託など）について、それぞれ当該個人投資者に必要に応じて、誤解を与えることのないよう正確に、分かりやすく説明するべきである。

(2) NISA口座での損失は税務上ないものとされる

NISA口座における配当所得及び譲渡所得等は収益の額にかかわらず全額非課税となるが、その損失はないものとされ、特定口座や一般口座で保有する他の上場株式等の配当所得及び譲渡所得等との通算が認められない。また、非課税期間が満了した場合等に、NISA口座から上場株式等が払い出される場合（いわゆるロールオーバーにより再度異なる年分の非課税管理勘定に移管されるときを含む。）には、当該払い出された非課税上場株式等の取得価額は払出日における時価となり、払出日に価格が下落していた場合でも、当初の取得価額と払出日の時価との差額に係る損失はないものとされる。

NISAを利用する層としては、投資経験者から投資未経験者まで幅広く考えられるが、特に、投資未経験者や投資経験の浅い個人については、リスク許容度が低いことが指摘されている。

金融機関等は、NISA口座内の上場株式等の譲渡損失は他の課税口座における配当所得及び譲渡所得等との通算ができないことを個人投資家に説明するべきであり、個人の属性やニーズ、投資知識を踏まえた適切な金融商品の勧誘・提供等を行うべきである。

(3) 非課税投資枠（年間100万円）が設定されNISA口座で一度売却するとその非課税投資枠の再利用はできない

NISAでは、非課税投資枠である年間100万円の範囲で購入した上場株式等から生じる配当所得及び譲渡所得等が非課税とされる。しかしながら、一旦使用した非課税投資枠は再利用できないため、上場株式等を売却した場合であっても当該上場株式等を購入する際に使用した非課税投資枠は再利用できない。また、株式累積投資（いわゆる株るいとう）の配当金や分配金再投資型の公募株式投資信託の収益分配金の支払を受けた場合は、当該配当金や分配金による当該上場株式等の再投資（自動買付け）を行えば、その分が非課税投資額に算入される（当該投資金額と当初買付分と合わせて年間100万円までしか利用できない。）。

したがって、NISAの利用者にとって、短期間に金融商品の買換え（乗換え）を行う又は分配金再投資型の公募株式投資信託につき高い頻度で分配金の支払いを受けるといった投資手法等はNISAを十分に利用できない場合があることから、金融機関等は、NISAの制度設計・趣旨を踏まえた投資の紹介・提案や適切な金融商品の勧誘・提供等を行うべきである。

とりわけ、投資信託において支払われる分配金のうち元本払戻金（特別分配金）は非課税であり、NISAによるメリットを享受できるものではないことから、投資信託の勧誘及び販売時には適切に説明を行うべきである。

(4) 配当等はNISA口座を開設する金融機関等経由で交付されないものは非課税とならない

NISAの非課税の適用を受ける配当等とは、NISA口座を開設する金融機関等経由で交付されたものに限られ、発行者から直接交付されるものは課税扱いとなる。このため、取引所金融商品市場に上場する上場株式等の配当等の受領方式については、金融機関等の取引口座で受領する方式が採用されるようあらかじめ手続を行う必要がある。

また、上場株式等の配当等について、金融機関等の取引口座で受領する方式を選択している株主等の割合は、平成25年3月末現在で15％に満たないなど、その利用割合は低いといえる。

このため、金融機関等は、NISAにおいて上場株式等の配当等のうち、NISA口座を開設する金融機関等経由で交付されないものについては非課税の適用は受けられないことを、個人投資者に説明すべきである。

以　上

※ガイドライン中の「注釈」は掲載を省略

（出所）NISA推進・連絡協議会

▶ 2．2014年度税制改正に伴うガイドラインの改訂

NISA推進・連絡協議会では、2014年度税制改正に伴い、「NISAの勧誘及び販売時における留意事項について（ガイドライン）」の改訂を行った。

NISAの勧誘及び販売時における留意事項について（ガイドライン）

2014年5月27日改訂
NISA推進・連絡協議会

※下線部分が改訂箇所

（略）

　NISA推進・連絡協議会では、平成25年6月に、制度開始に向け、第一種金融商品取引業者、登録金融機関及び投資信託委託会社（以下「金融機関等」といいます。）における非課税口座（以下「NISA口座」といいます。）の開設及びNISA口座を通じた上場株式等の勧誘及び販売時の留意事項について、下記のとおり取りまとめたところですが、平成26年3月31日、平成26年度税制改正に係る所得税法等の一部を改正する法律（法律第10号）等が公布され、NISAに係る改正も行われたことから、今般、その改正も踏まえて本留意事項についても改訂いたしました。
　今後、同協議会を構成する各業界団体の会員である金融機関等においては、当該留意事項を踏まえた適切な勧誘及び販売を行うものとします。

記

1. NISAの導入趣旨及び目的を踏まえた勧誘及び販売における留意事項について
（略）

2. NISAの主な制度上の留意事項について
　NISAが我が国の国民に幅広く利用され、また、定着していくためには、利用者及び金融機関等において、その仕組み及び特性等が正確かつ十分に理解されることが不可欠といえる。
　このため、国民各層がNISAの特性を踏まえ、適切かつ安定的な証券投資及び資産形成を行うことができるよう、業態横断的なNISAの主な制度上の留意事項を次のとおり取りまとめた。

(1) NISA口座は一人一口座（一金融機関等）しか開設できないこと（金融機関等を変更した場合を除く）
　　NISAでは、税務当局及び金融機関等が非課税投資枠を適切に管理し、また、制度自体の簡素化を図る観点から、特定口座とは異なり、NISA口座は基本的に一人一口座（一金融機関等）しか開設できない。口座開設金融機関等の変更手続を行った場合には、複数の金融機関等にNISA口座が存在することとなりうるが、その場合であっても各年においてNISA口座での買付けは1つのNISA口座でしか行うことができない。また、他の金融機関等にNISA口座内上場株式等を移管することもできない。
　　なお、非課税措置が有効活用され、個人投資家が安定的に中長期的な資産形成を行うためには、金融商品の選択が重要な要素のひとつとなるが、ある金融機関等にNISA口座を開設し、その年に既に上場株式等の買付けを行っていた場合、当該金融機関等で取り扱っていない金融商品を購入しようとしても、同一年内に他の金融機関等にNISA口座を変更することはできない。
　　以上から、個人投資家がNISA口座において購入したい金融商品又は当該金融商品を提供する金融機関等を適切に選択できるよう、金融機関等では、NISA口座開設の勧誘や申込みの受付までに、①NISA口座は一人一口座（一金融機関等）しか開設できないこと（金融機関等を変更した場合を除く）、また、異なる金融機関等にNISA口座内の上場株式等の移管ができないこと、②自社で取り扱い、又は取り扱うことができる金融商品の種類（上場株式、上場投資信託、不動産投資信託、公募株式投資信託など）について、それぞれ当該個人投資家に必要に応じて、誤解を与えることのないよう正確に、分かりやすく説明するべきである。

(2) NISA口座での損失は税務上ないものとされる
（略）

(3) 非課税投資枠（年間100万円）が設定されNISA口座で一度売却するとその非課税投資枠の再利用はできない
                                    （略）
    (4) 配当等はNISA口座を開設する金融機関等経由で交付されないものは非課税とならない
                                    （略）
     また、上場株式等の配当等について、金融機関等の取引口座で受領する方式を選択している株主等の割合は、平成26年4月末現在で20%に満たないなど、その利用割合は低いといえる。
                                    （略）
                                                                以　上
※ガイドライン中の「注釈」は掲載を省略

（出所）NISA推進・連絡協議会

▶ 3. ジュニアNISA創設時に伴うガイドラインの改訂

　NISA推進・連絡協議会では、2016年4月からのジュニアNISA制度の創設にあたり、2015年10月、「NISA及びジュニアNISAの口座開設及び勧誘並びに販売時等における留意事項について（ガイドライン）」の改訂を行った。そこで、未成年者本人が成人するまでの資産形成を担保するために親権者等が代理して運用を行うことやその年の3月31日において18歳である年の前年12月31日までの払出し制限が課されること、金融機関等の変更ができないなど、制度上、一般NISAと異なる点を留意事項として取りまとめた。

　とりわけ、ジュニアNISAは0歳からの未成年者が開設できる口座であり、いわゆる仮名口座として利用される懸念があるため、ガイドラインにおいても特に以下の点について、様々な場面での説明等を求めている。

　〇本人資金であることの確認（口座開設時等に、ジュニアNISAの資金が本人のものであることを確認できる書面（厳に本人の資金以外を入金しない旨の申立書のほか、贈与契約書等）を提出いただく）
　〇運用管理者の範囲（口座開設者本人の法定代理人、又は法定代理人から明確な書面による委任を受けた口座開設者本人の二親等以内の者に限定）
　〇一定年齢からの取引残高の本人通知
　〇払出し制限解除後の本人通知（払出しが可能となった旨及び残高の本人通知を行う）
　〇払出し先の本人口座への限定
　〇成人以後、本人による取引指図

NISA及びジュニアNISAの口座開設及び勧誘並びに販売時等における留意事項について（ガイドライン）

2015年10月23日改訂
NISA推進・連絡協議会

※下線部分が改訂箇所

　平成26年1月より、我が国家計金融資産について、自助努力に基づく資産形成を支援・促進し、家計からの成長マネーの供給拡大を図るための、少額上場株式等に係る配当所得及び譲渡所得等の非課税措置（以下「NISA（ニーサ）」といいます。）が創設されました。
　NISA推進・連絡協議会では、平成25年6月に、NISA制度開始に向け、第一種金融商品取引業者（有価証券関連業を行う者に限ります。）、登録金融機関及び投資信託委託会社（以下「金融機関等」といいます。）におけるNISA口座の開設及びNISA口座を通じた上場株式等の勧誘及び販売時の留意事項を取りまとめたところであります。
　また、平成26年度税制改正において、NISAの利便性向上のための見直しとして、NISA口座を開設する金融機関等の変更等が可能となったことから、平成26年5月27日付けで本留意事項の改訂を行ったところであります。
　今般、平成27年度税制改正において、NISAの非課税投資枠の見直し及びジュニアNISAが創設されたことから、「NISA及びジュニアNISAの口座開設及び勧誘並びに販売時等における留意事項について（ガイドライン）」として改訂いたしました。
　今後、本協議会を構成する各業界団体の会員である金融機関等においては、当該留意事項を踏まえた適切な勧誘及び販売等を行うものとします。

記

1．NISA及びジュニアNISAの導入趣旨及び目的を踏まえた勧誘及び販売等における留意事項について
（略）
　さらに、平成27年度税制改正において、投資家のすそ野拡大・成長資金の確保を図るためジュニアNISAが創設された。ジュニアNISAでは、0歳から19歳の未成年者専用のジュニアNISA口座の開設が可能となり、高齢者層による若年層への資産移転や若年層の将来に向けた資産形成を後押しする投資の枠組みが構築された。ジュニアNISAでは、未成年者本人が成人するまでの資産形成を担保するために親権者等が代理して運用を行うこととなることやその年の3月31日において18歳である年の前年12月31日までの払出し制限が課されること、あるいは金融機関等の変更ができないなど、制度上、成人NISAと異なる点がある。
　このように、金融機関等では、NISA及びジュニアNISAの導入趣旨及び目的を踏まえつつ、個人投資家の生活設計やマネープランを考慮のうえ、NISA及びジュニアNISAの利用の提案や金融商品の提供、勧誘及び販売を行うべきである。
　なお、NISA及びジュニアNISAの導入は、投資経験の浅い層や投資経験がない層（特にジュニアNISAについては若年層）に対して、金融リテラシーの向上を促し、金融機関等にとって将来のコアとなる顧客へと育てていく貴重な機会といえる。そこで、こうした層がNISA及びジュニアNISAを利用するに当たって、投資に関する基本的な知識や考え方について、何らかの機会・ツールを通じて、平易に分かりやすく伝える努力をすべきである。

2．NISAの主な制度上の留意事項について
（略）
（1）NISA口座は同一年において一人一口座（一金融機関等）しか開設できないこと（金融機関等を変更した場合を除く。）

NISAでは、税務当局及び金融機関等が非課税投資枠を適切に管理し、また、制度自体の簡素化を図る観点から、特定口座とは異なり、同一年において一人一口座（一金融機関等）しか開設できない。
　口座開設金融機関等の変更手続を行った場合には、複数の金融機関等にNISA口座が存在することとなりうるが、その場合であっても各年においてNISA口座での買付けは一つのNISA口座でしか行うことができない。
　他の金融機関等にNISA口座内の上場株式等を移管することができない。
　なお、非課税措置が有効活用され、NISAの利用者が安定的に中長期的な資産形成を行うためには、金融商品の選択が重要な要素のひとつとなるが、ある金融機関等にNISA口座を開設し、その年に既に上場株式等の買付けを行っていた場合、当該金融機関等で取り扱っていない金融商品を購入しようとしても、同一年内に他の金融機関等にNISA口座を変更することはできない。
　このため、NISAの利用者が同口座において購入したい金融商品又は当該金融商品を提供する金融機関等を適切に選択できるよう、金融機関等は、NISA口座開設の勧誘の際、又は遅くとも申込みの受付時点までのいずれかの機会に、①NISA口座は同一年において一人一口座（一金融機関等）しか開設できないこと（金融機関等を変更した場合を除く）、また、異なる金融機関等にNISA口座内の上場株式等の移管ができないこと、②自社で取扱い、又は取扱うことができる金融商品の種類（上場株式、上場投資信託、不動産投資信託、公募株式投資信託など）について、それぞれNISAの利用者に必要に応じて、誤解を与えることのないよう正確に、分かりやすく説明を行う必要がある。

(2) NISA口座での損失は税務上ないものとされること
　NISA口座における配当所得及び譲渡所得等は収益の額にかかわらず全額非課税となるが、その損失はないものとされ、特定口座や一般口座で保有する他の上場株式等の配当所得及び譲渡所得等との通算が認められない。また、非課税期間が満了した場合等に、NISA口座から上場株式等が払い出される場合（いわゆるロールオーバーにより再度異なる年分の非課税管理勘定に移管されるときを含む。）には、当該払い出された非課税上場株式等の取得価額は払出日における時価となり、払出日に価格が下落していた場合でも、当初の取得価額と払出日の時価との差額に係る損失はないものとされる。
　NISAを利用する層としては、投資経験者から投資未経験者まで幅広く考えられるが、特に、投資未経験者や投資経験の浅い個人については、リスク許容度が低いことが指摘されている。
　金融機関等は、NISA口座内の上場株式等の譲渡損失は他の課税口座における配当所得及び譲渡所得等との通算ができないことをNISAの利用者に説明を行う必要があり、個人の属性やニーズ、投資知識を踏まえた適切な金融商品の勧誘・提供等を行う必要がある。

(3) 非課税投資枠（年間120万円）が設定され、NISA口座で一度売却するとその非課税投資枠の再利用はできないこと
　NISAでは、非課税投資枠である年間120万円の範囲で購入した上場株式等から生じる配当所得及び譲渡所得等が非課税とされる。しかしながら、一旦使用した非課税投資枠は再利用できないため、上場株式等を売却した場合であっても当該上場株式等を購入する際に使用した非課税投資枠を利用した再投資はできない。また、株式累積投資（いわゆる株るいとう）の配当金や分配金再投資型の公募株式投資信託の収益分配金の支払を受けた場合は、当該配当金や分配金による当該上場株式等の再投資（自動買付け）を行えば、その分について非課税投資枠を利用することとなる（当該投資金額と当初買付分と合わせて年間120万円までしか利用できない。）。
　したがって、NISAの利用者にとって、短期間に金融商品の買換え（乗換え）を行う又は分配金再投資型の公募株式投資信託につき高い頻度で分配金の支払いを受けるといった投資手法等はNISAを十分に利用できない場合があることから、金融機関等は、NISAの制度設計・趣旨を踏まえた投資の紹介・提案や適切な金融商品の勧誘・提供等を行う必要がある。

とりわけ、投資信託において支払われる分配金のうち元本払戻金（特別分配金）は非課税であり、NISAによるメリットを享受できるものではないことから、投資信託の勧誘及び販売時には適切に説明を行う必要がある。

(4) 配当等はNISA口座を開設する金融機関等経由で交付されないものは非課税とならないこと

NISAの非課税の適用を受ける配当等とは、NISA口座を開設する金融機関等経由で交付されたものに限られ、発行者から直接交付されるものは課税扱いとなる。取引所金融商品市場に上場する上場株式等の配当等の受領方式については、金融機関等の取引口座で受領する方式（株式数比例配分方式）が採用されるようあらかじめ手続を行う必要がある。

このため、金融機関等は、NISA口座において保有する上場株式等に係る配当等のうち、NISA口座を開設する金融機関等経由で交付されないものについては非課税の適用は受けられないことを、NISAの利用者に説明を行う必要がある。

3．ジュニアNISAの主な制度上の留意事項について

ジュニアNISAが我が国の国民に幅広く利用され、また、定着していくためには、利用者及び金融機関等において、その仕組み及び特性等が正確かつ十分に理解されることが不可欠といえる。

このため、国民各層がジュニアNISAの特性を踏まえ、適切かつ安定的な証券投資及び資産形成を行うことができるよう、業態横断的なジュニアNISAの主な制度上の留意事項を次のとおり取りまとめた。

(1) ジュニアNISA口座は一人一口座（一金融機関等）しか開設できないこと

ジュニアNISAでは、税務当局及び金融機関等が非課税投資枠を適切に管理し、また、制度自体の簡素化を図る観点から、一人一口座（一金融機関等）しか開設できない。

さらに、ジュニアNISAでは、NISAと異なり、金融機関等の変更ができない。

このため、ジュニアNISAの利用者（口座開設者本人、口座開設者本人の法定代理人及び運用管理者をいう。以下同じ。）が同口座において購入したい金融商品又は当該金融商品を提供する金融機関等を適切に選択できるよう、金融機関等では、ジュニアNISA口座開設の勧誘の際、又は遅くとも申込みの受付時点までのいずれかの機会に、①ジュニアNISA口座は一人一口座（一金融機関等）しか開設できないこと、また、金融機関等の変更ができないこと、②自社で取扱い、又は取扱うことができる金融商品の種類（上場株式、上場投資信託、不動産投資信託、公募株式投資信託など）について、それぞれジュニアNISAの利用者に必要に応じて、誤解を与えることのないよう正確に、分かりやすく説明を行う必要がある。

(2) ジュニアNISA口座（課税未成年者口座を除く。）での損失は税務上ないものとされること

ジュニアNISA口座（課税未成年者口座を除く。）における配当所得及び譲渡所得等は収益の額にかかわらず全額非課税となるが、その損失はないものとされ、特定口座や一般口座で保有する他の上場株式等の配当所得及び譲渡所得等との通算が認められない。また、非課税期間が満了した場合等に、ジュニアNISA口座から上場株式等が払い出される場合（いわゆるロールオーバーにより再度異なる年分の非課税管理勘定に移管されるときを含む。）には、当該払い出された上場株式等の取得価額は払出日における時価となり、払出日に価格が下落していた場合でも、当初の取得価額と払出日の時価との差額に係る損失はないものとされる。

ジュニアNISAの口座開設者の法定代理人や運用管理者は、NISAと同様に、投資経験者から投資未経験者まで幅広く考えられるが、特に、投資未経験者や投資経験の浅い個人については、リスク許容度が低いことが指摘されている。

金融機関等は、ジュニアNISA口座内の上場株式等の譲渡損失は他の課税口座における配当所得及び譲渡所得等との通算ができないことをジュニアNISAの利用者に説明を行う必要があり、個人の属性やニーズ、投資知識を踏まえた適切な金融商品の勧誘・提供等を行う必要がある。

(3) 非課税投資枠（年間80万円）が設定され、ジュニアNISA口座で一度売却するとその非課税投資枠の再利用はできないこと

ジュニアNISAでは、非課税投資枠である年間80万円の範囲で購入した上場株式等から生じる配当所得及び譲渡所得等が非課税とされる。しかしながら、一旦使用した非課税投資枠は再利用できないため、上場株式等を売却した場合であっても当該上場株式等を購入する際に使用した非課税投資枠を利用した再投資はできない。また、株式累積投資（いわゆる株るいとう）の配当金や分配金再投資型の公募株式投資信託の収益分配金の支払を受けた場合は、当該配当金や分配金による当該上場株式等の再投資（自動買付け）を行えば、その分について非課税投資枠を利用することとなる（当該投資金額と当初買付分と合わせて年間80万円までしか利用できない。）。

したがって、ジュニアNISAの利用者にとって、短期間に金融商品の買換え（乗換え）を行う又は分配金再投資型の公募株式投資信託につき高い頻度で分配金の支払いを受けるといった投資手法等はジュニアNISAを十分に利用できない場合があることから、金融機関等は、ジュニアNISAの制度設計・趣旨を踏まえた投資の紹介・提案や適切な金融商品の勧誘・提供等を行う必要がある。

とりわけ、投資信託において支払われる分配金のうち元本払戻金（特別分配金）は非課税であり、ジュニアNISAによるメリットを享受できるものではないことから、投資信託の勧誘及び販売時には適切に説明を行う必要がある。

(4) 配当等はジュニアNISA口座を開設する金融機関等経由で交付されないものは非課税とならないこと

ジュニアNISAの非課税の適用を受ける配当等とは、ジュニアNISA口座を開設する金融機関等経由で交付されたものに限られ、発行者から直接交付されるものは課税扱いとなる。取引所金融商品市場に上場する上場株式等の配当等の受領方式については、金融機関等の取引口座で受領する方式（株式数比例配分方式）が採用されるようあらかじめ手続を行う必要がある。

このため、金融機関等は、ジュニアNISAにおいて保有する上場株式等の配当等のうち、ジュニアNISA口座を開設する金融機関等経由で交付されないものについては非課税の適用は受けられないことを、ジュニアNISAの利用者に説明を行う必要がある。

(5) 運用管理者の範囲

日本証券業協会の自主規制規則では、不公正取引の未然防止及び適正な顧客管理並びに税制上の公平性等の観点から、協会員及びその従業員に対して仮名取引の受託を禁止しているが、運用管理者を通じた口座開設者本人の注文の受託を規制するものではない。

しかしながら、ジュニアNISA口座が未成年者である口座開設者本人以外の者により仮名口座として利用されることを防ぐ観点から、金融機関等は、ジュニアNISA口座の運用管理者について、口座開設者本人の法定代理人、又は法定代理人から明確な書面による委任を受けた口座開設者本人の二親等以内の者に限定する必要がある。

なお、口座開設者本人が20歳になったときに運用管理者が親権者等の法定代理人であった場合には、法定代理権が消滅するため、金融機関等は、原則として、口座開設者本人からの運用指図を受ける必要がある。

(6) 18歳までの払出し制限

その年の3月31日において18歳である年の前年12月31日までは原則としてジュニアNISA口座からの払出しはできない。ジュニアNISA口座から契約不履行等事由による払出しがあった場合は、ジュニアNISA口座が廃止され、過去に非課税で支払われた配当等や過去に非課税とされた譲渡益については非課税の取扱いがなかったものとみなされて、払出し時に課税される。金融機関等は、この払出し時の課税について、口座開設時及び払出し時の両時点において、ジュニアNISAの利用者に説明を行う必要がある。

(7) 払出しの権限を有する者

ジュニアNISA口座内の資産はあくまでも口座開設者本人に帰属することから、払出しは口座開設者本人又は口座開設者本人の法定代理人に限り行うことができることとなる。金融機関等は、この払出しの権限を有する者について、口座開設時においてジュニアNISAの利用者に説明を行うとともに、払出し時において払出しを行おうとする者に説明を行う必要がある。

(8) 成人になるまでの払出しの手続
　口座開設者本人が成人になるまでのジュニアNISA口座からの払出しは、原則として口座開設者本人の同意が必要である。ただし、口座開設者本人が年少であることなどを理由に同意が確認できない場合には、払い出される資金が口座開設者本人のために使われることを確認する必要がある。また、金融機関等においては、当該払出しの事実とともに、口座開設者本人の同意を得たこと又は口座開設者本人のために使われることを確認したことについて確認・記録する必要がある。
　なお、払い出される資金は、あくまでも口座開設者本人の資金であるため、金融機関等は、<u>口座開設者の本人名義口座への振替・振込み等により払出しを行う必要がある。</u>

(9) 払出し制限の解除通知
　払出し制限が解除された後に、法定代理人が口座開設者本人に資金の存在を伝えずに、独断で払出しを行うことを防ぐ観点から、金融機関等は、払出し制限が解除された時期に、口座開設者本人に対して、払出制限が解除された旨を通知する必要がある。

(10) 払出しを行った資金に関する説明
　金融機関等は、法定代理人による払出し時（払出し制限解除後の払出しを含む。）に、払出しを行った資金が口座開設者本人に帰属することについて確認を行うほか、払出しを行った資金を口座開設者本人以外の者が費消等した場合には、事実関係に基づき、贈与税等の課税上の問題が生じうる旨を確実に説明する必要がある。

(11) 口座開設者本人からの取引注文の受託
　未成年者（制限行為能力者）である口座開設者本人がジュニアNISA口座における取引の注文を行う場合には、金融機関等は、その注文の受託に関して適切な対応が求められる。具体的には、民法上、法定代理人は、未成年者の取引を取り消すことができるため、金融機関等は、法定代理人から、取引に関しての同意を求める必要がある。
　法定代理人からの同意については、原則として、取引の都度、取引の内容（対象物となる有価証券、売り・買いの別（設定又は解約の別）、支払手数料）を記載した書面等（通話録音等を含む。）により確認することが考えられる。
　なお、法定代理人からの包括的な同意を得ることも可能であるが、その際には、同意の対象となる具体的な取引行為及び取引の対象物を特定する必要があり、当該取引の内容を記載した書面により確認することが考えられる。

(12) 口座開設者本人の資金であることの担保
　ジュニアNISA口座の口座開設者は未成年者であり、民法に規定される制限行為能力者に該当する。そのため、原則として口座開設の手続き等は口座開設者本人の法定代理人が代理して行うことが想定されることから、当該法定代理人がジュニアNISA口座を名義口座として利用することが懸念される。
　ジュニアNISA口座が名義口座として利用されることを防ぐ観点から、ジュニアNISA口座の資金は、厳に口座開設者本人に帰属する資金に限定される必要がある。とりわけ、祖父母や親権者等が資金を拠出する場合には、未成年者に贈与済みの資金であり、祖父母や親権者等に帰属するものではないことを確認する必要がある。
　このため、金融機関等は、ジュニアNISA口座への資金拠出について、口座開設者本人の銀行口座からの振替・振込み、ジュニアNISA口座を開設している金融機関等におけるジュニアNISA口座以外のジュニアNISA口座開設者本人名義の証券口座からの振替・振込み又は口座開設者本人（法定代理人が口座開設者本人を代理して行う場合を含む。）による現金での入金に限る必要がある。また、金融機関等は、ジュニアNISA口座開設時において、法定代理人から、及び運用管理者が親権者以外の者である場合には当該者から、口座開設者本人に帰属する資金以外の資金によって投資が行われないことを証する書類等の提出を求める必要がある。
　さらに、金融機関等は、口座開設時において、口座開設者本人に帰属する資金以外の資金により投資が行われた場合には、所得税・贈与税等の課税上の問題が生じうる旨を書面等により説明を行う必要がある。

(13) 口座開設者本人への通知
　　金融機関等は、口座開設者本人が一定の年齢（15歳）に達した後には、口座開設者本人に対してジュニアNISA口座に係る取引残高を通知する必要がある。また、金融機関等は、口座開設者本人に対して払出制限が解除された旨を通知する際に、改めて口座開設者本人に対してジュニアNISA口座に係る取引残高を通知する必要がある。
(14) **本人が20歳を迎えた以降の本人の適合性の確認**
　　金融機関等は、口座開設者本人が20歳に達した後に取引等を行うまでの間において、本人の適合性の確認を行う必要がある。

以　　上

※ガイドライン中の「注釈」は掲載を省略

（出所）NISA推進・連絡協議会

▶ 4．つみたてNISA創設時に伴うガイドラインの改訂

　NISA推進・連絡協議会では、2018年1月からのつみたてNISA制度の創設にあたり、2017年8月、「NISA制度の口座開設及び勧誘並びに販売時等における留意事項について（ガイドライン）」の改訂を行い、投資初心者による利用も視野に、つみたてNISAの対象商品が一定の投資信託に限定されていることや、実践的な投資教育を併せて推進することが求められることについて留意事項として取りまとめた。

**NISA制度の口座開設及び勧誘並びに販売時等における留意事項について
（ガイドライン）**

2017年8月16日
NISA推進・連絡協議会

※下線部分が改訂箇所

（略）

　今般、平成29年度税制改正において、少額からの長期・積立・分散投資を促進するためのつみたてNISAが創設されたことから、本ガイドラインを改訂いたしました。
　今後、本協議会を構成する各業界団体の会員である金融機関等においては、当該留意事項を踏まえた適切な勧誘及び販売等を行うものとします。

記

1．NISA制度の導入趣旨及び目的を踏まえた勧誘及び販売等における留意事項について
（略）
　さらに、平成29年度税制改正において、少額からの長期・積立・分散投資を促進するためのつみたてNISAが創設された。つみたてNISAでは、投資初心者による利用も視野に、対象を一定の投資信託に限定するとともに、実践的な投資教育をあわせて推進することが求められる。
　このように、金融機関等では、NISA制度の導入趣旨及び目的を踏まえつつ、個人投資家の生活設計やマネープランを考慮のうえ、NISA制度の利用の提案や金融商品の提供、勧誘及び販売を行うべきである。
　なお、NISA制度の導入は、投資経験の浅い層や投資経験がない層に対して、金融リテラシーの向上を促し、金融機関等にとって将来のコアとなる顧客へと育てていく貴重な機会といえる。そこで、こうした層がNISA制度を利用するに当たって、投資に関する基本的な知識や考え方について、何らかの機会・ツールを通じて、平易に分かりやすく伝える努力をすべきである。

2．NISA制度の主な制度上の留意事項について
　NISA制度が我が国の国民に幅広く利用され、また、定着していくためには、利用者及び金融機関等において、その仕組み及び特性等が正確かつ十分に理解されることが不可欠といえる。このため、国民各層がNISA制度の特性を踏まえ、適切かつ安定的な証券投資及び資産形成を行うことができるよう、業態横断的なNISA制度の主な制度上の留意事項を次のとおり取りまとめた。
　次に掲げる事項は、それぞれNISA制度の利用者に必要に応じて、適時適切に説明を行う必要がある。

（1）同一年において一人一口座（一金融機関等）しか開設できないこと
　　NISA制度では、税務当局及び金融機関等が非課税投資枠を適切に管理し、また、制度自体の簡素化を図る観点から、特定口座とは異なり、原則として同一年において一人一口座（一金融機関等）しか開設できない。
　　このため、金融機関等は、①同一年において一人一口座（一金融機関等）しか開設できないこと（金融機関等を変更した場合を除く）、また、異なる金融機関等に口座内の上場株式等の移管ができないこと、②自社で取扱うことができる金融商品の種類について、それぞれNISAの利用者に必要に応じて、説明を行う必要がある。
　　なお、ジュニアNISAでは、NISAと異なり、金融機関等の変更ができない点についても説明を行う必要がある。

（2）損失は税務上ないものとされること
　　NISA制度では、配当所得及び譲渡所得等は収益の額にかかわらず全額非課税となるが、その損失はないものとされ、特定口座や一般口座で保有する他の上場株式等の配当所得及び譲渡所得等との通算が認められない。また、非課税期間が満了した場合等に、口座から上場株式等が払い出される場合（ロールオーバーにより再度異なる年分の非課税管理勘定に受贈されるときを含む。）には、当該払い出された非課税上場株式等の取得価額は払出日における時価となり、払出日に価格が下落していた場合でも、当初の取得価額と払出日の時価との差額に係る損失はないものとされる。
　　このため、金融機関等は、①損失は税務上ないものとされること、②損益通算ができないことについて説明を行う必要がある。
　　なお、ジュニアNISAの課税未成年者口座における損失については損益通算が可能であることについても説明を行う必要がある。

（3）非課税投資枠が設定され、売却するとその非課税投資枠の再利用はできないこと
　　NISA制度では、非課税投資枠で購入した上場株式等から生じる配当所得及び譲渡所得等が非課税とされる。しかしながら、一旦使用した非課税投資枠は再利用できないため、上場株式等を売却した場合であっても当該上場株式等を購入する際に使用した非課税投資枠を利用した再投資はできない。また、株式累積投資の配当金や分配金再投資型の公募株式投資信託の収益分配金の支払を受けた場合は、当該配当金や分配金による当該上場株式等の再投資（自動買付け）を行えば、その分について非課税投資枠を利用することとなる。

したがって、NISA制度の利用者にとって、短期間に金融商品の買換え（乗換え）を行う又は分配金再投資型の公募株式投資信託につき高い頻度で分配金の支払を受けるといった投資手法等はNISA制度を十分に利用できない場合があることから、金融機関等は、NISA制度の趣旨を踏まえた投資の紹介・提案や適切な金融商品の勧誘・提供等を行う必要がある。

とりわけ、投資信託において支払われる分配金のうち元本払戻金（特別分配金）は非課税であり、NISA制度によるメリットを享受できるものではないことについて説明を行う必要がある。

（4）配当等は口座開設金融機関等経由で交付されないものは非課税とならないこと

NISA制度の非課税の適用を受ける配当等とは、口座開設金融機関等経由で交付されたものに限られ、発行者から直接交付されるものは課税扱いとなる。取引所金融商品市場に上場する上場株式等の配当等の受領方式については、金融機関等の取引口座で受領する方式（株式数比例配分方式）が採用されるようあらかじめ手続を行う必要がある。

このため、金融機関等は、上場株式等に係る配当等のうち、口座開設金融機関等経由で交付されないものについては非課税の適用は受けられないことについて説明を行う必要がある。

3. つみたてNISA特有の留意事項について

次に掲げる事項は、それぞれつみたてNISAの利用者に必要に応じて、適時適切に説明を行う必要がある。

（1）つみたてNISAとNISAは選択制であること

金融機関等は、つみたてNISAとNISAは選択制であり、同一年に両方の適用は受けられないことや変更を行う場合には、原則として暦年単位となることについて説明を行う必要がある。

（2）積立契約（累積投資契約）に基づく定期かつ継続的な方法による買付けを行うこと

金融機関等は、つみたてNISAに係る積立契約（累積投資契約）の締結が必要であることや同契約に基づき定期かつ継続的な方法により対象商品の買付けが行われることについて説明を行う必要がある。

（3）ロールオーバーができないこと

金融機関等は、つみたてNISAではNISAと異なりロールオーバーができないことについて説明を行う必要がある。

（4）信託報酬等の概算値が原則として年1回通知されること

金融機関等は、つみたてNISAに係る積立契約（累積投資契約）により買い付けた投資信託の信託報酬等の概算値が原則として年1回通知されることについて説明を行う必要がある。

（5）基準経過日における氏名・住所の確認が求められること

金融機関等は、基準経過日（つみたてNISA口座に初めて累積投資勘定を設けた日から10年を経過した日及び同日の翌日以後5年を経過した日ごとの日をいう。）におけるつみたてNISA口座開設者の氏名・住所について確認が求められていることや、確認期間（基準経過日から1年を経過する日までの間をいう。）内に当該確認ができない場合には、累積投資勘定への上場株式等の受入れができなくなることについて説明を行う必要がある。

4. ジュニアNISA特有の留意事項について

次に掲げる事項は、それぞれジュニアNISAの利用者（口座開設者本人、口座開設者本人の法定代理人及び運用管理者をいう。以下同じ。）に必要に応じて、適時適切に説明を行う必要がある。

（1）～（10）（略）

以　上

※ガイドライン中の「注釈」は掲載を省略

（出所）NISA推進・連絡協議会

▶ 5. 2018年度税制改正に伴うガイドラインの改訂

　NISA推進・連絡協議会では、2018年度税制改正に伴い、「NISA制度の口座開設及び勧誘並びに販売時等における留意事項について（ガイドライン）」の改訂を行った。

NISA制度の口座開設及び勧誘並びに販売時等における留意事項について
（ガイドライン）

2018年6月7日
NISA推進・連絡協議会

※下線部分が改訂箇所

(略)

　今般、平成30年度税制改正において、NISA口座簡易開設届出書の提出による口座開設手続が創設されたことから、本ガイドラインを改訂いたしました。
　今後、本協議会を構成する各業界団体の会員である金融機関等においては、当該留意事項を踏まえた適切な勧誘及び販売等を行うものとします。

記

1．NISA制度の導入趣旨及び目的を踏まえた勧誘及び販売等における留意事項について
　一般NISAの当初の導入趣旨及び目的は、「個人の株式市場への参加を促進する」ことであったが、平成25年度税制改正において「我が国家計金融資産について、自助努力に基づく資産形成を支援・促進する」ことが新たに追加された。

(略)

2．NISA制度の主な制度上の留意事項について

(略)

（1）同一年において一人一口座（一金融機関等）しか開設できないこと
(略)
　平成31年1月以後、NISA口座簡易開設届出書の提出により、NISA口座を即日で開設し、同日に買付けを行うことが可能となるが、事後的に二重口座であったことが判明した場合には、そのNISA口座で買付けた上場株式等は当初から一般口座で買付けたものとして取り扱われ、買い付けた上場株式等から生じる配当所得及び譲渡所得等については、遡及して課税されることについて説明を行う必要がある。
　なお、ジュニアNISAでは、一般NISAやつみたてNISAと異なり、金融機関等の変更ができない点についても説明を行う必要がある。

（2）～（4）（略）

（5）非課税期間終了時の手続
　一般NISA又はジュニアNISAの非課税期間終了時の手続に関する以下の①から③の事項について、あらかじめ説明を行う必要がある。
　①　ロールオーバーを行う場合には、金融機関が定める日までに移管依頼書の提出が必要となること、移管がされる上場株式等の移管時の時価で非課税枠を利用すること、非課税期間終了時のロールオーバーについては移管時の価額の上限額が撤廃されていること。

② NISA口座又はジュニアNISA口座を開設している金融機関に特定口座が開設されているものの、一般口座に移管を希望する場合には、移管依頼書の提出が必要となること。
③ 上記①及び②以外の場合には、特段の手続きなしに課税口座（特定口座が開設されている場合には当該特定口座）に移管されること。

3. つみたてNISA特有の留意事項について
（略）
（1）つみたてNISAと一般NISAは選択制であること
　金融機関等は、つみたてNISAと一般NISAは選択制であり、同一年に両方の適用は受けられないことや変更を行う場合には、原則として暦年単位となることについて説明を行う必要がある。
（2）（略）
（3）ロールオーバーができないこと
　金融機関等は、つみたてNISAでは一般NISAと異なりロールオーバーができないことについて説明を行う必要がある。
（4）～（5）（略）
4. ジュニアNISA特有の留意事項について
　次に掲げる事項は、それぞれジュニアNISAの利用者（口座開設者本人、口座開設者本人の法定代理人及び運用管理者をいう。以下同じ。）に必要に応じて、適時適切に説明を行う必要がある。
（1）～（10）（略）

以　上

※ガイドライン中の「注釈」は掲載を省略

（出所）NISA推進・連絡協議会

▶ 6．2019年度税制改正に伴うガイドラインの改訂

　NISA推進・連絡協議会では、2019年度税制改正に伴い、「NISA制度の口座開設及び勧誘並びに販売時等における留意事項について（ガイドライン）」の改訂を行った。

NISA制度の口座開設及び勧誘並びに販売時等における留意事項について（ガイドライン）

2019年4月26日
NISA推進・連絡協議会

※下線部分が改訂箇所
（略）
　今般、平成31（2019）年度税制改正において、NISA口座開設者の出国時の特例措置が創設されたことから、本ガイドラインを改訂いたしました。
　今後、本協議会を構成する各業界団体の会員である金融機関等においては、当該留意事項を踏まえた適切な勧誘及び販売等を行うものとします。

記
（略）

2．NISA制度の主な制度上の留意事項について

(略)

(6) 出国時の手続

NISA口座開設者が出国により非居住者となる場合には、出国前に金融機関等に対して「出国届出書」の提出が必要である。この場合にはNISA口座が廃止され、NISA口座内の上場株式等は課税口座に移管される。

このため、金融機関等は、NISA口座開設者が出国する場合には出国時の手続についてあらかじめ説明を行う必要がある。

また、2019年4月以後、給与等の支払いをする者からの転任の命令その他これに準ずるやむを得ない事由に基因して一時的に出国する場合には、出国前に金融機関等に対して「継続適用届出書」を提出することにより、NISA口座内で上場株式等を継続保有することが可能となり、「継続適用届出書」の提出をした日から起算して5年を経過する日の属する年の12月31日まで上場株式等の配当等が非課税となる特例措置が講じられた。

このため、本特例措置への対応を行う金融機関等は、本特例措置の適用を受けようとする者に対して、以下の①から③の事項について、出国前に説明を行う必要がある。

① 出国期間中には、NISA口座において買付け（分配金による再投資を含む。）ができないこと。

② 帰国後に、金融機関等に対して「帰国届出書」の提出が必要であること。また、出国してから5年を経過する日の属する年の12月31日までに金融機関等に対して「帰国届出書」の提出がなかった場合には、同日において非課税口座廃止届出書の提出をしたものとみなされることとなり、NISA口座が廃止され、NISA口座内の上場株式等は課税口座に移管されること。

③ 出国にあたって、国外転出をする場合の譲渡所得等の特例（所法第60条の2第1項）の対象となる者については、本特例措置の適用を受けることができないこと。

(略)

4．ジュニアNISA特有の留意事項について

(略)

(11) 出国時の手続

金融機関等は、ジュニアNISA口座開設者の出国時の時期に応じて、出国時の手続について説明を行う必要がある。

① ジュニアNISA口座開設者が、3月31日時点で18歳である年の前年12月31日までに出国により非居住者となる場合

出国前に金融機関等に対して「出国移管依頼書」の提出が必要である。この場合にはジュニアNISA口座内の上場株式等は課税ジュニアNISA口座に移管する必要がある。

また、ジュニアNISA口座開設者が帰国をした後は、その帰国の時期によって取扱いが次のとおり異なる。

イ 3月31日時点で18歳である年の前年12月31日までに帰国した場合

金融機関等に対して「未成年者口座を開設している者の帰国に係る届出書」を提出する必要がある（ただし、出国の際にジュニアNISA口座から課税ジュニアNISA口座に移管した上場株式等は、帰国しても、ジュニアNISA口座に移管することができない）。

ロ 3月31日時点で18歳である年の1月1日から、1月1日において19歳である年の12月31日までの間に帰国した場合（※1月2日から3月31日の間に18歳となる者のみが対象）

帰国をした後にジュニアNISA口座で取引を行う場合には、金融機関等に対して「未成年者口座を開設している者の帰国に係る届出書」を提出する必要がある（ただし、出国の際にジュニアNISA口座から課税ジュニアNISA口座に移管した上場株式等は、帰国しても、ジュニアNISA口座に移管することができない）。3月31日時点で18歳である年の1月1日に達した時点で、課税ジュニアNISA口座の払出し制限は解除され、課税ジュニアNISA口座内の上場株式等や金銭等を払出すことが可能である。

ハ　1月1日において20歳である年の1月1日以後に帰国をした場合
　　　帰国をした後にジュニアNISA口座では取引ができない。3月31日時点で18歳である年の1月1日に達した時点で、課税ジュニアNISA口座の払出し制限は解除され、課税ジュニアNISA口座内の上場株式等や金銭等を払出すことが可能である。
②　ジュニアNISA口座開設者が、3月31日時点で18歳である年の1月1日以後に出国により非居住者となる場合
　　出国前に金融機関等に対して「未成年者出国届出書」の提出が必要である。この場合にはジュニアNISA口座が廃止され、ジュニアNISA口座内の上場株式等は課税口座に移管する必要がある。

（略）

以　上

※ガイドライン中の「注釈」は掲載を省略

（出所）NISA推進・連絡協議会

第6章
NISA推進・連絡協議会の取組み

I．協議会事務局（日本証券業協会）の取組み

▶ 1．NISA推進・連絡協議会の発足

　NISA制度が国民に幅広く利用され、また、定着していくためには、利用者である国民並びに金融商品取引業者、登録金融機関及び資産運用業者の間でNISA制度の仕組み等が十分に理解されなければならない。このような認識から、NISA制度の導入に際して、証券会社、銀行、系統金融機関及び投資信託委託業者で構成される業界団体において、NISA制度の円滑な導入並びに実施に向けた横断的な意識の共有及び情報の連携を図るために「日本版ISA推進・連絡協議会」が2013年3月に設置されることとなった。本協議会は、日本証券業協会を事務局とし、信託協会、生命保険協会（2013年8月加入）、全国銀行協会、全国信用金庫協会、全国信用組合中央協会、全国地方銀行協会、第二地方銀行協会、投資信託協会、農林中央金庫、不動産証券化協会、ゆうちょ銀行及び労働金庫連合会がメンバーとして参加、また、オブザーバーとして金融庁が参加している。なお、2013年4月に日本版ISA制度の愛称が「NISA」と決定したことから、本協議会の名称も「NISA推進・連絡協議会」と変更された。

日本版ISA推進・連絡協議会設置要綱

2013年3月15日

1. 設置の目的

　来年1月より、日本版ISA（非課税口座内の少額上場株式等に係る配当所得及び譲渡所得等に係る非課税措置）が導入されるが、約1,500兆円にのぼる我が国家計金融資産の自助努力に基づく安定的かつ中長期的な資産形成を支援及び促進し、また、経済成長に必要な成長資金の供給を拡大しデフレ脱却を後押しすることが期待されている。

　そのためには、本制度が我が国の国民に幅広く利用され、また、定着していく必要があるが、その前提として、利用者である国民並びに金融商品取引業者、登録金融機関及び資産運用業者に、その仕組み及び特性等が正確かつ十分に理解されなければならない。

　以上のような認識から、日本版ISAの担い手である金融商品取引業者、銀行、系統金融機関及び投資信託委託業者で構成される業界団体では、制度の円滑な導入並びに実施に向けた横断的な意識の共有及び情報の連携を図るため、「日本版ISA推進・連絡協議会」を設置する。

2. 主な検討事項
   ①日本版ISAの制度内容の理解及び共有
   ――非課税口座を開設する業者における事務・システム等における実務上の取扱い等を取りまとめ、基本事項について共有する。　等
   ②日本版ISAの業界横断的な「愛称」の決定
   ――広く国民から日本版ISAに係る「愛称」を公募し、選定委員会（仮称）において選定する。選定手続に係る事務及び詳細は、日本証券業協会において取りまとめ、早急に（税制改正関連法案が成立次第）一般公募を実施する。
   ③日本版ISAの販売及び勧誘時における留意事項の共有　等
   ――日本版ISAの特性を踏まえた個人投資家に対する説明事項を取りまとめ、傘下の会員会社に対し周知徹底を図る。
   ――重複口座を発生させないようにするために業界横断的な周知徹底を図る。　等

3. メンバーの構成
   ① メンバー
   　日本証券業協会（事務局）、全国銀行協会、全国地方銀行協会、第二地方銀行協会、全国信用組合中央協会、全国信用金庫協会、ゆうちょ銀行、信託協会、投資信託協会、不動産証券化協会、労働金庫連合会及び農林中央金庫
   ② オブザーバー
   　金融庁

4. 開催時期及び頻度等
   　必要に応じて随時開催する（不定期）。

以　上

（出所）NISA推進・連絡協議会

▶ 2. NISA推進・連絡協議会の活動

　NISA推進・連絡協議会は発足以後、計14回開催されており（2019年3月現在・書面開催を含む）、NISA制度の愛称等の決定や「NISA制度の口座開

設及び勧誘並びに販売時等における留意事項について（ガイドライン）」及び「職場積立NISAに関するガイドライン」の制定・改訂作業、つみたてNISAの普及に向けた取組状況の共有、金融庁と共同でNISA制度のガイドブックや広報ツール（ビデオクリップやキャラクター）の作成等の活動を実施している。また、「NISAの日」関連イベントの開催時は、NISA推進・連絡協議会として後援しており、NISA制度の普及に寄与している（NISA関連の広報活動については第8章参照）。ここでは、NISA推進・連絡協議会の各会合における検討状況を中心に、NISA推進・連絡協議会における活動を紹介する。

1）NISA制度開始前のNISA推進・連絡協議会の活動について

NISA推進・連絡協議会の第1回会合は、NISA制度開始の約1年前の2013年3月に開催された。第1回会合では、日本版ISA推進・連絡協議会の設置要綱の他、日本版ISA制度の「愛称選定手続き」が了承された。その後、会合で決議された手続きに沿って公募が行われた結果、制度の愛称は「NISA」に選定され、当該愛称が広報・営業活動に広く使用されることとなった（選定までの詳しい経緯は第8章参照）。

2013年5月に開催された第2回会合では、「愛称」として選定された「NISA」について意見交換が行われた他、「NISAの勧誘及び販売時における留意事項について（ガイドライン）」の検討案文について意見交換を行った。そして、第2回会合後のメンバーに対する意見照会の後にガイドラインが取りまとめられ、当該ガイドラインに定められたNISA口座の開設及びNISA口座を通じた上場株式等の勧誘及び販売時の業態横断的な制度上の留意事項について、金融商品取引業者、登録金融機関及び資産運用業者に周知された。

2013年8月に開催された第3回会合では、NISA口座の重複口座開設の未然防止・事後対応について、金融庁、日本証券業協会よりNISA口座の重複申請の問題点及びその対応案等について説明が行われ、メンバーを通じて各金融機関等に情報連携が図られた。また、本会合より生命保険協会がメンバーに加わった。更に、制度が開始される2014年1月に向け、国税庁から提示

図表6-1 「NISAが平成26年1月からスタート！」（リーフレット一部抜萃）

（出所）金融庁、NISA推進・連絡協議会

された「NISA口座開設に係る事務フロー」や「NISAに係る事務（金融商品取引業者等向けの情報）」についての情報を逐一メンバー間で情報連携をしていくこととされた。

　加えて、金融庁とリーフレット（図表6-1）を作成し、主に「投資初心者」を対象としてNISA制度の仕組みや投資の基礎知識について周知を図った。

2）NISA制度開始後のNISA推進・連絡協議会の活動について

　NISA制度が開始された2014年1月に開催された第4回会合では、NPO法人確定拠出年金教育協会が2月13日を「NISAの日」として記念日登録していることを受け、NISA制度を更に盛り上げていくための「NISAの日」に係る広報活動等について周知が行われた。その他、今後の制度改善を含めた普及促進策の策定に当たっての基礎資料となる「NISA口座の開設・利用状況調査」への協力依頼について金融庁より説明が行われ、各団体において加

入会員の口座数等の集計依頼がなされた。またこの年、2月13日より金融庁が主催した「"NISAの日"シンポジウム～考えよう！　あなたのおカネと日本の未来～」についてNISA推進・連絡協議会として後援している。

　2014年5月に開催された第5回会合では、2014年度税制改正により、NISA口座を開設する金融機関等を変更することや、NISA口座廃止後に同一の勘定設定期間内にNISA口座を再開設することが認められたことを踏まえ、ガイドラインが改訂されることとなり、当該内容について了承された。また、民間企業や官公庁等の職場において給与からの天引き等により投資する職域NISAについて、適正かつ円滑な運営と制度の普及促進を図るために、「職域NISAに関するガイドライン」が作成されることとなり、当該ガイドラインの骨子について説明が行われた。当該骨子については、第5回会合以後も引き続き検討していくこととされた。

　また、2014年10月に開催された第6回会合では、第5回会合にて説明された骨子を踏まえて作成された「職場積立NISAに関するガイドライン」及び「『職場積立NISA』利用規約雛形」について説明が行われた後、メンバーに対して本ガイドラインについて意見募集されることとなった。その後、2014年12月に開催された第7回会合では、「職場積立NISAに関するガイドライン」について、前回会合後に実施した意見募集を踏まえた修正案の説明が行われ、当該内容について了承された。了承された「職場積立NISAに関するガイドライン」については、協議会メンバー参加の証券会社、登録金融機関及び資産運用業者に対して周知が行われた。

3）ジュニアNISA制度・つみたてNISA制度開始に伴うNISA推進・連絡協議会の活動について

　2015年10月に開催された第8回会合では、2015年度税制改正にて措置された、2016年4月より開始される未成年者を対象としたNISA制度の名称について審議され、業界横断的に「ジュニアNISA」という名称を用いることが了承された。その後、10月には「NISAの勧誘並びに販売時における留意事項について（ガイドライン）」を「NISA及びジュニアNISAの口座開設及び勧誘並びに販売時等における留意事項について（ガイドライン）」へと改訂

し、それまでのNISA制度（一般NISA）とジュニアNISA制度において制度上異なる点等について留意事項として取りまとめた。

2016年12月に開催された第9回会合では、2017年度税制改正大綱にて措置された「積立NISA」やロールオーバー上限額等の撤廃等の概要についてと、今後、積立NISA制度の施行に向けて各金融機関において必要となる対応等について、金融庁より説明が行われた。また、2017年の4月に開催された第10回会合では、積立NISA制度の対象となる投資信託の要件の一部について定めた告示及び「長期・積立・分散投資に資する投資信託に関するワーキング・グループ」における報告書の内容を踏まえ、積立NISAの施行に向けた今後の検討事項等について、金融庁より説明が行われた（当該報告書の概要については第7章参照）。その後、同年5月に開催された第11回会合では、2018年1月より開始される「積立NISA」について、証券会社や銀行等の金融機関において「つみたてNISA」に表記を統一することが了承された。

2017年8月には、つみたてNISA制度の創設にあたり、「NISA及びジュニアNISAの口座開設及び勧誘並びに販売時等における留意事項について（ガイドライン）」を「NISA制度の口座開設及び勧誘並びに販売時等における留意事項について（ガイドライン）」へと改訂し、つみたてNISA制度の対象商品が一定の投資信託に限定されていることや、実践的な投資教育を併せて推進することが求められることを留意事項として取りまとめた。

つみたてNISA制度の制度周知にあたっては、各金融機関が顧客本位の業務運営を行っていく中で投資初心者をはじめとする家計向けの実践的な投資教材として、金融庁とともに「つみたてNISA早わかりガイドブック」（図表6-2）を作成した。

また、2018年4月に開催された第12回会合では、2015年12月より実施された職場積立NISAの導入状況等に係る報告・公表について、当初の目的を一定程度果たしたことから、廃止することが了承された。

図表6-2 「つみたてNISA早わかりガイドブック」

(出所)金融庁、NISA推進・連絡協議会

4)NISA制度の普及・利用促進に向けたNISA推進・連絡協議会の活動について

2018年2月、つみたてNISAの更なる普及推進を図る観点から、金融庁と協議会が共同でつみたてNISA普及推進キャラクターの募集を行った結果、同年4月「つみたてワニーサ」(図表6-3)が選定された。「つみたてワニーサ」は、金融庁ホームページにて画像データが公表されており、使用規定の範囲で自由に利用することができる。また、厚生労働省その他の関係団体の協力を得て、職場でのセミナー等での活用を念頭に、主として若年勤労世代を対象とするビデオクリップ教材(「未来のあなたのために〜人生とお金と資産形成〜」)を金融庁と作成した。当該ビデオクリップは金融庁ホームページにて視聴することができる[1]。

---

1 金融庁・NISA特設ウェブサイト(http://www.fsa.go.jp/policy/nisa2/)

図表6-3　つみたてNISA普及・推進キャラクター「つみたてワニーサ」

つみたては、ニーサ！

つみたてワニーサ

ある日突然人間界に現れた優しいワニ。
ゆっくり慎重派だけど、
みんなから信頼され愛されている。
どっしりと安定感のある背中には
いつも何かを乗せて運んでいて、
不思議なしっぽは右肩上がりに成長していく。

（出所）金融庁

　2018年11月に開催された第13回会合では、各金融機関等において集計を行っている「NISA・ジュニアNISA口座の利用状況調査」について、つみたてNISA口座数等が順調に伸びている各社の好事例や取組状況を共有するために、従来の調査から調査内容を追加することに関し、金融庁より説明が行われた。また、金融庁、全国銀行協会、日本証券業協会がそれぞれにおけるセミナーの開催等のつみたてNISAの普及に向けた取組状況について報告を行い、各セミナーの実施状況等を共有した。

　また、2019年2月に開催された第14回会合では、つみたてNISA制度の普及に向け、つみたてNISAの長期・積立・分散投資の重要性等が改めて共有されるとともに、各金融機関における対応状況の報告が行われた。また、金融庁、全国銀行協会、日本証券業協会から職場つみたてNISA説明会の実施状況等について報告が行われた他、証券会社1社、銀行1行より、自社における職場つみたてNISA制度普及に向けた取組みについて報告が行われた。その後、2019年度税制改正によって4月より導入された出国NISAについて金融庁より説明が行われ、NISA推進・連絡協議会メンバーに周知依頼がなされた。また、NISA推進・連絡協議会では、同年4月に本制度の対応等を踏まえ、「NISA制度の口座開設及び勧誘並びに販売時等における留意事項について（ガイドライン）」を改訂した。

その他、金融庁が企画する2017年11月～2018年2月、2018年12月～2019年3月にかけて開催された「安定的な資産形成について考えるシンポジウム」にNISA推進・連絡協議会も後援している。

▶3. 事務局（日本証券業協会）の活動

ここでは、NISA推進・連絡協議会の事務局である日本証券業協会の活動について紹介する。

日本証券業協会では、NISA制度の導入当初より、会員である証券会社のNISA制度の理解を深めるために、NISA制度に係る法令の概要及びその取扱いをまとめた「実務上の取扱い」や、証券会社の営業員向けQ&A等を作成しており、実務上明確にすべき税制面の取扱い等を周知している。また、個人投資家向けにもNISA制度に係るQ&AやNISA制度の留意事項をまとめたリーフレットを作成し、日本証券業協会のホームページ等で公表している。

なお、これらの資料については、毎年の税制改正によってNISA制度の税制が変更されると随時更新しており、また、金融庁において作成された監督指針や制度周知のリーフレット、国税庁において公表された金融商品取引業者等の事務に関する取扱要領等についても同様に周知することで、最新のNISA制度の概要を証券会社に提供できるように努めている。また、NISA推進・連絡協議会のメンバーにも提供を行い、各メンバー傘下の会員に周知してもらうことで、制度の円滑な導入並びに実施に向けた横断的な意識の共有及び情報の連携に寄与している。

Ⅱ. 職場積立NISAの推進

▶1. 職場での取組みの必要性

本来、現役世代こそ、一般NISAを知り、活用して、証券投資における成功体験を積み重ねながら資産形成を行っていく必要があるが、一般的に、①若年層ほど資産が少なく証券投資に向ける余裕がない、②証券投資に関する経験や知識が豊富でないため投資の必要性が感じられない、③多忙のため証

券投資について考える時間がない、という状況にあり、一般NISAという税制優遇措置の恩恵を享受するチャンスに気付いていない人が多くいたのが実情であった。

こうした問題意識を踏まえ、本協会の会員等をメンバーとする「個人の自助努力による資産形成に関するワーキング・グループ」(以下「自助努力WG」という)では、職場の資産形成制度として給与天引きで資金をISAに拠出する英国の「ワークプレイスISA」を参考に、証券投資を行う層の裾野拡大に向けた環境整備を提言した[2]。

▶ 2. 英国のワークプレイスISA

英国のワークプレイスISAは、企業が自社の従業員に提供する福利厚生の一環である。給与天引きで資金がISAに拠出され、通常のISAと変わることなく税制優遇措置を受けることができる(詳しくは資料編(英国調査報告・2016年版)も参照)。

ワークプレイスISAと似たような福利厚生としては、確定拠出年金(以下「DC」という)や従業員持株制度が挙げられる。

これら3つの中で、ワークプレイスISAには、年金制度であるDCと比較すれば引出制限がなく退職までの様々なライフイベントに資産を活用できる点、従業員持株制度と比較すれば投資対象の分散が図れる点において、柔軟性がある。

なお、これら3つを合わせた職域貯蓄プラットフォームを提供するプロバイダー(証券会社、資産運用会社、保険会社等)は、提供先の従業員向けに様々な金融教育ツールも提供しており、職域貯蓄プラットフォームを導入済みの企業が導入に当たって最も重視したポイントとして「金融教育」を挙げるところが最も多かった、との調査結果も出ている。

---

[2] 日本証券業協会 個人の自助努力による資産形成に関するワーキング・グループ「日本版ISAの円滑な導入に向けた取り組みに係る提言」(2013年3月28日)

▶ 3. 我が国における検討

　一般NISAが導入された2014年当時、雇用形態や働き方の多様化が進んでいた我が国において、多様な従業員が利用可能な福利厚生が求められており、自助努力による資産形成の充実と見直しを後押しする意義が高まっていることが認識されていた。

　このため、自助努力WGでは、職場における新たな福利厚生として、財形貯蓄制度やDCにみられる給与天引き等と、自由度の高いNISA制度を組み合わせて活用する「職場積立NISA」の仕組みについて検討を行った。

　なお、この検討において、職場積立NISAは、想定される利用者（従業員）の大半が証券投資の初心者であることや、職場における福利厚生として導入されることが念頭に置かれた。そして、従業員が自己責任の下での資産形成制度であることを認識しながら適正に活用できるための枠組みであるとともに、企業が適正な福利厚生制度として従業員に提供できるための枠組みであることが求められることから、従業員に対する一定のルール（利用規約）の策定が必要であるとされた。また、多様な企業による職場積立NISAの導入及び多数の証券会社等による職場積立NISAの取扱いが望まれること、また福利厚生として不適切な事例を未然に防止すべきであることから、職場積立NISAの運営等に関するガイドラインの策定が必要ともされた。

　この自助努力WGでの検討を踏まえ、NISA推進・連絡協議会は、2014年12月、「職場積立NISAに関するガイドライン」及び「『職場積立NISA』利用規約（以下「利用規約」という）」の雛形を取りまとめた。また、その後も、つみたてNISA制度の創設をはじめとした税制改正等の状況を踏まえてこれらの一部改正を行うとともに、寄せられた意見を踏まえて「職場積立NISAに係る実務上の取扱い（Q&A）」や「職場積立NISAのフロー図（例）」（図表6-4）を取りまとめている。

▶ 4. 職場積立NISAに関するガイドラインについて

　職場積立NISAは、職場において役職員等が給与及び賞与から拠出した資金を、NISA口座を通じて、定時定額の積立方式等により投資信託等の有価証券に投資することにより、事業主等（民間企業等、官公庁等又はその他の

図表6-4　職場積立NISAのフロー図（例）

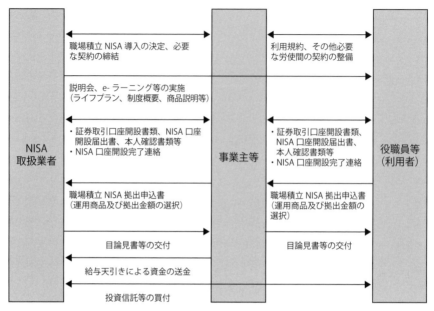

(注) 1. 書類の交付・受入は、事業主等を介さず、NISA取扱業者と役職員との間で直接行うことも考えられる。
    2. 給与及び賞与から天引きの方法による拠出のほか、役職員等の証券口座、預貯金口座からの引き落としの方法による拠出も考えられる。
(出所) NISA推進・連絡協議会

事業体で、当該職場に所属する役職員等に対して職場積立NISAを提供する主体をいう。以下同じ）が自助努力による資産形成を支援し、役職員等の福利厚生の増進を図る仕組みである。

ここでは、職場積立NISAに関するガイドラインにおける記載をもとに職場積立NISAの具体的な枠組みについて解説していきたい。

1）NISA取扱業者の役割

職場積立NISAは、NISA推進・連絡協議会に参加する業界団体等に属する金融商品取引業者及び登録金融機関（以下「NISA取扱業者」という）によりその仕組みが提供される。

職場積立NISAを導入する事業主等は、特定のNISA取扱業者と職場積立

NISAに関する契約を締結し、職場積立NISAを利用する役職員等（以下「利用者」という）は、NISA取扱業者にNISA口座を開設して、NISA取扱業者の選定した投資信託等の有価証券に投資することとなる。

職場積立NISAは、税法、金融商品取引法、その他の法令に独自の根拠を有する制度ではなく、一般NISAやつみたてNISAの枠組みを活用して行われるものである。したがって、NISA取扱業者が職場積立NISAを取り扱う場合には、一般NISAやつみたてNISAに係る法令諸規則を遵守しなければならない。

また、職場積立NISAに係る事務等を適切かつ円滑に行うため、職場積立NISAに関するガイドラインではNISA取扱業者に以下の能力等を具備することを求めている。

①NISA制度が定める手続き及び管理等を履践できる能力
②定時定額の積立方式等による拠出に係る手続き及び取引の執行を遂行できる能力
③利用者に対する十分な投資教育及び適切な投資アドバイスを提供する能力
④利用者に対してNISA制度、金融商品取引法その他職場積立NISAに関する法令諸規則や税制に関する情報提供を適切に行う能力
⑤利用者に対してリスクに係る条項の確認を行う能力
⑥事業主等及び利用者に対して、市場環境急変等の際に適時適切な情報を提供できる能力
⑦職場積立NISAの目的に合致する適切な商品選定を行う能力（一般NISA口座を利用する職場積立NISAに限る）

なお、NISA取扱業者は、事業主等が複数のNISA取扱業者と職場積立NISAに関する契約を締結することを妨げないものとされていることから、事業主等は複数のNISA取扱業者と契約し、利用者に多様な選択肢を提供することが可能である。

2）事業主等の役割

職場積立NISAにおいては、NISA取扱業者の選定、給与天引きによる資

金の拠出、各種届出書類の送付・受取りの連絡等の職場積立NISAに係る事務について、事業主等の関与が想定されている。

そのため、職場積立NISAに係る事務を事業主等と利用者との間で明確にしておく必要があり、事業主等は、利用規約を設け、利用者への周知・説明に努めるよう求められている[3]。

利用規約の内容としては、①参加資格に関する事項、②毎月の拠出金及び賞与の際の臨時拠出金に関する事項、③対象商品・運用商品に関する事項、④投資教育に関する事項、⑤自己責任原則の確認に関する事項等が想定される。

なお、NISA推進・連絡協議会では、事業主等の事務負担を軽減し、職場積立NISAの普及促進を図るため、職場積立NISAに関するガイドラインと併せて利用規約の雛形（一般NISA用及びつみたてNISA用の2種類がある）を制定している。事業主等は、この雛形をもとに、各自の運用に則した利用規約を作成することが想定される。

3）投資・拠出方法
①定時定額での投資・拠出

つみたてNISAでは、税法により累積投資契約の締結が求められるため、つみたてNISAを利用する職場積立NISAにおける拠出は定時定額の積立方式に限られる。

他方、一般NISAを利用する職場積立NISAにおいても、リスクをより軽減する観点から、NISA取扱業者は定時定額の積立方式による拠出を推奨することが望ましい[4]。なお、利用者の拠出については、事業主等が奨励金を付与することも考えられる[5]。

②資金の拠出方法（給与天引き、証券口座又は預貯金口座からの引落し）

職場積立NISAにおける資金は、福利厚生を目的とした資産形成制度との

---

[3] 利用規約の説明は、事業主等に代わりNISA取扱業者が行うことも想定される。
[4] 事務負担等の観点から、定時定額の積立方式による拠出に限定することもできる。
[5] 奨励金の税務上の取扱いについて、給与に奨励金が加算される形になるのであれば、奨励金は原則として給与所得として課税されるものと考えられる。

観点から、給与及び賞与からの天引きの方法により拠出されることを原則としている。

その一方で、利用者の証券口座又は預貯金口座からの引落しにより拠出されることも可能としている。これは、資金の拠出方法を柔軟にすることにより、給与天引きによる拠出に対応することが難しいNISA取扱業者や事業主等の事務負担を軽減し、職場積立NISA導入のハードルを低くするためである。

③職場積立NISAによらない一般NISAやつみたてNISAの利用

職場積立NISAの利用者は、職場積立NISAと同じNISA取扱業者に対し直接に資金を拠出することで、職場積立NISAの仕組みによらず一般NISAやつみたてNISAを利用することも可能である。

④課税口座での活用

NISA口座は、一人につき一つの金融機関でしか利用することができない。このため、事業主等が契約したNISA取扱業者と別のNISA取扱業者にて役職員等が既にNISA口座を利用している場合、役職員等は職場積立NISAを利用した非課税での取引を行えないこととなる。

この場合において、役職員等は給与天引き等による職場積立NISAの枠組みを活用しつつ、NISA口座ではない課税口座（特定口座を含む）を用いてNISA取扱業者と取引を行うことも可能である。なお、この場合、利用規約において、職場積立NISAの定義に課税口座での取引を加える等の対応を行う必要がある。

4）対象商品の選定等

①対象商品の選定

つみたてNISAを利用する職場積立NISAに関しては、つみたてNISAの対象商品が財務省・金融庁告示により長期の積立・分散投資に適した一定の投資信託に限定されていることから、その要件を満たす金融商品を提供するものとしている。

他方、一般NISAを利用する職場積立NISAに関し、NISA取扱業者は、利用者に多様な選択肢を提供する観点から、真にやむを得ない場合[6]を除

き、商品性・リスク度合いの異なる金融商品を少なくとも三つ以上提供することとしている。この場合、職場積立NISAが事業主等による福利厚生制度であることに鑑み、利用者のリスク許容度や資産形成目的に十分に配慮し、最低一つ以上は長期・分散投資型の金融商品[7]を選定することとしている。

また、NISA取扱業者が職場積立NISAに提供する金融商品については、事業主等や利用者の意向を参考にして選定することが望ましい、としている。

②対象商品の推奨

NISA取扱業者が職場積立NISAにおいて、特に一定の金融商品を推奨することは妨げられていないが、その場合には、利用者の中長期の資産形成の観点からこれを選定するものとしている。

5) 金融・投資教育の提供

職場積立NISAは自己責任の下で運用をする資産形成制度であり、利用者には投資未経験者も多く含まれることが想定されるため、NISA取扱業者はライフプラン、マネープランなど基礎的な投資知識や金融知識の習得等を可能とする機会を利用者に対し提供する必要がある。このことから、NISA取扱業者は、利用者から拠出・投資の申込みを受けるときまでに、利用者に対して、①税制（NISAの概要を含む）、②資産形成の目的、③分散投資・長期投資の効果、④対象商品の特性・リスク等に係る金融・投資教育を提供することとしている[8]。

また、NISA取扱業者は、事業主等からの求めに応じ、継続して金融・投資教育を提供することとしており、これらの金融・投資教育を提供する際に

---

[6] 例えば、NISA取扱業者が取り扱っているNISA対象商品が三つ未満の場合等が想定される。この場合、三つ以上の金融商品を提供できない旨を事業主等に説明する必要があると考えられる。

[7] 例えば、リスク・リターン特性の異なる資産に分散投資しているバランス型投資信託等が想定される。

[8] 利用者が金融・投資教育を受けたうえで職場積立NISAを利用することを確保するため、NISA取扱業者は、投資・拠出の申込みの際に金融・投資教育の提供を受けたことを確認することが考えられる。確認方法については特に限定はなく、書面又はインターネットを利用する方法も考えられる。例えば、説明会等を開催する場合は参加票やアンケートの提出、インターネットを利用した情報提供の場合は利用者の閲覧・確認をシステム上で管理、その他職場積立NISAの申込書等においての確認や、事業主等による確認等の措置も考えられる。

は、利用者の知識レベルやニーズ等を勘案することが望ましい。なお、金融・投資教育は、利用者の制度の理解向上に資するものである必要があるが、その提供方法については特に限定はなく、説明会等の開催、リーフレット・パンフレット等による説明、インターネットを利用した提供等の方法が考えられる。

6）投資アドバイスの提供及び金融商品の勧誘

職場積立NISAにおいて、利用者への投資アドバイスの提供及び金融商品の勧誘は、通常の有価証券取引と同様に、外務員登録を受けている者が、金融商品取引法及び本協会の自主規制規則等の法令諸規則を遵守し、利用者の特性及び意向を十分に踏まえ、これを行うこととしている。

また、NISA取扱業者が投資アドバイスの提供及び金融商品の勧誘を行う際は、利用者が迷惑するような時間に訪問や電話を行わないこととしている。

7）適正な運営の担保
①事業主等への情報提供

NISA取扱業者は、事業主等による職場積立NISAのモニタリングを可能にするため、事業主等からの求めに応じ、職場積立NISAにおける取引に係る情報を提供するものとする。この場合、NISA取扱業者が提供する情報の具体的な内容及び提供方法等については、事業主等と調整のうえで決定し、事業主等への情報提供については、NISA取扱業者、事業主等及び利用者の三者間における契約[9]が必要となる。また、拠出額や運用商品等の申込書に記載されている情報等の事業主等が当然に知り得る情報を超えて、個々の利用者の情報をNISA取扱業者が提供する場合には、当該契約において、提供する情報の内容を明示しておく必要がある。

②事業主等への利益供与の禁止

事業主等が職場積立NISAを導入・運用するにあたって、その費用を実費

---

9 契約締結の方法は、二者間でそれぞれ契約する方法や、三者間で一括して契約する方法が考えられる。

の範囲においてNISA取扱業者が負担すること自体は否定されないが、実費を超えた金銭の提供、職場積立NISAを導入・運用することを条件等とした貸し付けその他信用の供与及び利益・役務の提供等の利益供与は行わないこととしている。

▶ 5. 職場積立NISAのメリット

職場積立NISAは、NISAによる税制優遇メリットに加え、NISA取扱業者、事業主等及び利用者のそれぞれにとってメリットのある仕組みである。

1) 職場を通じて申し込みができる点

職場積立NISAにおいては、職場積立NISAに係る事務について、事業主等の関与が想定されていることから、金融商品取引業者等と利用者の間に事業主等が介在し、事業主等を通じて職場積立NISAのサービスが提供されることとなる。

金融商品取引業者等の店舗に赴く、あるいは問い合わせを行うといった投資開始前の手続きを負担に感じる投資未経験者にとって、身近な存在である職場を通じて投資を始められることはメリットであると考えられる。

また、事業主等にとって、職場積立NISAの導入は、福利厚生の一環として役職員等の資産形成を手助けでき、職場の魅力を向上させるという点で意義がある。NISA取扱業者にとっては、事業主等や役職員等と長期的な付き合いが見込め、新たなビジネスチャンスに繋げられるメリットがある。

2) 定時定額により投資を行う点

職場積立NISAにおける投資方法は、前述のとおり、定時定額の積立方式を基本としている。職場積立NISAの利用者は、定時定額で同一の有価証券を自動的に購入するため、その時その時の感情に左右されずに機械的に購入することを通じて、購入単価が平準化される（いわゆるドルコスト平均法）というメリットを自ずと享受できる。このことは、投資に関する知識や経験が少ない投資未経験者や投資初心者にとって、投資を始めるにあたって抱く不安を多少なりとも払拭するとともに、成功体験を得る可能性を高めること

が期待できるものである。

3）給与天引き等により資金が拠出される点

職場積立NISAにおける資金の拠出方法は、前述のとおり、利用者の給与及び賞与からの天引き方法を原則としている。給与天引きの方法は、利用者は特段追加の手続きを要することなく自動的に買付が行われるため、多忙な現役層にとって利便性の高い方法であるといえる。また、給与及び賞与のうち天引きの部分は利用者の手に渡らずに直接有価証券の買付に回されるため、他の使途に費消することなく、定時定額での購入を容易に実現することができる。

一方で、事業主等は給与天引きの方法であれば職場積立NISAの利用状況を把握することができるため、導入した福利厚生施策の効果検証を容易に行えるというメリットも挙げられる。

4）自由な引出しが可能である点

給与天引きを利用した資産形成支援策には、職場積立NISAの他にDCや財形貯蓄制度などが挙げられるが、DCにおいては加入者が受給可能年齢に達するまで中途の引出しは原則として認められないこと、財形年金貯蓄、財形住宅貯蓄については基本的に目的外での払出しは課税されてしまうことなどの制限がある。対して職場積立NISAは、職場を通じて一般NISAやつみたてNISAという中途の引出しに制限がない制度を利用しているため、積み立てた資産を様々なライフイベントに活用することができるところに特徴がある。

5）奨励金を付与できる点

職場積立NISAにおいては、前述のとおり、事業主等は利用者に対し奨励金を付与することも想定されている。事業主等により奨励金が付与されれば、役職員等に職場積立NISAを利用するインセンティブが働き、利用者が増加することが見込まれるとともに、役職員等の資産形成が一層促進されるメリットがある。事業主等にとっても、導入した福利厚生施策が多くの役職

員等に活用されることを通じて、職場の魅力が向上することが期待できる。

6）事業主等及びNISA取扱業者が運営・管理する安定的な枠組みである点

前述のとおり、職場積立NISAに係る事務等を適切かつ円滑に行うため、職場積立NISAに関するガイドラインでは、NISA取扱業者に、手続きや管理の履践、利用者に対する投資教育及び投資アドバイスの提供、制度等に関する情報の提供等を行う能力等を具備することを求めている。

また、事業主等は、もっぱら利用者の利益の観点から、職場積立NISAの運営業務を受託する能力等を具備しているかについて適切な確認を行ったうえでNISA取扱業者に運営を委託することが求められる。

これらのことから、利用者は、長期にわたる積立投資に安心して取り組むことができると考えられる。

7）NISA取扱業者が対象商品を選定する点

前述のとおり、つみたてNISAの対象商品は、長期の積立・分散投資に適した一定の金融商品に限られている。また、職場積立NISAに関するガイドラインでは、NISA取扱業者が職場積立NISAで提供する金融商品を選定する際には、事業主等や利用者の意向を参考にすることが望ましいこととし、特に一定の金融商品を推奨する場合には、利用者の中長期の資産形成の観点からこれを選定するものとしている。

これにより、投資未経験者や投資初心者であっても、積立投資の目的に合った金融商品を選択することが期待できる。

8）投資教育を受けられる点

職場積立NISAにおいて、NISA取扱業者は、前述のとおり、利用者に対し金融・投資教育を提供することとされているため、利用者にとっては、職場積立NISAを利用することで、金融・投資教育を受けられるといったメリットを享受できる。特に、投資未経験者や投資初心者にとっては、金融や投資に関する知識を身につけられることになるため、安心して投資を始められ

るというメリットがある。

事業主等にとっても、NISA取扱業者が役職員等に対し金融・投資教育を提供する機会を用意するため、自らで金融・投資教育を提供する負担を軽減できると考えられる。

▶ 6．職場積立NISAの現状

1）職場積立NISAの利用状況

職場積立NISAの導入企業数は、2017年12月末現在で8,685社[10,11]となっている。具体的な実例として、フマキラーやぼてぢゅうグループなど複数の企業において福利厚生の一環として職場積立NISAが導入されていることが報じられている[12]。

2014年1月の一般NISA創設直後に明らかになったフマキラーのケースでは、利用者は月1万円以上で積立額を設定し、給与から天引きによりその額を金融機関の預金口座に移し、NISA口座で投資信託の買付を行う仕組みとされている。また、年間の積立額がNISA口座の投資限度額を超えてしまう場合は、NISA口座以外の口座の買付となるようシステム上の手当がされている。同社はそれまでも財形貯蓄などを利用し、従業員の資産形成を支援してきたところ、もう一歩踏み込んだ資産形成支援策として、給与天引き方式の一般NISAでの積立投資の導入を決めたとされている[13]。

また、金融商品取引業者ではSMBC日興証券において自社の役職員向けに職場積立NISAが導入されていることが報じられている[14]。同社が職場積立NISAを導入したのは、資産形成層への積立投資推進のために有効なツールとして職場積立NISAを捉え、率先垂範の姿勢を示すためであるとされている。

10　事業主等が複数のNISA取扱業者に委託をしていることも想定されるため「のべ数」となる。
11　NISA推進・連絡協議会は、職場積立NISAの導入状況等に係る報告・公表について、職場積立NISAの周知等を図るためという当初の目的を一定程度果たしたと考えられること及びNISA取扱業者の報告負担を考慮する必要があることから、2017年12月末現在の調査を最後に廃止した。
12　2015年3月12日　日本経済新聞（電子版）「職場積立NISA、『口座引き落とし』で普及拡大へ」
13　2014年4月17日　日本経済新聞（電子版）「給与天引きでNISA　みずほ銀、職域営業で新手法」
14　2016年1月25日　週刊金融財政事情「ひまわり　SMBC日興証券　自社グループで職場積立NISAを導入」

2）政府等における取組み

　職場積立NISAは、民間企業だけでなく、公務員においても利用が拡大している。2017年10月、金融庁より、同庁の職員を対象としてつみたてNISAを利用した職場積立NISA（以下「職場つみたてNISA」という）を導入する旨が公表され、2018年1月のつみたてNISA開始に合わせて同庁の職員による買付がスタートした。

　また、2017年11月、内閣人事局から各府省宛に対し、職場単位でつみたてNISAやiDeCoの普及を図る一部の省庁における取組みを参考に、職員に対する一層の厚生施策の推進に努めるよう要請する旨の通知が発出され、各府省庁において職場つみたてNISA等を利用した厚生施策の実施が求められることとなった。

　2018年2月には「高齢社会対策大綱」が閣議決定され、「地方公共団体や企業における取組みを促していく等の観点から、まずは国家公務員がつみたてNISA等を広く活用するよう、職場つみたてNISA等の枠組みを導入し、積極的なサポートを行うなど、政府として率先して取組みを進める」ことが盛り込まれた。

　これらを受け、厚生労働省においては同省の職員を対象として、iDeCoへの加入及びつみたてNISAにおける買付を活用した職場iDeCo・つみたてNISAを導入する旨が2018年8月に公表され、同年10月より実施された。

　更に、2018年6月、金融庁及び厚生労働省から総務省に対し、地方公共団体においてつみたてNISAやiDeCoに関する職員向けセミナーの開催等を進められるよう、金融庁における職場つみたてNISAの取組みや厚生労働省におけるiDeCoに関する取組みを全国の地方公共団体に紹介してもらいたい旨の依頼が行われた。

　これを受け、総務省から地方公共団体に対してその依頼文書が送付されたことから、地方公共団体に対しても職場つみたてNISA等を利用した厚生施策への取組みが展開されている。

　これらに加えて、金融庁においては、他省庁や地方公共団体、民間企業において職場つみたてNISAを導入する際の参考として、職場つみたてNISAの運営要領や取扱規程のモデルを公表したほか、金融機関、民間企業、地方

図表6-5　職場積立NISAに関するパンフレット（左）及びポスター（右）

（出所）日本証券業協会

公共団体向けに職場つみたてNISAに関する説明会を開催するなど率先した取組みが行われている。

3）日本証券業協会における取組み

本協会においても、本協会役職員向けに職場積立NISAを導入しているほか、職場積立NISAの普及に向けた取組みを行っている。具体的には、本協会のホームページに職場積立NISAに関するページを設け、制度概要の説明や職場積立NISAに関するガイドライン等の掲載を行っている。また、NISA取扱業者が企業の人事担当者向けに制度説明を行うためのパンフレット及び企業が自社の役職員向けに制度周知を行うことを目的としたポスター（図表6-5）を作成し、会員に通知するとともに、本協会ホームページにて公表を行っている[15]。

---

15 日本証券業協会「『職場積立』NISAについて」(http://www.jsda.or.jp/anshin/oshirase/shokubatsumitate_nisa.html)

▶ 7. 課題

　前述のとおり、職場積立NISAには職場を通じて定時定額により投資が行える等のメリットがあり、国民の資産形成に大いに役立つ仕組みであることから、この普及には大きな意味がある。

　しかし、職場積立NISAは、給与天引きや定期的な口座引落しの仕組みを必要とするため、事業主等において一定の初期投資が必要である。NISA取扱業者においても、利用者に対して金融・投資教育や金融商品に関する情報の提供等において一定の負担を要する。また一部には、時限措置のNISA制度は従業員の福利厚生に向かないといった声もある。

　こうしたことから、職場積立NISAを更に普及させて職場での福利厚生を通じた従業員の自助努力による資産形成を推進していくには、NISA制度の恒久化が不可欠であると考えられる。

第7章
NISA対象商品の販売業者・運用業者の取組み

I. 販売業者における取組み

▶ 1. 販売業者の推移・内訳

　金融庁の公表データ[1]によれば、2018年12月末時点において、一般NISAを取り扱う金融機関数は690法人、つみたてNISAを取り扱う金融機関数は560法人、ジュニアNISAは337法人であった。日本証券業協会が行った調査によれば、このうち証券会社の数は、一般NISAで132社、つみたてNISAで64社、ジュニアNISAが120社であることがわかっている。

　法人数において、証券会社が全体に占める割合は少ないようにも思えるが、これはもともとの金融機関数の違いによるものであり、開設されているNISA口座数や買付額においては、その半分以上を証券会社が占めていることがわかっている（詳しくは第2章参照）。

　なお、金融庁では、つみたてNISAについてのみ、業態別の取扱全金融機関数の公表を行っている（図表7-1）。

▶ 2. 各業者による特徴的な取組み

　2014年に一般NISAが導入された当初は、口座開設先の金融機関を開設後

---

1 金融庁「NISA口座の利用状況調査」（2019年5月31日）

図表7-1　つみたてNISA取扱金融機関一覧（業態別）

業　態	社　数
証券会社	64社
銀行・信託銀行	111社
信用金庫	127社
信用組合	13社
投信会社	6社
農協	226社
労働金庫	13社
合　計	560社

（出所）金融庁「つみたてNISA取扱金融機関一覧（業態別・本店等所在地の都道府県別）」（2019年5月）

最長4年間は変更できない制度となっていたため、一般NISA口座の開設に対し、景品等を供したり、一般NISA口座での買付について一定期間委託手数料を無料（もしくは相当額をキャッシュバックする）にしたりするなど、激しい顧客獲得競争が行われた。

　現在は、金融機関変更が年単位で可能となったこともあり、制度開始当初ほど激しい顧客獲得競争は行われておらず、各社とも、投資家目線に立ったサービスの提供に注力している。例えば、内国上場株式では売買単位が100株に統一されているために、1単位を購入するには数十万円が必要となるケースがある。こういったケースにおいては、まとまった資金を一度に投じることを避けたいと考える投資家もおり、そういった投資家に向けて、100株に満たない株数（1株〜）から、少数・少額の買付が行えるサービスを一般NISA・ジュニアNISA口座でも提供している証券会社がある。

　また、未成年者が対象となるジュニアNISA向けのサービスとして、親子で参加できる投資セミナー等を提供して、投資教育の充実を図っている例もある。さらに近年では、NISA口座での買付額に応じてポイントが付与されて、提携会社が提供するサービスに利用できたり、既に保有しているポイントを新たな投資資金に充てることができるようにしたりするといった金融の枠組みを超えた取組みも行われている。

　中長期的な資産形成促進を目的としたつみたてNISAでは、毎月の積立金額と積立期間を設定し、いくつかの運用プランから自分に合ったものを選択

することで、運用結果のシミュレーションが行えるようなコンテンツをウェブ上に設けている証券会社や、自らの運用状況が一目で確認できるつみたてNISA専用ページを設けている証券会社もある。

近年、フィンテックの進展により、ベンチャー企業や通信会社等、これまで金融業界に積極的に参入してこなかったような業種の参入が増えており、こうした企業による新たな取組みがNISA制度全体の活性化に繋がることが考えられる。また、これらの取組みが既存の証券会社への刺激となり、証券業界を挙げたNISA制度全体の活性化へと発展することを期待したい。

銀行業界においても、NISA制度を積極的に後押ししている。全国銀行協会では、NISA制度に関する特設ページをウェブサイト上に設け、動画コンテンツやライフプランシミュレーションといった体験型のコンテンツとともにNISA制度のPRを行っている。

Ⅱ．運用業者における取組み

▶ 1．一般NISA向け商品の充実

運用業者である投資信託及び投資法人の運用会社が会員となっている投資信託協会では、2014年1月の一般NISA制度導入に先立ち、前年の2013年6月に「少額投資非課税制度（NISA）の普及・拡大に向けた投資信託商品の提供について」（以下、「投信協報告書」という）と題した報告書を公表している。この中において、『投資信託業界は、国民各層が求める幅広いリスク許容度や商品特性に対し、既存商品及び新規商品をもってこれに応えていくことにより、NISAを通じて若年層や投資未経験者層による中長期的な資産形成の促進につなげていくことが必要である』との記述がなされており、運用業者によるNISA向け商品の充実に向けた取組みが重要であると述べられている。また、同報告書では、4つの商品カテゴリーについて説明がなされ、それぞれに対する提言がなされている（図表7-2）。

この報告書を受けて、2013年11月には、運用業者におけるNISA向け商品の充実に向けた取組み状況の調査結果が公表されている。この中においては、運用業者がNISAを意識して設定した商品の本数や、それらを上記の4

図表7-2　投信協報告書で提示された4つの商品カテゴリー

(1) 無分配又は分配金頻度が低い投資信託

　現在、投資信託は高齢者層による保有が多く、これらの層による年金収入を補完する商品へのニーズから、毎月分配型等の多頻度に分配する商品が主流となっている。前述の投資家意識調査の結果にもあるように、投資家の分配金に対するニーズは引き続きあるものの、特に若年層が効率的に中長期の資産形成を行っていく上では、今後、複利効果や非課税効果を最大限享受できる無分配又は分配金頻度が低い金融商品に対する新しいニーズも見込まれる。

　NISAが家計による中長期の資産形成を支援する制度であることに鑑みると、より効果的な複利効果を享受するための無分配型商品が必要であり、これらはNISAの目的に沿った商品であると言える。

(2) 低コストの投資信託

　信託報酬の料率は、運用会社各社が商品の仕組みや運用の難易度、調査に係る費用の有無等を勘案して定めており、商品によって異なる料率となっているが、インデックスファンドはシンプルな仕組みであり、一般的に低コスト商品の代表格と言える。

　平成25年4月末現在、投資信託業界には新興国を含む内外の株価指数や債券指数、REIT指数など、様々なタイプのインデックスファンドが255本（うちETFは106本）存在するが、さらに多様なインデックスファンドが組成されるとともに、今後、運用会社の創意工夫により低コストの商品の多様化を図り、投資家に提供されていくことが期待される。

(3) リスク許容度の低い投資家向けの商品

　投信非保有者は投信保有者に比べてリスク許容度が低く、その非保有者が考える許容下落率は7％台であり、既存の商品群では円債型、為替ヘッジ付き外債型、リスク調整したバランス型などが適合する商品であると考える。

　既存商品にもこの種の商品は複数存在するが、投資信託全体ではその金額の占める割合は必ずしも充実しているとは言えない。NISAを通じて投資信託の非保有者層を拡大していくためには、低リスク商品の多様化を図っていく必要がある。

　ただし、今年に入って投資環境が大きく改善し、投資家の許容損失率が変化していることからも、投資家が考える低リスクの概念は市場環境によって変化すると考えられることから、運用会社は商品設計面で柔軟に対応することが必要である。

(4) ターゲット・デート・ファンド、ターゲット・リスク・ファンド

　ターゲット・デート・ファンドは投資家の退職時期等の投資資金回収目標年までの年数に応じてリスク資産割合が自動的に調整されるよう運用される商品であり、投資家は「2020年ファンド」、「2030年ファンド」といった商品の中から自身のライフプランに当てはまるものを選べばよく、特に投資未経験者が商品を選択する上で分かりやすいものであると言える。

　一方、ターゲット・リスク・ファンドは、投資家が複数の投資対象の中から自身のリスク許容度に合わせて組み合わせを選び、その後もポートフォリオの見直しのために定期的にスイッチングを行うことができる形態が多い。

　NISA導入を機に投資未経験者層の拡大を図る観点から、DC向けに限らずこれら商品の充実を図っていく必要があると考えられるが、NISAの非課税期間が5年と短く、例えば投資家の退職時期等のステージに見合う商品を構築しづらいことが、ターゲット・デート・ファンドの商品組成面における課題となっている。また、ターゲット・リスク・ファンドについては、投資家がリスク許容度の変化に合わせて投資するファンドの入れ替えを容易にするためにも、非課税枠内でのスイッチングが可能となることが望まれる。これら商品により中長期の資産形成を促進していくためにも、将来的なNISAの制度改善が期待される。

（出所）投資信託協会「少額投資非課税制度（NISA）の普及・拡大に向けた投資信託商品の提供について」（2013年6月7日）

カテゴリーに分類して分析した結果が掲載されており、運用業者の取組みを把握するうえで有益であることから、簡単にその内容を紹介することとしたい。

　まず、NISAを意識して設定した商品については、調査基準日（2013年10月15日、以下同じ）時点で既に設定されているものが220本、また2013年内に設定が予定されているものが116本あり、合計で336本となった。

　このうち、分配頻度が低い商品は、基準日時点で設定されているものが203本、2013年内に設定予定のものが111本あり、合計314本となった。これは、前述の4カテゴリーの中では最も多い本数である。NISAの導入を見据えて、中長期的な資産形成を意識した商品として、分配頻度が低い商品の設定が多く行われたと考えられる。

　低コストの商品は合計77本あったが、基準日時点で43本が設定されており、このうち31本がインデックスファンドであったという。また、2013年内に設定予定のものは34本あった。

　リスク許容度の低い投資家向けの商品の代表例としては、円債型、為替ヘッジ付き外債型、リスク調整したバランス型等が挙げられた。これらについて基準日時点で設定されていたものが60本、2013年内に設定予定のものが26本あった。なお、商品のタイプとしては、前に挙げた例以外にも、「円債を中心に、一部を他の通貨や他の資産に投資するもの」や「為替リスクが少ない通貨建ての債券等に投資するもの」等が設定されていた。

　ターゲット・リスク・ファンドについては、基準日時点で9本、2013年内設定予定のものが4本と、合計13本あった。「投資家が複数の投資対象の中から自身のリスク許容度に合わせて定期的にスイッチングをするファンド」であるターゲット・リスク・ファンドの場合、スイッチングによってNISAの非課税枠を費消してしまう点が問題として挙げられる。そのため、ボラティリティや下落率を予め定めたうえで運用を行うリスク・コントロール型のものが、NISAを意識して設定した商品では多く見られたという。

　一方で、ターゲット・デート・ファンドについては予定も含めて設定された商品はなかった。この理由について、本調査では、『NISAは2014年から2023年までの10年間の措置であり、非課税期間も5年間とされているため、

この種の商品の組成は難しいことが考えられる』としたうえで、『老後の備えなど、国民の自助努力による資産形成を若年層から本格的に支援するためには、NISAの非課税期間の無期限化及び制度の恒久化が望まれる』と結論付けている。

▶ 2. つみたてNISA向け商品の充実

つみたてNISAは、一般NISAやジュニアNISAと異なり、対象となる商品に一定の要件が課せられている。この要件は、金融庁「家計の安定的な資産形成に関する有識者会議」の下に設置された、「長期・積立・分散投資に資する投資信託に関するワーキング・グループ」（以下、「本WG」という）において行われた検討が土台となっている。具体的には、つみたてNISAの導入が決定した2017年度税制改正においては、つみたてNISAの対象商品は以下の要件を満たす公募等投資信託とされていたところ、本WGにおいて、「その他一定の事項」の内容を明確化するための検討が行われたということである（図表7-3）。

本WGが2017年3月に公表した報告書では、この「その他一定の事項」の内容の検討にあたって、『①運用手法、②アセットクラス・地域の分散の程度、及び③手数料』の3点に着目したとしており、それぞれに関する検討の結果が紹介されている。

図表7-3　2017年度税制改正において示されたつみたてNISAの対象商品要件

- 信託契約期間が無期限又は20年以上であること
- 毎月分配型でないこと
- 一定の場合を除き、デリバティブ取引による運用を行わないこと
- その他一定の事項

（出所）金融庁「長期・積立・分散投資に資する投資信託に関するワーキング・グループ報告書」（2017年3月30日）

1）運用手法について

本WGでは、運用手法をインデックス投信とアクティブ運用投信の2つに分類したうえで検討が行われている。

インデックス投信については、『マーケットの背後にある世界経済や日本

経済が成長していけば、成長に見合うリターンを実現することが期待できる』としたうえで、『値動きのわかりやすさやコストの低さといったメリットもある』ことに触れ、『積立NISAの対象商品としては、まずはこうした投信を基本に位置付けることが適当』と結論付けている。そして、対象となるインデックスの選定にあたっては、『マーケット全体を広くカバーしており、かつ、既に市場関係者に浸透している』ものを基本とすることが望ましいとも述べている。

　一方で、アクティブ運用投信には厳しい見解が示された。『マーケット全体の値動き以上の超過リターンを狙うという性質上、一般的にはリスクとコスト（手数料等）が高くなりがち』、『積立NISAが想定する20年間という長期にわたって、マーケット全体のリターンを上回るアクティブ運用投信を事前に見分けることは、少なくとも投資初心者には困難』といったアクティブ運用投信自体の性質について言及する意見のほか、『我が国で販売の主流となっている投資信託の特徴を見ると、例えばテーマ型のアクティブ運用投信や毎月分配型投信などが多い』としたうえで、『いずれの投資信託も、手数料（販売手数料や信託報酬）が高くなりがちなこともあって、金融機関には手数料稼ぎのインセンティブが発生する一方、長期のスパンで資産形成を考える家計には不向き』という当時の商品ラインナップに対する厳しい意見もあった。これらの意見を踏まえて、アクティブ運用投信をつみたてNISAの対象とすることについては、『基本的には慎重であるべき』と述べられた。

　しかし、アクティブ運用投信であっても、つみたてNISAの対象として認めるための要件として、『マーケット（投資家）から継続的に選択・支持されて』いるもの（具体的には『信託の設定以来5年以上が経過しており、そのうち3分の2以上の期間（年数）において、資金流入超』であること）や、『相応の規模』があること（具体的には『50億円以上の純資産がある』こと）といったものも示されている。

　また、第3の運用手法としてETF（上場株式投資信託）についても見解が述べられた。『インデックス運用の代表的なツール』としながらも、積立投資においては、『①通常の購入方法で投資するには最低売買金額が大き過ぎる』、『②主に我が国に上場されているETFで流動性が低いものは適切な値

図表7-4　ETFについて示されたつみたてNISAの対象要件

・対象となるインデックスは、インデックス投信について選定されたものと同じものであること
・最低取引単位が1,000円以下であること
　ア　国内上場のETFについては、マーケットメイクにより円滑な流通のための措置が講じられているものとして金融商品取引所が指定したものであること
　イ　外国上場のETFについては、1兆円以上の資産残高があること

(出所) 金融庁「長期・積立・分散投資に資する投資信託に関するワーキング・グループ報告書」(2017年3月30日)

段が付きにくい』といった指摘もなされた。こうした指摘を踏まえて、つみたてNISAの対象要件が示された（図表7-4）。

2）アセットクラス・地域の分散の程度について

　アセットクラスの分散については、『エクイティとデットの双方を組み合わせた金融資産のポートフォリオが望ましい』としつつも、我が国家計については『既に預貯金等の元本確保型の資産を多く保有している』との見解が述べられている。そのうえで、『株式のみを投資先とする投資信託』も、『金融資産全体として適切なポートフォリオを組むニーズ』を考慮し、つみたてNISAの対象とすることについて『合理性が認められる』と結論づけている。

　地域分散については、『「国内資産のみ」または「海外資産のみ」に投資する投資信託であっても、あえて積立NISAの対象からは排除しない』とされた。この判断の理由としては、「国内資産のみ」については『外国資産投資には心理的な抵抗感を覚える家計も存在することや投資初心者にとっての馴染みやすさ』、「海外資産のみ」については『家計金融資産には強い円資産バイアスがかかっていること』、といった点が挙げられている。

3）手数料について

　手数料は、販売業者が徴収する販売手数料と、運用業者が徴収する信託報酬の2点について検討が行われているが、まず全体的な考え方として、『投資初心者も含めた幅広い家計が利用する』つみたてNISAの対象商品は、『低コストの投資信託に限定することが必要』というものが示されている。

　そのうえで、販売手数料については『家計が負担するコストを抑えるとと

図表7-5　信託報酬の水準

国内資産のみに投資するインデックス投信	0.50%
海外資産を組み入れているインデックス投信	0.75%
国内資産のみに投資するアクティブ運用投信	1.00%
海外資産を組み入れているアクティブ運用投信	1.50%

（出所）金融庁「長期・積立・分散投資に資する投資信託に関するワーキング・グループ報告書」（2017年3月30日）

もに、販売手数料の多寡が販売サイドのインセンティブを歪めることのないよう』にすべきであるとされた。これを踏まえて、つみたてNISAの対象商品は、販売手数料が不要な『「ノーロード」に限るべき』と結論付けられた。同様の観点から、解約手数料についても、0％に限定するべきであるとの見解が示されている。

信託報酬については、運用手法や投資対象によって運用コストが異なることから、ある程度の区分に沿った水準が設定された（図表7-5）。

信託報酬の問題点として、『基準価額が信託報酬控除後の金額で表示される』ために、『毎年、どの程度の金額を負担しているのかが実感として伝わりにくい』点についても触れられている。これに対しては、『金融機関側のコストダウンのインセンティブ』にも繋がるものとして、『定期的に信託報酬の金額を顧客に通知する仕組み』が講じられるべきであるとされた。

4）その他

上記3つの観点以外に、「その他」として、『金融機関の顧客本位の業務運営（フィデューシャリー・デューティー）』の徹底が重要であるとされた。具体的に、つみたてNISA向けの商品を提供する運用会社は、『なぜつみたてNISAに適していると考えられるのか、どのような顧客に適しているか等』を公表することが望ましいとされている。

こうした検討を経て決定されたつみたてNISAの対象要件を満たす商品については、金融庁に届出を行うことで対象商品として認められる。対象商品の一覧は、金融庁が公表しており、2019年5月7日時点で163本となっている（図表7-6）。最も多いのは、指定インデックス投信の142本だが、この中でも複数指数を参照するバランス型で、かつ、海外資産も組み入れているも

図表7-6 つみたてNISA対象商品届出一覧

指定インデックス投資信託		142本
単一指数	国内型	32本
	海外型	41本
複数指数	国内型	3本
	海外型	66本
アクティブ運用投資信託等		18本
	国内型	8本
	海外型	10本
ETF		3本
	国内上場	3本
	海外上場	0本
合　計		163本

(出所) 金融庁「つみたてNISA対象商品届出一覧（対象資産別）」(2019年5月7日)

のが66本を占めている。アクティブ運用投信やETFは、指定インデックス投信と比べるとまだまだ本数が少ないが、運用業者の今後の努力によって、増加していくことが期待される。

Ⅲ．金融庁「金融行政方針」「金融レポート」に見る業者の取組みの変遷

　金融庁では、平成27事務年度（2015年7月～2016年6月）から、『金融行政が何を目指すかを明確にするとともに、その実現に向け、いかなる方針で金融行政を行っていくか』について取りまとめた「金融行政方針」を公表している。その進捗状況や実績については、分析や問題提起と併せて「金融レポート」という形で発表されている[2]。これらの中でのNISA制度に関する記載を見ていくことは、その時点において金融庁がNISA対象商品の販売業者・運用業者に対して何を求めていたかを考えるヒントとなる。
　ここでは、各事務年度（毎年7月～翌年6月）の「金融行政方針」等において、NISA制度についてどのように触れられているか紹介していきたい。

---

2 平成27事務年度の前も、「金融モニタリング基本方針」及び「金融モニタリングレポート」といった名称で、類似の内容が公表されている。

1. 平成25事務年度（2013年7月〜2014年6月）「金融モニタリング基本方針」「金融モニタリングレポート」

「金融モニタリング基本方針」とは、これまで「検査基本方針」として公表されてきた、その年度における検査運営の基本的な取組姿勢や重点検証項目、監督上の重点事項等の内容に替えて、検査局・監督局が協働して行うオンサイト・オフサイトのモニタリングについて取りまとめたものである。

2013年9月に公表された金融モニタリング基本方針では、「(2) 金融モニタリングにおける検証項目」の中で『リスク性商品販売に影響を与える外的要因や検査・監督上の問題：NISAへの対応等』という記載がある。これ以後の文書においては、NISAに関する記載がさらに増えていくこととなる。

「金融モニタリングレポート」は、金融モニタリングを通じて得られた検証結果や課題をまとめたものとされている。2014年7月に公表されたレポートでは、『3. 投資信託販売業務態勢』が業界横断的なテーマとして掲げられ、問題意識等が述べられている。

まず、資産運用について、『一般に、投資対象（地域（国内・国外）・種類（債券や株式等））や投資時期を分散して投資することにより、長期的に安定的な収益が期待できる』とし、『米国での、確定拠出年金や、英国でのISA（Individual Savings Account）においても、投資信託を通じたこうした投資が行われている』とされた。さらに、我が国において、こうした投資による資産形成が定着しない理由として『投資信託の乗換え売買による販売手数料により収益を稼ぐ』という金融機関側のインセンティブがあるのではないかとの問題提起が行われた。

この問題意識に基づく検証の結果、『銀行の投資信託販売業務については、総じて、経営は販売手数料を重視し、その観点から営業現場へのインセンティブ付与を行ってきた。このため、顧客において2〜3年の短期間での乗換え売買（これに繋がる投資信託商品の頻繁な組成と償還）が行われる傾向がみられた』と結論づけた。

一方で、一般NISAの導入を契機に、大手銀行では『業績評価体系を見直し、「預り資産残高・顧客基盤拡大」を重視する方向へと転換』する動きがあることも紹介された。

2. 平成26事務年度(2014年7月〜2015年6月)「金融モニタリング基本方針」「金融モニタリングレポート」

2014年9月に公表された金融モニタリング基本方針では、『主な重点施策及び監督・検査上の着眼点』においてNISAに関する記載がある。『主要行等』及び『中小・地域金融機関』に対しては『NISA導入の趣旨等も踏まえ、投資家の金融リテラシー向上に向け、業界、さらには業界横断的な積極的な取組みを促す』とされた。一方で、『金融商品取引業者等』には『NISA導入の趣旨等も踏まえ、投資家の金融リテラシー向上に向け、業界、さらには業界横断的な積極的な取組みを促すとともに、当局としても金融経済教育の促進に向けて取り組む。また、NISAの制度趣旨を踏まえた金融商品の提供及び適切な勧誘・販売態勢の構築を促す』と、一歩踏み込んだ記載がなされた。加えて、『投資家の裾野拡大に向けて、NISA等を通じて顧客基盤の拡大を図るための戦略を検討しているか、検証する』との表現もみられた。

また、2015年7月に公表された金融モニタリングレポートでは、積立投資に関するコラム欄でNISAに関する記載があった(図表7-7)。

図表7-7　平成26事務年度金融モニタリングレポート(抜粋)

> コラム　積立投資
>
> 　投資信託の販売会社の多くは、分散投資の一つの手法として、積立投資を推奨している。積立投資は、少額ではじめることができるほか、投資時期を分散させることにより、取得価格の平準化(いわゆるドルコスト平均法)を図ることができ、投資タイミング(開始時期)をあまり気にする必要がない。このため、例えば、NISAや2016年より開始されるジュニアNISAを使って投資を行おうとする年齢の若い資産形成層や投資初心者にとって、有益な手法と考えられる。
> 　積立投資の利点をイメージするため、日経平均株価インデックス型の投資信託を用いて、10年間、毎月1万円ずつ積立投資を行った場合と、120万円を一括購入してそのまま保有した場合について、半年ごとに起点と終点をずらして*、20通りのシミュレーションを行い、それぞれの10年分のリターンを比較した。
> 　その結果、6割のケースで、積立投資のリターンが一括購入のリターンを上回ったほか、投資タイミングの違いによるリターンのブレも小さく、安定性に優れていた。一部のケースでは、一括購入のリターンが積立投資のリターンを大きく上回ったが、良好な投資タイミングを計ることは、プロの運用者でも難しいとされており、その難しさを軽減する積立投資は、投資経験の浅い一般投資家にとって、成功体験を増やすうえで有益な投資手法の一つと言える。
>
> ＊具体的には、1995年10月より2005年9月まで1万円ずつ積立投資(総額120万円)を行った場合と、1995年10月に120万円を一括購入し2005年9月まで保有した場合の運用成果を、2005年9月の10年分のリターンとした。以降、半年ごとに起点をずらして、同様のシミュレーションを計20回実施した。

(出所)金融庁「平成26事務年度金融モニタリングレポート」(2015年7月)

▶ 3. 平成27事務年度（2015年7月〜2016年6月）「金融行政方針」「金融レポート」

　平成27事務年度から「金融モニタリング基本方針」は「金融行政方針」に変更された。ここでNISAは、『金融行政の目指す姿・重点施策』のうち、『経済の持続的な成長に資する、より良い資金の流れの実現』のための具体的重点施策の第1項に掲げられた（図表7-8）。

　2016年9月には、これまでの「金融モニタリングレポート」に替えて、「金融レポート」が公表された。この中では、NISA制度開始から2年が経過したことを受けて、『NISAの現状と課題等』として、NISA制度に関する総合的な効果検証の結果が掲載されている。記載を見ると、『NISA口座の開設者に占める投資未経験者の割合は約30％となっており、投資未経験者への投資の裾野拡大の効果は相当程度あったものと評価できる』、『投資未経験者の割合は、若い世代ほど高く、特に20歳代、30歳代においてはNISA口座開設者のほぼ半数を投資未経験者が占めている。投資の裾野拡大の効果は若い世代ほど大きかったものと考えられる』というように、NISAによる投資の裾野拡大効果を評価するものとなっている。一方で、『投資未経験者の中には口座開設後も実際の投資に踏み切れない層が相当程度存在する』といった点が指摘された。

　NISAを利用した積立投資については、口座数に占める現役世代の割合が、積立投資設定口座の方が高かったことを踏まえて、『潜在的には現役世代において積立投資による資産形成の必要性が認識されている』と述べられた。さらに、『短期的な収益を狙って投資商品の売買が頻繁に繰り返されるような場合には、販売手数料等も影響して、長期的な成功体験につながらな

図表7-8　平成27事務年度金融行政方針（抜粋）

①NISAの更なる普及と制度の発展
家計における中長期の安定的資産形成を促すとの観点から、NISA及びジュニアNISAの更なる普及と制度の発展を目指す。このため、金融リテラシー向上のための金融経済教育等も推進することで、特に若年層への浸透を図っていく他、NISAの特設サイトの開設等広報を充実させる。また、NISAの利用状況や販売されている商品内容及び販売態勢等について総合的な制度の効果検証を実施する。

（出所）金融庁「平成27事務年度金融行政方針」（2015年9月18日）

図表7-9　平成27事務年度金融レポート（抜粋）

（イ）NISAの現状と課題等

　家計の安定的な資産形成の実現に向け、継続的な積立・分散投資を行うための有効なツールとして、2014年から開始された少額投資非課税制度（NISA）がある。毎年の投資上限額（制度開始当初は100万円。2016年より120万円。）の範囲内で行われる投資にかかる配当・譲渡益等が5年間非課税となるNISAは、一度にまとまった額の投資をして短期的な売買を繰り返すのではなく、比較的少額の資産で時期を分散しながら投資を行い、リスクを抑えて少しずつ資産を増やすことに適した制度となっている。

　また、2016年より開始されたジュニアNISAについては、若年層への投資の裾野拡大に加えて、Ⅱ．2．（1）①「家計金融資産の現状分析」に述べたとおり、我が国の家計金融資産の約6割を60歳以上の層が保有している中で、親や祖父母等から若年層への世代間の資産移転を促す効果も期待されている。

（中略）

　今後、NISAを活用した更なる投資の裾野拡大を推進していくに当たっては、これまで投資を行ってこなかった層や、投資を行っていても投資の成功体験に乏しい層に対して、その原因に応じたアプローチを行っていくことが必要と考えられる。

　例えば、「金融リテラシーの不足」・「投資に興味がない」ことを理由に投資を行っていない層については、上述のとおり、職場積立NISAや確定拠出年金の更なる普及・定着を通じて、職域分野における投資教育の提供機会の充実を促進させていくことが有効と考えられる。

　また、投資を行っていても投資の成功体験に乏しい層に対しては、長期・積立・分散投資の効果や販売手数料の影響等を認識し、投資手法の改善を図ることが重要と考えられる。

　加えて、投資を行わない理由として、まとまった資金がなく、「少額から投資可能であることを知らない」ことを挙げる層に対しては、「少額からでも投資による資産形成が可能であること」についての理解を広めていくことが有用と考えられることから、NISAを利用した少額からの積立投資の手法の普及・定着を通じて、実際の投資に踏み切るきっかけを提供していくことが重要といえる。

　家計の「貯蓄から資産形成へ」という流れを政策的に後押しし、分散投資を通じた国民の安定的な資産形成を促進する観点からは、少額からの積立・分散投資の促進のためのNISAの改善・普及が課題となるものと考えられる。

（出所）金融庁「平成27事務年度金融レポート」（2016年9月15日）

いことも少なくない』といった指摘もされ、つみたてNISAを意識した記載が行われた（図表7-9）。

　なお、『家計の金融・投資リテラシー』の項でも、これらのリテラシー向上において、『本人が行動を起こさなくとも投資教育を受けることができる外部的な環境（例えば職場積立NISAや確定拠出年金等）の整備を推進していくことが有効』として、NISA制度についての言及があった。

▶ 4．平成28事務年度（2016年7月～2017年6月）「金融行政方針」「金融レポート」

　平成28事務年度金融行政方針では、『具体的重点施策』において、積立

図表7-10　平成28事務年度金融行政方針（抜粋）

（1）少額からの長期・積立・分散投資の促進のためのNISAの改善・普及
　国民の間に少額からの積立・分散投資による資産形成を広く普及させるため、現行のNISAよりも年間投資額を少額としつつ、非課税投資期間をより長期とする「積立NISA」の実現をはじめ、NISAの改善・普及に向けた取組みを進める。

（出所）金融庁「平成28事務年度金融行政方針」（2016年10月21日）

NISAに関する記載がなされた（図表7-10）。

2017年10月に公表された「金融レポート」では、『「つみたてNISA」の創設』との題で、Ⅱ．2.において触れた「長期・積立・分散投資に資する投資信託に関するワーキング・グループ」での検討結果等が紹介された。

なお、『投資教育』の項において、『家計の投資リテラシーの深化』のために『職場つみたてNISAや企業型DCのような職域分野における投資教育の提供機会の充実』といった記載が引き続き見られた。

▶5．平成29事務年度（2017年7月～2018年6月）「金融行政方針」「金融レポート」

平成29事務年度金融行政方針では、『長期・積立・分散投資の推進』という項で、つみたてNISAの普及のための取組みが述べられている（図表7-11）。

この年から、「金融レポート」と翌事務年度の「金融行政方針」が統合されて、一体として公表されることになった。内容については次項で紹介する。

▶6．平成30事務年度（2018年7月～）「変革期における金融サービスの向上にむけて～金融行政のこれまでの実践と今後の方針（平成30事務年度）～」

2018年9月に公表された本文書では、この年に始まったつみたてNISAに関する記載が多くなっている。具体的には、『NISA口座数全体の増加に大きく寄与している』、『若い世代を中心に新たな投資家層の拡大が進展しつつある』、『つみたてNISAの開始を契機に、新たに投資を行う層が広がりつつある』というように、好意的な評価が目立った。

図表7-11　平成29事務年度金融行政方針（抜萃）

（2）長期・積立・分散投資の推進

　家計の安定的な資産形成を進めるうえで、長期・積立・分散投資の定着を促していくことは重要であると考えられ、2018年1月から開始するつみたてNISAを幅広く普及させるための取組みを行っていく。

　投資に関心の薄い層にも資産形成を促していくためには、投資を開始するきっかけを身近な場で得られるような環境を整えることが望ましいことから、職場単位でつみたてNISAの普及を進めていく。他省庁・地方自治体、さらには民間企業における普及も視野に、iDeCo（個人型確定拠出年金）との連携を図りつつ、金融庁において職場つみたてNISAを導入する。また、積立方式での投資を契機に、投資に関心を持った層に対して身近な場で投資教育を行うことは効果的であることから、職場での活用に重点を置いたビデオクリップ教材の作成など、職場つみたてNISAの導入と連携した投資教育を進めていく。

　また、つみたてNISAの普及に当たっては、スマホやタブレットを情報源とする若年世代に対しても効果的に働きかけを行うため、新たな情報発信チャネルを通じた取組みを進めることが重要である。このため、投資初心者にとって有益な意見や情報を発信している個人ブロガー等との意見交換の場を設けるほか、ネットメディアに対しても的確に情報発信を行っていく。

（出所）金融庁「平成29事務年度金融行政方針」（2017年11月10日）

　また、NISA制度全体については、口座数・買付額や投資家の損益の状況について言及しながら、『家計の資産形成に寄与している』と述べられている。しかし、『制度の開始以来、順調に成長してきており、若年層の投資のきっかけになっている現状も確認できるものの、マクロ的に家計の金融行動を大きく変えるまでには至っていない』という指摘もなされた。

　なお、『NISAの制度整備』の項では、『一般NISAについては2023年、つみたてNISAについては2037年が、それぞれ租税特別措置法による制度の期限となっており、現状の時限的な制度のままでは、真に国民の安定的な資産形成を促す制度とはならないとの指摘もある』ことを紹介しつつ、『NISAを創設する上で参考とした英国のISAでも、1999年4月に10年の時限措置として導入したのち、2007年に恒久化措置を含む制度改正が行われた』ことに触れている。そのうえで、『我が国におけるNISAの導入は2014年であるが、高齢化の更なる進展や寿命の延伸化、金融資産ゼロ世帯の増加等、安定的な資産形成手段を整備する社会的要請はより高まっている。こうしたことを踏まえ、国民の生涯を通じた安定的な資産形成を支援する制度のあり方について、英国ISAも参考としつつ、他省庁と連携し、具体的な検討を行う』と結論付けた。

第8章
NISA制度の広報活動・普及推進・金融経済教育

Ⅰ．NISA制度の広報活動

　証券業界におけるNISA制度の広報活動については、2014年1月の「日本版ISA」の開始に合わせ、2013年3月に広報活動の体制の整備が行われ、2013年6月より本格的に始動した。

　本協会が行った具体的な体制作りとして、証券戦略会議[1]の下に「日本版ISA推進ワーキング・グループ」（後の「NISA推進ワーキング・グループ」）を設置し、また、本協会のみならず、他の金融業界団体等から構成される「日本版ISA推進・連絡協議会」（後の「NISA推進・連絡協議会」）を設置した。

　その後、日本版ISAが多くの個人に親しみをもって利用してもらえることを目的として、上記協議会において愛称「NISA」を定め、業界横断的に利用できるようにした。

　ここでは、これらNISA制度の広報活動の体制作りや愛称「NISA」の選定経緯等に加え、各年度の広報活動の実施内容などについて述べていく。

---

1 本協会の最高意思決定機関である理事会から証券戦略に係る全般的な事項を決定する権限を委任された機関で、主として会員代表者で構成される。

▶ 1. NISA広報活動に係る体制の整備

1）証券業界及び業界横断的な体制の整備

①証券業界におけるNISA広報活動に係る体制の整備

 2013年1月に閣議決定された「2013年度税制改正大綱」において、10年間、最大500万円[2]の非課税投資を可能とする日本版ISA（非課税口座内の少額上場株式等に係る配当所得及び譲渡所得等の非課税措置）の創設が盛り込まれた（詳しくは第3章参照）。

 これを受け、2013年2月、証券戦略会議において、日本版ISAが個人に幅広く利用され、定着していくために必要な措置の検討及び日本版ISAの推進に向けた取組みについて議論され、「日本版ISAの推進に向けた取組み」が決議された。

 「日本版ISAの推進に向けた取組み」では、会員による顧客への適切な情報・金融商品の提供について必要な措置を講じることとされ、一方、広報活動においては、日本版ISAを推進するための最も効果的・効率的な広報活動の検討を行い、実施することとされた。

 また、日本版ISA推進体制の整備として、日本版ISAの推進に向け、金融庁と一層の連携を図るとともに、証券戦略会議の下に会員証券会社等から構成する「日本版ISA推進ワーキング・グループ」を、本協会事務局に「日本版ISA推進プロジェクトチーム」（後の「NISA推進プロジェクトチーム」）を設置することが掲げられ、2013年3月に設置された。

②業界横断的な体制の整備

 日本版ISAが広く国民に利用されるためには、証券業界の体制の整備だけでなく、利用者である国民並びに金融商品取引業者、登録金融機関及び資産運用業者に、その仕組み及び特性等が正確かつ十分に理解されている必要がある。

 そこで2013年3月、本協会主導で制度の円滑な導入並びに実施に向けた業界横断的な意識の共有及び情報の連携を図るため、「日本版ISA推進・連絡

---

2 2016年以降、投資限度額は、年間100万円から年間120万円に引き上げられている。これに伴い、制度全体での投資限度額は最大600万円（120万円×5年間）となった。

協議会」を設置し、日本版ISAの制度内容の理解及び共有や日本版ISAの販売及び勧誘時における留意事項の共有等を検討することとした。本協議会は、日本版ISAの担い手である証券会社、銀行、系統金融機関及び投資信託委託業者で構成される業界団体から構成され、金融庁もオブザーバーとして参加している（詳細は第6章参照）。

2）愛称「NISA」の誕生
①日本版ISA愛称選定委員会の設置

前述した「日本版ISAの推進に向けた取組み」を踏まえ、2013年3月、本協会の理事会において、「日本版ISA広報計画」が決議された。

「日本版ISA広報計画」では、①政府、他の業界と協力しつつ、日本版ISAが個人に幅広く利用され、定着していくよう、その仕組み、特性等が分かりやすく、親しみやすい広報活動を推進する、②証券業界全体の立場から新たな投資家層や既存顧客に対する日本版ISAの会員口座開設への働きかけ、投資促進に向けた広報活動を推進する、③証券業界全体として、「証券投資の日」[3]及び金融庁や日本取引所グループなどの関係機関等と連携した広報活動を推進する、といった3点の基本的な考え方が掲げられた。また、本計画では、広報活動の具体的な取組みや実施方法が定められるとともに、広報活動に必要な予算措置（5億円）が講じられた。

上記広報計画を踏まえ、「個人の自助努力による資産形成に関するワーキング・グループ」[4]において、2013年3月、「日本版ISAの円滑な導入に向けた取り組みに係る提言」が取りまとめられた。同提言においては、「日本版ISAの導入目的がこれまで証券投資に馴染みのなかった幅広い国民の利用を促すという点を踏まえると、親しみやすい『愛称』を選定し、証券会社だけではなく登録金融機関及び投資信託委託会社を含めた幅広い関係者で当該『愛称』を利用することにより、業界横断的な統一のブランドとして浸透さ

---

3 本協会では、より多くの方々に証券投資に興味・関心を持ってもらうため、1996年より「10（とう）」と「4（し）」の語呂合わせから10月4日を「証券投資の日」と定めている。
4 新たな類型の確定拠出年金や日本版ISAなどの制度普及に向けた課題を検討し、関係各方面に働きかけを行うため、2012年12月に本協会に設置されたワーキング・グループのこと。

図表8-1　「日本版ISA愛称選定委員会」の委員一覧

2013年4月15日

委　　員	稲野　和利	（投資信託協会	会　長）
〃	翁　　百合	（日本総合研究所	理　事）
〃	住田　裕子	（エビス法律事務所	弁護士）
〃	前　　哲夫	（日本証券業協会	会　長）
〃	吉野　直行	（慶應義塾大学	経済学部教授）
〃	和田　耕志	（全国銀行協会	副会長兼専務理事）
特別ゲスト	黒木　　瞳	（女	優）

以上7名

(敬称略・五十音順)

（注）肩書きは選定当時のもの。
（出所）日本証券業協会

せていく取組みが、制度の普及に有効ではないか」とされている。

このような背景から、日本版ISAが個人の中長期的な資産形成の役に立ち、多くの個人に親しみをもって利用してもらえるよう、「日本版ISA推進・連絡協議会」において、2013年4月、「日本版ISA 愛称選定委員会」を設置し（委員の一覧は図表8-1参照）、「少額投資非課税制度（日本版ISA)」の業界横断的な愛称の募集が行われた。

②愛称の募集

愛称の募集については、「日本版ISA推進・連絡協議会」の名において、2013年4月1日〜19日に行われた。募集は本協会ウェブサイトに設けた申込専用サイト又は官製ハガキにより行われ、作品が採用された方（1作品1名）には賞金10万円[5]、また、参加賞として、応募者全員の中から抽選で10名の方にそれぞれ賞金1万円が贈呈されることとなった。

募集にあたっては、マスメディア向けに愛称公募開始に係るプレスリリースを行うとともに、会員証券会社並びに各金融団体及びその会員金融機関に依頼し、各ウェブサイトにおいて申込専用サイトへリンクする公募用バナーの掲載や店頭、セミナー・イベント等を通じた個人投資家への愛称募集の周知、応募の働きかけ等を行った。

---

[5] 同一の愛称で複数の方から応募があった場合には、愛称の理由による選定又は抽選を行い、また、選定又は抽選から漏れた方から、抽選で3名の方にそれぞれ3万円を贈呈した。

こうした取組みの結果、「少額5年制」や「みんなのイーサ」、「JAISA（ジャイサ）」など7,009件の応募があり、その中でも①「NISA」、②「マル投」[6]、③「マル優投資」[7]といった候補が特に多く寄せられた。それらの中から、「日本版ISA 愛称選定委員会」による厳正な審査の結果、「NISA（ニーサ）」を選定することとした。

　「NISA」選定の理由として、①多くの方から寄せられた愛称であり、また、「ISA」、「アイサ」は広く使われており理解されやすい愛称であること、②我が国全体（NIPPON）で、広く個人の資産形成、ISAの普及・定着に取り組むということが端的に表現されており、分かりやすい愛称であることの2点が挙げられた。

　応募の内訳としては、一般の方からの応募が99％（6,909件。法人からの応募が100件）と応募のほぼすべてを占め、年代別では、40代が25％（1,738件、次いで30代が1,596件）と最も多く、性別では男性が74％（5,085件、女性が1,816件）となった。更に、職業別では、会社員が64％（4,446件）と最も多く、申込み方法を見ると、インターネットが97％（6,769件、ハガキが240件）という結果になった。

　なお、「NISA」に応募した多くの方から抽選により一般の50代男性1名に賞金10万円が贈られることとなった。

　この「NISA」の愛称については、その後特許庁に出願を行い、登録商標にもなっている。

▶ 2．日本証券業協会における各年度のNISA広報活動の具体的内容
1）2013年度のNISA広報活動

　2013年度のNISA広報活動では、全世代の証券投資に全く興味のない方を対象に、実際に証券会社でNISAを開始してもらうことを目的とし、主に①NISA制度の新しさ、面白さを伝えることを中心とした制度の告知、②実際

6　当該愛称が提唱された主な理由：既に「マル優（少額貯蓄非課税制度）」や「マル特（少額公債非課税制度）」が浸透していることから、馴染みやすさと少額投資の特典を促す効果がある。
7　当該愛称が提唱された主な理由：「少額貯蓄非課税制度」といえば、「マル優」というのが広く知れ渡っている。

に証券会社で証券投資を行ってもらうためのNISA制度や証券投資への理解促進の2点を踏まえた広報活動を実施することとした。

そのための具体的な施策として、テレビ、新聞、ポスター、リーフレット等の各種広告媒体の特性を活かし、懸賞応募キャンペーン等との組み合わせにより、最も効果的・効率的な広報活動を実施するとともに、インターネット、SNSを積極的に活用することとした。

2013年4月、本協会ウェブサイトに日本版ISA特設サイトを開設するとともに、2013年5月、会員である証券会社及び本協会が連携し、統一のロゴマークを使用することにより、証券業界全体でより効果的に広報活動・営業活動等を推進するため、NISAのロゴマークを作成した（図表8-2）。

2013年6月以降は、女優の剛力彩芽氏をイメージキャラクターとし、リーフレットやパンフレットなどの広報ツールを用いた広報活動やTVCMや新聞広告等を媒体とした広報活動を実施した。これに加え、「NISAで投資家デビューキャンペーン」と題し、本協会ウェブサイトで、NISAの基本的な仕組みに関するクイズに答えた方を対象に、抽選で123名の方（総額213万円）にギフトカードをプレゼントするといった懸賞応募キャンペーンも実施した。

その後、2014年1月のNISA制度開始に伴い、証券会社からの金融商品の提供、顧客の投資がスタートし、投資家・顧客の興味・関心が高まることが

図表8-2　本協会が作成したNISAのロゴマーク

（出所）日本証券業協会

予想されたため、2014年1月～3月の期間においても、TVCMやウェブ広告、「NISA特設サイト」のリニューアル等、重点的な広報活動を実施した。

2013年6月には、一般の方からNISAについての質問・相談を受ける「NISA相談コールセンター」[8]を開設した。

なお、開設当初は主に次のような質問・相談があった。
・NISA口座の開設は、1人1口座か。
・NISA口座では、1年間で100万円までしか買えないのか。
・年間投資額100万、最大500万円がよく分からない。
・NISA口座では、何が買えるのか。
・どの投資信託が、NISAの対象の株式投資信託か。
・現在保有している銘柄は、NISA口座へ移せないのか。
・非課税期間5年間が終わったら、どうなるのか。証券会社から案内があるのか。
・非課税期間5年、口座開設可能期間10年がよく分からない。
・「株式数比例配分方式」とは何か。
・住民票の写しがどうして必要なのか。運転免許証のコピーではダメか。
・住民票の写しは、本籍情報が必要か。家族全員の分が必要か。

証券会社のNISA口座で上場株式やETF・REITを購入した場合、配当金や分配金を銀行などの別の金融機関で受け取る方式を選択していると課税（源泉徴収）されてしまう。それらを非課税とするためには、証券会社で受け取るための手続きとして「株式数比例配分方式」を顧客に選択してもらう必要があったことから、「株式数比例配分方式」の広報活動にも力を入れた。

会員証券会社に対し、顧客や個人投資家へ本方式の周知徹底を依頼するとともに、2014年2月及び3月には、投資信託協会や不動産証券化協会と連携し、朝日新聞や日本経済新聞、読売新聞において新聞広告を実施した。

なお、2013年度のNISA広報の実施状況は図表8-3を参照されたい。

8　2013年の開設当初はフリーダイヤル（0120-213-824）だったが、2018年6月より、ナビダイヤル（0570-023-104）に変更している。

図表8-3　2013年度の広報活動

広報活動	実施時期
・広報ツールの作成・配布 　リーフレット（A4両面） 　パンフレット（A5・8ページ） 　ポスター（B2） 　店頭パネル（等身大カットアウト） 　ドアステッカー（300mm×300mm） 　セミナーDVD（約5分間のNISAの解説動画）	2013年6月〜
・TVCM 　フジテレビやテレビ朝日、テレビ東京をはじめとした全国47都道府県の主要放送局63局で放映 　放映量は2,530GRP[9]	①2013年6月〜7月 ②2013年8月〜9月 ③2014年1月
・新聞広告 　1回目の広告は、全国紙3紙及び地方紙49紙で、2回目の広告は、全国紙3紙及び東京2紙で掲載	①2013年6月 ②2013年8月
・ウェブ広告 　（主に金融・ビジネスサイトに掲載）	①2013年6月〜7月 ②2013年8月〜10月 ③2014年1月〜3月
・本協会ウェブサイト「NISA特設サイト」のリニューアル	①2013年6月 ②2014年1月
・SNS等による情報発信	2013年4月〜
・「NISAで投資家デビューキャンペーン」 　（懸賞応募キャンペーン）	①2013年6月〜7月 ②2013年8月〜10月
・NISA相談コールセンターにおけるNISAに関する質問・相談の回答	2013年6月〜

（出所）日本証券業協会

２）NISA広報中期基本計画の策定（2014年度〜2017年度）

　NISAは、国民の自助努力による資産形成に必要な「投資の器」であり、その普及・促進、恒久化の実現は、本協会の最重要課題であることから、証券業界一体となって、NISAの広報活動を進めるため、2014年3月、証券戦略会議において、「NISA広報中期基本計画」（2014年度〜2017年度の4年間）が定められた。

　「NISA広報中期基本計画」では、①政府、他の業界と協力しつつ、NISAが個人に幅広く利用され、定着していくよう、その仕組み、特性・投資リス

　9　GRPとは「延べ視聴率」のことで、毎分視聴率1％の番組に、テレビCMを1本流すことを1GRPと表す。例えば、16％の番組に5本、12％の番組に6本、6％の番組に8本のCMを流した場合は、（16×5）＋（12×6）＋（6×8）＝200GRPとなる。

ク等が正確に分かりやすく、親しみやすい広報活動の推進、②投資未経験者・若年層等の新たな投資家層に対するNISAの周知、金融証券知識の向上、証券会社の特長の理解促進及び資産形成の必要性への意識・関心を高めることに重点を置いた広報活動の推進、③新たな投資家層の金融証券知識の向上に向け、「証券投資の日」及び関係機関等との連携を強化し、NISAに関する広報、普及・啓発活動の推進、といった3点の基本的な考え方が掲げられた。

そして、本計画では、広報活動の具体的な取組みとして、テレビ、新聞、ポスター、リーフレット、ウェブ広告等の各種広告媒体の特性を活かし、懸賞応募キャンペーン等とを組み合わせることにより、効果的・効率的な広報活動を行っていくことに加え、インターネットやSNSを積極的に活用していくこととされた。

このような中期計画の下、2014年度から2017年度にかけてNISA広報活動が実施された。

①2014年度のNISA広報活動

2014年度のNISA広報活動は前述の「NISA広報中期基本計画」を踏まえ、取り組むこととした。具体的には、2014年度はNISAが始動する「NISA元年」であることから、NISAの普及及び制度の認知度向上を目的として、新たな投資家層である投資未経験者、特に若年層を訴求対象とした「2014年度NISA広報実施計画」を定めた。

本計画では、2014年6月及び11月に重点的な広報活動を実施することとした。これは、6月は一般的に賞与の支払いが行われることから、投資に対する興味・関心及びNISAの認知度が高まり一定のNISAの利用意向者・検討者が見込まれるからであり、一方、11月は2014年非課税枠での購入期間が同年12月末に終了すること及び2015年1月からは同年非課税枠での新規購入が可能となるためである。

また、2014年度のイメージキャラクターとして、①ターゲットである若年層に人気のある男性タレント、②「学び手」ではなく「導き手」かつ国民的語り手で、継続的魅力があるという2点から、タレントの香取慎吾氏を起用し、キャッチコピーを「NISA はじめてさん こちらです。」としたうえ

で、同氏を用いたTVCMやウェブ広告等の実施を決定した。

更に、2014年度より、市民及び大学生等を対象に、今後の資産形成を考え、NISAをはじめとした投資の基礎知識を身につけてもらうため、市民セミナーや職場、学校等に、本協会の役職員等を派遣する「NISA応援！　出張講座」を実施した。なお、2014年度は派遣先が24箇所、受講者数は延べ670名となっている。

2013年度に引き続き、会員証券会社において、「株式数比例配分方式」の周知徹底を依頼していたが、本協会が運営するNISA相談コールセンター等に、「NISA口座で買付けたはずが、配当金に課税されていた」などの照会や質問が多く寄せられていたことから、更なる周知徹底を行うこととした。

具体的な広報活動として、引き続き、会員証券会社に「株式数比例配分方式」の周知徹底を依頼するとともに、2014年9月と2015年2月に、投資信託協会や不動産証券化協会と連携し、読売新聞・朝日新聞において新聞広告を実施した。

なお、2014年度のNISA広報の実施状況は図表8-4を参照されたい。

図表8-4　2014年度の広報活動

広報活動	実施時期
・広報ツールの作成・配布 　リーフレット（A4両面） 　パンフレット（B5） 　ポスター（B2又はB1） 　店頭パネル（等身大カットアウト）	2014年4月～
・TVCM 　TBSテレビやテレビ朝日、テレビ東京をはじめとした全国47都道府県の主要放送局59局で放映 　放映量は1,000GRP	2014年11月
・ウェブ広告 　（主に検索サイト、生活情報関連サイト、金融・ビジネスサイトに掲載）	①2014年6月～7月 ②2014年11月～12月
・本協会ウェブサイト「NISA特設サイト」のリニューアル	2014年6月
・SNS等による情報発信	2014年4月～
・NISA応援！　出張講座 　派遣先：24箇所　受講者数：670名	2014年4月～
・NISA相談コールセンターにおけるNISAに関する質問・相談の回答	2014年4月～

（出所）日本証券業協会

②2015年度のNISA広報活動

「2015年度NISA広報実施計画」における重点施策は、2016年4月から導入が予定されていた未成年者少額投資非課税制度（後の「ジュニアNISA」以下同じ）を中心としたものとなった。同制度は若年層における資産形成を促すものであると同時に、家族単位での資産形成を考える契機となるものであることから、2015年度においては、若年層や高齢者層を含む家族を訴求対象として重点を置くとともに、NISAを通じて資産形成を行うことの有用性を訴求する広報活動を実施することとした。

2015年4月、NISA推進・連絡協議会において、2016年4月より新たに導入される未成年者少額投資非課税制度について、NISA同様、我が国の国民に幅広く利用され定着するよう、業界横断的に用いる一般的な名称を決めることが望ましいという観点から、本制度の一般的な名称を「ジュニアNISA」と決定した。

名称選定の理由として、①本制度は対象者自身の名義で運用が行われ、20歳になった時点で資産がNISAに移行される一貫した資産形成の制度であることから、自身の資産形成のための制度であることを意識できる名称であること、②本制度の対象には、幼年世代・小学生、中・高校生や大学生、就労者が含まれること、③金融庁や証券業界の税制改正要望、税制改正大綱において使用されており、また既にマスコミ等で浸透しつつあることといった3点が挙げられた。

2015年度のイメージキャラクター選定にあたっては、ジュニアNISAが祖父母や両親が孫や子供のために資産運用するということが想定された制度設計となっていることを踏まえ、「家族」がPRするというコンセプトを採用し、父親役に佐藤隆太氏、母親役に平岩紙氏、祖父役に斎藤洋介氏、そして娘役に谷花音氏を起用した。さらに、ジュニアNISA・NISA共通のフレーズ「みんなにいいさ！　NISAがいいさ‼」、ジュニアNISA専用のフレーズ「子どもに贈ろう！」及びNISA専用のフレーズ「投資にきっかけ！」という3つのキャッチフレーズを用意し、TVCMを放映するなどの広報活動を実施した（図表8-5）。

「株式数比例配分方式」については、引き続き2016年3月に、投資信託協

図表8-5　2015年度ジュニアNISAのTVCM

(出所）日本証券業協会

会や不動産証券化協会と連携し、朝日新聞・日本経済新聞において新聞広告を実施した。

2015年度のNISA広報の実施状況は図表8-6を参照されたい。

③2016年度のNISA広報活動

2016年度はジュニアNISAの導入初年度であったが、ジュニアNISAの認知度はまだ低く、会員証券会社においても、口座開設は思いのほか進んでいないという状況であった。そこで、ジュニアNISAの認知度の向上を図るとともに、NISA及びジュニアNISAに興味関心を持ってもらい、制度内容の理解を促すことを目的として、2016年2月に「2016年度NISA広報実施計画」を策定した。

「2016年度NISA広報実施計画」では、①より制度内容の理解促進や活用方法に重点を置くこと、②引き続き投資未経験者・家族をターゲットとするが、ジュニアNISAの特性を踏まえ、子育て世代、高齢者層に対する訴求にも配慮すること、③制度内容の理解促進等に重点を置いた広報活動を行うため、ターゲットである投資未経験者・家族への訴求効果が高い手法を検討すること、④本協会が実施する各種普及・啓発事業（「証券投資の日」イベント、各種セミナー、投資初心者向けの動画等各種コンテンツ等）との連携を強化し、効率的・効果的に行うことの4点が基本方針として掲げられた。

図表8-6　2015年度の広報活動

広報活動	実施時期
・広報ツールの作成・配布 　リーフレット（A4両面） 　パンフレット（B5） 　ポスター（B2又はB1） 　店頭パネル（等身大カットアウト）	2015年4月〜
・TVCM ＜NISA＞ 　TBSテレビやテレビ朝日、テレビ東京をはじめとした 　全国47都道府県の主要放送局66局で放映 　　放映量は1,000GRP ＜ジュニアNISA＞ 　TBSテレビやテレビ朝日、テレビ東京をはじめとした 　全国47都道府県の主要放送局67局で放映 　　放映量は1,500GRP	＜NISA＞2015年11月 ＜ジュニアNISA＞2016年1月
・新聞広告（ジュニアNISA） 　全国紙3紙及び地方紙46紙	2016年1月
・ウェブ広告	＜NISA＞①2015年6月〜7月 　　　　　②2015年9月〜12月 ＜ジュニアNISA＞①2015年9月〜12月 　　　　　　　　②2016年1月〜3月
・本協会ウェブサイト「NISA特設サイト」のリニューアル	＜NISA＞　2015年6月 ＜ジュニアNISA＞　2015年10月
・SNS等による情報発信	2015年4月〜
・NISA応援！　出張講座 　派遣先：28箇所　受講者数：672名	2015年4月〜
・NISA相談コールセンターにおけるNISAに関する質問・相談の回答	2015年4月〜

（出所）日本証券業協会

　本計画に基づき、2016年4月より、通年でNISA・ジュニアNISAのリーフレットやパンフレット等の制作物による広報活動を実施した。

　また、2016年7月以降、Yahoo! JAPANやGoogleを用いたバナー広告[10]、Yahoo! JAPANブランドパネル[11]等のウェブ広告（図表8-7）を実施するとともに、家族が集まって将来の資産形成について話し合う機会を持ってもらうため、お盆や夏休みシーズンである2016年8月には、特にジュニアNISA

10　インターネット広告の一種で、サイトに画像等を表示し、その画像等をクリックした利用者を他のサイトへ誘導する広告を指す。
11　Yahoo! JAPANのトップページに掲載される広告を指す。

図表8-7　Yahoo! JAPAN ブランドパネルの一例

（出所）日本証券業協会

図表8-8　2016年度ジュニアNISAの交通広告

（出所）日本証券業協会

を中心にTVCMや新聞広告、羽田空港での交通広告（図表8-8）、お盆の帰省客をターゲットとした機内誌での広告などを実施し、2016年11月には、再度ジュニアNISAのTVCMを放映した。

また、「株式数比例配分方式」について、2017年3月に、日本経済新聞・読売新聞において新聞広告を実施した。

なお、2016年度のNISA広報の実施状況は図表8-9を参照されたい。

④2017年度のNISA広報活動

2017年度は、2014年3月の証券戦略会議にて決議した「NISA広報中期基

図表8-9　2016年度の広報活動

広報活動	実施時期
・広報ツールの作成・配布 リーフレット（A4両面） パンフレット（B5） ポスター（B2又はB1）	2016年4月〜
・TVCM（ジュニアNISA） TBSテレビや日本テレビ、テレビ朝日をはじめとした全国47都道府県の主要放送局63局で放映 放映量は2,000GRP	①2016年8月 ②2016年11月
・新聞広告（ジュニアNISA） 全国紙3紙及び地方紙50紙	2016年8月
・交通広告（ジュニアNISA） 羽田空港国内線第1ターミナル地下及び第2ターミナル地下に掲載	2016年8月
・雑誌広告（主にジュニアNISA）	オレンジページ：2016年8月17日発売号 プレジデントFamily：2016年9月5日発売号 SKYWARD（JAL機内誌）：2016年9月号 翼の王国（ANA機内誌）：2016年9月号
・ウェブ広告	・Yahoo! JAPAN ブランドパネル ＜NISA＞　2016年11月 ＜ジュニアNISA＞　①2016年8月 　　　　　　　　　　②2016年11月 ・Yahoo! JAPAN・Googleバナー広告 ＜NISA・ジュニアNISA＞　2016年7月〜12月
・本協会ウェブサイト「NISA特設サイト」のリニューアル	2016年8月
・SNS等による情報発信	2016年4月〜
・NISA相談コールセンターにおけるNISAに関する質問・相談の回答	2016年4月〜

（出所）日本証券業協会

本計画」において定めた4年間（2014年度〜 2017年度）の最終年度であった。

2017年4月に策定された「2017年度NISA広報実施計画」では、引き続き可能な限りNISA及びジュニアNISAの更なる認知度の向上や制度内容の理解を目的とし、同制度の普及・定着に向け、全世代の投資未経験者を対象にした広報活動を行うこととされた。

また、2015年度よりイメージキャラクターとして起用していた谷花音氏らについては、2017年度も引き続き起用を継続することとした。

具体的な広報活動としては、NISA口座未開設者に対し、NISA制度の内容理解及びNISA制度への興味・関心を持ってもらうため、バナー広告やCM動画を利用したウェブ広告、リーフレット・パンフレット等を利用した継続的な広報活動を実施した。また、投資を題材にした漫画『インベスターZ』とのタイアップにより読者層（30代〜 40代）への訴求とその子世代への啓蒙を図った。

マイナンバー制度は、2016年1月より開始されたが、本制度の開始に伴い、新たに証券会社と取引する顧客は、口座開設の際、証券会社へのマイナンバーの提供が義務付けられることとなった。これに対し、本制度の開始前にすでに証券口座を開設していた顧客については、経過措置として3年間の猶予期間が与えられ、2018年12月末までにマイナンバーを証券会社へ提供することとされた[12]。

しかし、既存の口座であってもNISA口座については、その制度上、勘定設定期間ごとにNISA口座の開設手続きとしてマイナンバーの提供を受けることが必要とされ、当初の手続きで取引が可能な期間は2014年1月から2017年12月末までであった。そのため、既存のNISA口座開設者が、2018年1月以降もNISA口座を利用するためには、改めてNISA口座の開設手続きが必要であり、その際、顧客からマイナンバーの提供を受ける必要があった。

そこで、NISA口座の継続的な利用を円滑にするため、法改正により2017

---

12 2019年度税制改正により、この猶予期間は2018年12月末からさらに3年間延長されている。

年9月末までにマイナンバーを提供すれば、特段の手続きをすることなく、2018年1月以降も同じ証券会社でNISA口座を利用できる措置がとられた。しかし、提供しなかった場合においては、2018年1月以降も同じ証券会社でNISA口座を利用するためには、マイナンバーの提供に加え、「非課税適用確認書の交付申請書」の提出が必要であった。NISA口座の継続的な利用を円滑にするためには、これらの周知が証券業界における喫緊の課題でもあった。

このような状況を踏まえ、2017年度においては、NISA及びジュニアNISAの普及・定着に向けた広報活動に加え、2018年1月から始まる勘定設定期間のために必要となるマイナンバーの告知など、制度周知の広報活動に重点を置いて実施する方針を決定した。

具体的な広報活動としては、NISA口座開設者は40代〜50代の中年層が多いことから、これらの年齢層に対する訴求効果が高い新聞広告（図表8-10）や機内誌広告に加え、補完的に若年層を対象としたウェブ広告などを

図表8-10　2017年度のマイナンバーの受入れに係る新聞広告

（出所）日本証券業協会

実施した。

2018年1月に導入が予定されていたつみたてNISAに係る広報活動については、当初、NISA口座におけるマイナンバーの受入れに係る広報活動とともに制度周知の一環として実施する方向であった。

しかし、その後、2017年6月に閣議決定された「未来投資戦略2017」において、「家計の安定的な資産形成を促すため、つみたてNISAを含むNISA制度全体の更なる普及・促進を図る」旨が記載され、2017年7月に策定された本協会の「当面の主要課題」においても、「つみたてNISAの円滑な導入に向けた対応」が最優先課題として位置付けられた。

こうしたつみたてNISAの普及に向けた機運の高まりを受け、会員証券会社に対し、つみたてNISAの円滑な導入・普及促進に向けた働きかけを行うとともに、2017年8月から2019年3月末にかけ、つみたてNISAの認知度向上等を目的とした広報活動を拡充することとし、追加予算を措置することとした。

具体的なつみたてNISAの広報活動として、2017年9月以降、投資未経験者や若年層をターゲットとしたウェブ広告・ウェブ動画やリーフレット・パンフレット等の制作、新聞広告等を実施した。また、2018年1月のつみたてNISA導入以降には、俳優の前田一翠氏と女優の田中こなつ氏を起用したTVCMを放映するとともに、YouTubeやYahoo! JAPANのトップページ（スマートフォン向け）等にTVCMを用いた動画広告を掲載した。

また、2017年5月、NISA推進・連絡協議会において、業界横断的に「つみたてNISA」という表記で統一する旨が決議された。「つみたてNISA」の表記については、それまでマスコミの報道等において「積立NISA」、「積立型NISA」、「積み立てNISA」も使用されていたが、柔らかいイメージと制度の特徴（投資初心者向け制度）がマッチしていることから、平仮名の「つみたてNISA」とされた。

なお、2017年度のNISA広報の実施状況は図表8-11を参照されたい。

3）2018年度のNISA広報活動

2018年1月につみたてNISAが開始したことに伴い、2018年度はつみたて

図表8-11　2017年度の広報活動

広報活動	実施時期
・広報ツールの作成・配布 ＜マイナンバーの受入れ＞ 　リーフレット（A4両面） ＜NISA・ジュニアNISA・つみたてNISA＞ 　リーフレット（A4両面） 　パンフレット（B5） 　ポスター（B2又はB1、つみたてNISAのみ）	2017年4月～
・TVCM（つみたてNISA） 日本テレビやTBSテレビ、フジテレビをはじめとした全国47都道府県の主要放送局71局で放映 放映量は2,500GRP	①2018年1月 ②2018年2月
・新聞広告 マイナンバーの受入れに係る広告は、1回目が全国紙3紙及び地方紙50紙、2回目が全国紙3紙、つみたてNISAに係る広告は、全国紙3紙及び地方紙50紙	＜マイナンバーの受入れ＞ ①2017年6月 ②2017年7月 ＜つみたてNISA＞ 2017年10月
・雑誌広告（マイナンバーの受入れ）	SKYWARD（JAL機内誌）：2017年8月号 翼の王国（ANA機内誌）：2017年8月号
・ウェブ広告	・Yahoo! JAPAN、Googleバナー広告 ＜マイナンバーの受入れ・つみたてNISA＞ 　2017年6月～10月 ＜つみたてNISA＞2017年11月～2018年3月 ＜NISA・ジュニアNISA＞2017年6月～12月 ・動画広告 ＜つみたてNISA＞2018年1月～3月 ＜NISA・ジュニアNISA＞2017年12月
・本協会「NISA特設サイト」のリニューアル 同時に、マイナンバーの受入れに係る特設ページ、つみたてNISAに係るページを新規作成	2017年5月
・SNS等による情報発信	2017年4月～
・NISA相談コールセンターにおけるNISAに関する質問・相談の回答 2017年7月に電話受付時間を変更（9:00～18:00 ⇒ 7月以降：9:00～17:00）	2017年4月～

（出所）日本証券業協会

NISAの広報活動を重点的に行うこととした。

　これまでのNISA広報活動は、主にNISA制度の普及・促進と認知度向上が目的であったが、NISA制度の利用者は、既に証券投資に興味・関心を持っている、あるいは証券投資を行っている既存の顧客が大部分を占めている

figure8-12 本協会が考える「AIDMA」モデル

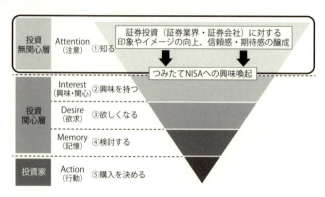

(出所) 日本証券業協会

のが現状であった。

　一方、つみたてNISAについては20代〜40代の若年層であり、かつ、投資未経験者・無関心層に対して利用が期待されたものである。

　このため、2018年度のNISA広報活動においては、いわゆる「AIDMA[13]」モデルに沿って訴求対象者を整理し、証券投資に関心のない本モデルの最初の「A」（Attention）をメインターゲットとした広報活動を実施することとした。また、訴求点は、証券投資（証券業界・証券会社）に対する印象やイメージの向上を図り、投資の意義・目的の理解を促進することで、最終的につみたてNISAへの興味を喚起することを目的とした広報活動を実施した（図表8-12）。

　具体的なNISA広報活動として、「100年大学　お金のこと学部」と題した一連の広報企画を実施した。本企画では、お金や資産運用の意義について包括的に興味喚起を行い、最終的にNISA、つみたてNISAのメリットを伝えることを目的としている。東京大学や雑誌『BRUTUS』とタイアップし、「100年大学　お金のこと学部」という講座を実際に東京大学に設け、当該講座に"入学"するための"入学試験"「お金のセンス」を実施した。「お金の

13　米国のローランド・ホールが提唱した消費行動のプロセスモデルを指す。

センス」は100年大学特設サイトに設けられたウェブ上で行うクイズで、「お金」にまつわる10問が出題され、問題を解いていくことにより「お金」に対する興味・関心を惹起させるというものである。当該クイズは2018年8月～2019年3月まで行われ、延べ43万人以上の方が"受験"した。

また、「証券投資の日」(10月4日) に「100年大学　お金のこと学部」開学記念イベントを東京大学の安田講堂で実施したほか、実際の講義や「お金のセンス」については、雑誌『BRUTUS』にブックインブック形式で小冊子を掲載するなど (図表8-13)、多岐にわたる企画を実施するとともに、ウェブサイト・SNSでの広告や新聞広告、電車の中吊広告などで、本企画の周知にも力を入れた。

また、Twitter、Facebook、LINEの各SNSにおいて、つみたてNISAのCMを使用した動画広告も実施した (図表8-14)。

SDGs (Sustainable Development Goals：持続可能な開発目標) とは、2015年に国連で採択された「誰一人取り残さない」社会の実現に向け、2030年までに達成すべき世界共通の17の目標のことで、2017年以降、本協会ではつみたてNISAの普及とともにSDGsの推進も主要施策として掲げており、証券業界において、様々な取組みを行っている。

図表8-13　『BRUTUS』ブックインブックの表紙・「お金のセンス」問題イメージ

(出所) 日本証券業協会

> 図表8-14　SNS（Twitter、Facebook、LINE）動画広告配信

（出所）日本証券業協会

　そこで、2018年度のNISA広報活動においては、つみたてNISAとSDGsの推進とタイアップした広報活動を展開することとした。

　具体的には、本協会がスポンサーとなり、フジテレビ（関東地区）、BSフジにて5分間のミニ番組「フューチャーランナーズ」を提供した。本番組はSDGsの17の目標と合致する様々な活動に取り組んでいる日本の"フューチャーランナー"たちにスポットを当て、その活動を紹介していくもので、①証券投資（証券業界・証券会社）に対する印象やイメージの向上、信頼感・期待感の醸成、②SDGsの認知度向上及びSDGsに対する理解促進の2点を訴求の目的とし、更に、本番組内において、2017年度に使用したつみたてNISAのTVCMを放映することで、つみたてNISAへの興味喚起を図った。

　なお、2018年度のNISA広報の実施状況は図表8-15を参照されたい。

▶3．日本証券業協会が実施しているNISA制度の認知度調査について

　本協会では、NISAの広報活動を実施する傍ら、NISA制度の認知度調査を全7回実施している（2019年3月現在）。2014年11月よりNISAに関する認知度調査を開始し、2016年3月より調査項目にジュニアNISAを追加、2017年9月以降はつみたてNISAを含めたNISA制度すべての認知度調査を実施している。

　本協会が実施した認知度調査では、初回のNISAの名称認知度は77.1％

図表8-15　2018年度の広報活動

広報活動	実施時期
・広報ツールの作成・配布 　リーフレット（A4両面） 　パンフレット（B5） 　ポスター（B2又はB1）	2018年4月〜
・TVCM（つみたてNISA） 　本協会が提供した5分間のミニ番組「フューチャーランナーズ」内で放映	①2018年7月〜9月 ②2019年1月〜3月
・新聞・雑誌広告	2018年10月（公明新聞、自由民主）
・SNS（Twitter、Facebook、LINE）動画広告	2018年4月〜6月
・特別広報企画「100年大学　お金のこと学部」 　交通広告 　ウェブバナー広告 　特設サイト 　ウェブテスト「お金のセンス」 　開学記念特別講座 　東京大学での講義（全13回） 　地方紙広告掲載（42紙（43県）） 　雑誌『BRUTUS』ブックインブック	2018年7月〜2019年3月
・本協会ウェブサイト「NISA特設サイト」のリニューアル	2018年6月
・SNS等による情報発信	2018年4月〜
・NISA相談コールセンターにおけるNISAに関する質問・相談の回答 　2018年6月より、コールセンターの番号をナビダイヤル（0570-023-104）に変更	2018年4月〜

（出所）日本証券業協会

（2014年11月実施）、ジュニアNISAの名称認知度は46.6％（2016年3月実施）、つみたてNISAの名称認知度は23.1％（2017年9月実施）と、制度の開始当初はつみたてNISAの認知度が低かったことが分かる。これに対し、2019年2月の認知度調査では、NISAの名称認知度は79.2％、ジュニアNISAの名称認知度は40.9％、つみたてNISAの名称認知度は49.7％と、約2年間でつみたてNISAの認知度が大きく上昇しており、今後もつみたてNISAの認知度は更に上昇するのではないかと思われる（図表8-16）。

図表8-16 NISA認知度調査　全7回の比較（2014年11月〜2019年2月）

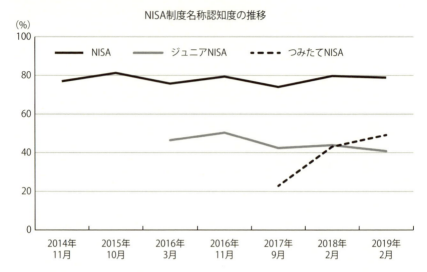

【参考】NISA認知度調査の概要、調査方法：インターネット調査、サンプル数：5,000サンプル、調査対象エリア：全国47都道府県、調査対象者：20代〜60代の男女、対象条件：性別・年齢・居住地を人口構成比に合わせサンプリング（470セル）
（出所）日本証券業協会

Ⅱ．普及啓発活動

　本協会は、協会員の行う有価証券の売買その他の取引等を公正かつ円滑ならしめ、金融商品取引業の健全な発展及び投資者の保護に資することを目的として事業を推進しており、この目的を達成するための事業の一環として、金融商品及び金融指標並びに金融市場に関する知識の普及及び啓発並びに広報に係る業務を行っている[14]。

　普及啓発活動及び金融・証券教育活動は、金融・証券教育支援委員会が所管しており、国民各層が金融商品等に関する知識、情報を正しく理解し、自らが主体的に判断できる能力の向上を図るため、中立かつ公正な立場で、学

14　本協会は、金融商品取引法に基づく認可金融商品取引業協会であり、金融に係る知識の普及、啓発活動及び広報活動を通じて、金融商品取引業の健全な発展及び投資者の保護に努めなければならないとされている（金融商品取引法第77条の4）。

校教育向け及び社会人向けに金融・証券知識の普及啓発事業を展開している。本節では、これらの活動のうちNISA制度に係る取組みについて述べたい。

▶ 1．イベント
1)「証券投資の日」記念イベントの開催
　本協会では、1996年に10月4日を「証券投資（10＝とう、4＝し）の日」と設定し、以来毎年同日を中心に、日本取引所グループ、投資信託協会等の証券関係団体と連携した証券知識普及プロジェクト[15]主催の事業として全国で大規模なイベントを実施してきた。

　NISA制度が導入される前年の2013年度以降は、NISA制度の周知を主なテーマに掲げイベントを開催してきている。2013年度は、本協会が地区事務所を設置している9地区（北海道・東北・東京・名古屋・北陸・大阪・中国・四国・九州）24会場でイベントを開催し5,729名の参加を得た。特に投資未経験者（とりわけ若年層）を対象として、情報の一層の拡散とコンテンツの充実の観点からITツールを活用し、一部のセミナーについてはライブ配信及びオンデマンド配信を実施した。そのアクセス数は、東京国際フォーラム会場で10,957件（うちライブ配信895件）、大阪及び名古屋会場で1,099件であった。

　また、10月から12月の3か月間、全国統一的な事業として、NISA制度の概要や対象商品、投資の心構え等の啓発を図ることを目的に、全国放送のラジオ番組（TOKYOFM系列38局において全13回放送）を提供した。また、同番組を放送直後からポッドキャストでも配信し、96,520ダウンロードされた。加えて、同番組と提携した公開収録イベントを東京で開催し、264名の参加を得た。公開収録イベントの内容はライブ配信及びオンデマンド配信を行い、そのアクセス数は3,264件（うちライブ配信1,375件）であった。また、社会人大学である「丸の内朝大学」の講座とタイアップし、「丸の内朝

15　日本証券業協会、日本取引所グループ、東京証券取引所、大阪取引所、名古屋証券取引所、福岡証券取引所、札幌証券取引所、投資信託協会、名証取引参加者協会で構成される。

大学」受講者の本協会イベントへの誘導やイベント告知ラジオCMを実施した。

さらに、「証券投資の日」記念イベント開催に合わせ、イベント会場のロビーにおいて、「NISA相談コーナー」を設置し、NPO法人エイプロシスの証券カウンセラー[16]を配置して、来場者からのNISA制度の概要や対象商品に関する質問・照会に応じた。

2)「証券投資の日」記念イベントに関する事後アンケート調査の実施

2013年度には「証券投資の日」記念イベントにおける効果測定として、個人情報の取扱いに同意のあったイベント参加者に対し、参加後の投資行動、特にNISA制度に対する意識等に焦点を当てたアンケート調査を実施した。その中で、NISA制度への興味・関心の度合いを尋ねたところ、若年層や投資未経験者ほど低くなる傾向が見られた（図表8-17）。その理由として、余裕資金が十分でない、どのような金融商品を買っていいか分からない、リスクをとりたくないといった資産運用に係る準備資金や金融知識等に関する内容が大半を占めた。これにより、若年層・投資未経験者は特に重点的に金融リテラシーの普及啓発活動を行うべきターゲットであることが確認された。

3) NISA制度を取り上げたその他のイベントの開催

2013年度は、「証券投資の日」記念イベントの他に、2都市2会場（東京・大阪）で証券投資に関する講演会等のイベントを実施した。そのうち東京会場では、投資未経験の女性を主な対象としてNISA制度を中心としたセミナーを開催し、セミナーの内容についてはライブ配信及びオンデマンド配信も実施した。

---

16 2002年に投資の普及・啓発を目的に設立され、2016年本協会に機能統合のため解散。その後、証券カウンセラーは現在、本協会の金融・証券インストラクターとして活動。

図表8-17 「証券投資の日」記念イベントに関する事後アンケート調査

		NISAを利用しようとは思わない	NISAを利用することを迷っている	NISA制度スタートを契機に投資を始めてみようと思った（投資を始めた）	n=
年代別	30代以下	12.5%	36.8%	50.6%	304
	40代〜50代	11.0%	33.4%	55.5%	681
	60代以上	8.5%	31.0%	60.4%	947
投資経験別	過去に投資経験があるが今は投資していない方	16.1%	47.4%	36.5%	137
	投資未経験者	23.8%	38.7%	37.4%	302
	イベント当時投資を行っていた方	6.7%	30.3%	63.0%	1,493

(注) 回答者数1,932人。
(出所) 日本証券業協会

2. セミナー

1)「金融リテラシー習得講座〜NISA対応特別編〜」等の開催

　NISA制度のスタートにより、新たにNISA口座を開設した投資未経験者・初心者の金融リテラシー向上が急務となっていたことから、2014年度に金融庁及び関係団体と共催[17]で、ライフプラン・マネープランの重要性、NISA制度の概要の解説、投資におけるリスクの理解、対象商品の解説などを取り入れた「金融リテラシー習得講座〜NISA対応特別編〜」を全国20会場で開催した。また、本講座の内容を広く周知するために特設サイトを開設し、講座の主な模様についてオンデマンド配信も行った。

　2015年度も同講座を全国15会場で開催した。2014年と同様に特設サイトを開設し、講座の内容をオンデマンド配信した。また同年度には、現役若年世代の会社員等を対象として、金融リテラシーの向上を図ることを目的に、ライフプランに応じた資産形成・資産運用の方法やNISA制度の特徴・活用方法等を解説した若年層向けセミナーを2会場（神戸・京都）で開催した。

　このほか、現役若年世代の働く女性を対象として、東京、大阪でセミナー

17　共催団体：金融庁、全国銀行協会、日本取引所グループ、投資信託協会、生命保険協会、日本損害保険協会、日本ファイナンシャル・プランナーズ協会

を開催し、オンデマンド配信を行った。東京では、NISA制度が使える金融商品等の解説に加え、NISA制度を利用した資産運用について、大阪では、NISA制度の利用と株主優待の魅力について学ぶ内容とした。

2)「はじめての資産運用講座」の開催

2016年度には、「金融リテラシー習得講座」を更に充実させた「はじめての資産運用講座」を主に現役世代の投資未経験者・初心者を対象に開始し、全都道府県50会場で92回開催した。このうちNISA制度とiDeCoにスポットを当てた「特別編」として開催した会場もある。

また、同講座のベースとなっている冊子「資産運用と証券投資スタートブック」に基づいた動画(基礎編[18])を制作した。本講座は2017、2018年度も開催している。2017年度には全都道府県66会場で120回、2018年度は全都道府県72会場で120回開催した。なお、2018年度の講座参加者の属性をみると、投資未経験者が49.8%、50代以下の現役世代が82.5%を占めた。

3)「ゼロからはじめる証券投資セミナー」の開催

2018年度には、投資未経験の投資関心層のなかで、証券投資に関心はあるもののいま一歩踏み出せない方を対象に、「ゼロからはじめる証券投資セミナー」を全国10会場で開催した。内容は2部構成で、第1部は「はじめての資産運用講座」のダイジェスト版、第2部は主に「株主優待」にスポットを当て、TV等で著名な桐谷広人氏を講師として招き、対談形式で実施した。

▶ 3. 冊子

本協会では、証券知識の普及・啓発を図るため、証券投資の基礎、株式、債券、投資信託、証券税制、確定拠出年金などに関する冊子を作成・配布している。NISA制度のスタートである2013年度は、投資未経験者・初心者向けにライフプラン、マネープランの重要性や各種金融商品の特徴及びNISA制度について理解を深めてもらうことを目的とした『投資道場 証券投資の

---

18 2018年度は「株式・債券編」と改題。

図表8-18　『資産運用と証券投資スタートブック　2018年度版』より

（出所）日本証券業協会

基本ガイド』を新規に作成した。このほか、新社会人を中心とした20代～30代の若年層向けの『はじめての！資産運用』、証券投資に関する税金について解説した『個人投資家のための証券税制Q&A』、『証券税制ガイド』でもNISA制度について取り上げている。

その後『投資道場　証券投資の基本ガイド』は、2015年度に『投資入門　証券投資の基本ガイド』に改題、2016年度には『はじめての！資産運用』と統合し『サクサクわかる！資産運用と証券投資スタートブック』として発刊している（図表8-18）。

▶ 4．講師派遣事業

2014年6月から、大学向け金融リテラシー出前講座を展開し、本協会役職員又は金融・証券インストラクターを講師として派遣している。20歳前後の学生が対象ということもあり、講義では、NISAをはじめとする確定拠出

図表8-19 大学向け金融リテラシー出前講座の実施実績

年度	大学数	講座数	受講人数
2014年度	31校	40講座	2,411名
2015年度	69校	101講座	6,247名
2016年度	102校	185講座	12,200名
2017年度	121校	220講座	13,785名
2018年度	127校	235講座	15,537名

(出所) 日本証券業協会

図表8-20 一般向け講師派遣の実施実績

年度	派遣先数	派遣回数	受講人数
2016年度	102箇所	206回	7,740名
2017年度	152箇所	357回	12,948名
2018年度	197箇所	373回	12,822名

(出所) 日本証券業協会

年金などの税制優遇制度について詳細に解説している(図表8-19)。

2016年8月以降、「NPO法人 投資と学習を普及・推進する会(エイプロシス)」から引き継いだ一般向け講師派遣事業を展開している。個人の自助努力による資産形成・資産運用が必要な時代を踏まえ、お金に関する必要な基礎知識についての研修会、勉強会、地域住民向けのセミナーに金融・証券インストラクターを無料で官公庁・民間企業等に派遣している。講義では、NISA・ジュニアNISA・つみたてNISAの概要を解説するとともに、NISAを主テーマとする講師派遣にも適宜応じている(図表8-20)。

▶ 5. 動画コンテンツ

2014年7月には、主に投資未経験者や若年層を対象に、資産運用や株式投資等を気軽に楽しく学んでもらうことを目的にした動画コンテンツ「ハマカーンの資産運用劇場」を制作・公開した。同コンテンツは6つのチャプター(①資産運用、②株式、③債券、④投資信託、⑤確定拠出年金、⑥NISA)で構成しており、そのうちの一つとしてNISAを解説している。また、2017年3月、ジュニアNISAの開始に伴い、同コンテンツの一つとしてジュニアNISAを解説する動画を追加し、公開した(なお、2018年8月をもって公開

は終了している)。

2016年3月、ジュニアNISAの活用方法等について正しい理解の周知を目的として、動画コンテンツ「いよいよスタート！ジュニアNISA　みんなでお得にNISA制度」を制作・公開した。同コンテンツは7つの章（①所得税の仕組みを理解する、②NISA制度の概要、③NISA制度の具体的内容、④こりゃNISA（ナイサ）にならないための注意点、⑤ジュニアNISA制度の概要、⑥相続税対策の考え方、⑦金融所得一体課税について）で構成しており、NISA及びジュニアNISA等の基礎知識を学ぶ内容となっている（なお、2019年2月をもって公開は終了している）。

Ⅲ．金融経済教育

▶ 1．教育現場の現状

次代を担う子供たち一人ひとりが、将来、我が国の持続的な成長・発展のために不可欠な成長マネーの供給を行っていくとともに、経済的に自立した生活を営むために必要な資産形成に取り組むためには、それらのインセンティブとなり得るNISA制度を理解し、実践しようとする態度を育むことが重要である。しかし、現在、小学校・中学校・高等学校の教育現場においてNISA制度及び、NISA制度利用の前提となる、"生徒が証券投資に関わること"や、"自らの資産形成のための実践的な学習"については、現行の教科書にはほとんど記述が見られない。また、そもそも証券投資によってもたらされるキャピタル・ゲインやインカム・ゲインに税金がかかること自体を授業で取り上げる機会もほとんどない。

NISA制度の仕組みや役割を理解するには、これらのベースとなる金融経済教育[19]の拡充が不可欠である。

本項では、NISA制度を理解・活用するための基礎となる、金融や経済に

19　金融経済教育は、「国民一人一人に、金融やその背景となる経済についての基礎知識と、日々の生活の中でこうした基礎知識に立脚しつつ自立した個人として判断し意思決定する能力、すなわち金融リテラシー（金融に関する知識・判断力）を身につけてもらい、また、必要に応じその知識を充実する機会を提供すること」（金融庁・金融経済教育懇談会「金融経済教育に関する論点整理」2005年より）である。

関する基本的な知識や態度を育む金融経済教育の状況を概観し、そのうえで、教員へのNISA制度に関する情報提供の取組みを述べる。

1) 金融経済教育を実践する教科・科目

学校における教育課程の基準である学習指導要領は、全国的に一定の教育水準を確保するとともに、実質的な教育の機会均等を保障するため国が定めている大綱的基準であり、教育課程編成の一般方針や各教科・科目の目標、内容、内容の取り扱い等を規定している。

中学校及び高等学校の学習指導要領において金融経済教育を行う教科・科目は、中学校では「社会科」（公民的分野）及び「技術・家庭科」（家庭分野）、高等学校では「公民科」（現代社会（2022年からは「公共」）、政治・経済）及び「家庭科」（家庭基礎、家庭総合）である。

それらの教科の目標は、「社会科」及び「公民科」では、「国家及び社会の形成者として必要な資質・能力の育成」が掲げられており、また、「技術・家庭科」及び「家庭科」では、「生活を創造する資質・能力の育成」が掲げられている。この学習指導要領の記述の意味や解釈などの詳細については、文部科学省が公表している学習指導要領解説に記載されている。

なお、教科書は、学習指導要領に基づき、教科書会社の創意工夫を生かして著作、編集される教材であり、学校教育法（第34条第2項）の規定に基づき、教育基本法等の趣旨に沿った有益適切なものである限り、校長や設置者の責任と判断で使用できるものとされている。

文部科学省では、各学校において、教育基本法や学習指導要領の趣旨を踏まえ、多様な資料を創意工夫した教材を活用することにより、子供たちの学びを充実させることが重要であるとしている。

2) 学校における金融経済教育の状況

学校における金融経済教育の実態については、「金融経済教育を推進する研究会[20]」（以下、本章において「研究会」という）が2014年に公表した

---

[20] 教育と金融の専門家が一堂に会し、学校における金融経済教育の推進・充実に向けて検討を行う研究会。2013年4月から活動を開始。日本証券業協会は事務局として同研究会の活動を支援。

調査名	「中学校・高等学校における金融経済教育の実態調査」
調査対象	全国の中学校（10,629校）の社会科、技術・家庭科の担当教諭 全国の高等学校（5,150校）の公民科、家庭科の担当教諭 全国の商業科設置の高等学校（662校）の商業科担当教諭 発送総数　32,220通
回収数	4,462通　（回収率：13.8％）
実査期間	2013年12月5日～2014年1月17日
調査方法	郵送による自記式調査（上記調査対象の教諭へ1通ずつ送付）

「中学校・高等学校における金融経済教育の実態調査」が大いに参考になるため、その結果について概観する。

①金融経済教育の認知状況、金融経済教育の必要性

金融経済教育を、「金融や経済の様々な働きを理解し、それを通じて社会や自身の生活・人生について考え行動する、生きた力を身に付ける教育」と定義した場合、その内容を「知っている」との回答は約5割、「聞いたことはある」も合わせると8割以上であった（図表8-21）。

また、「金融経済教育を学校で行うことについてどのように考えているか」との設問に対しては、中学・高等学校の別、担当教科にかかわらず、「必要

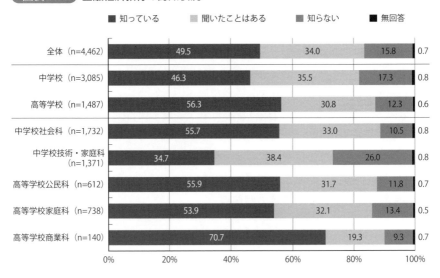

図表8-21　金融経済教育の認知状況

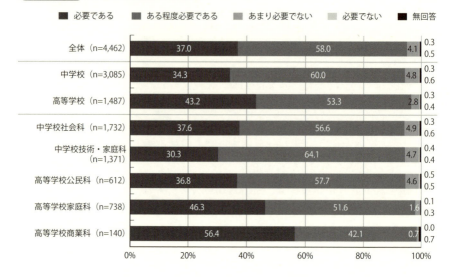

である」と「ある程度必要である」との回答の合計が9割以上であった（図表8-22）。

②金融経済教育を授業で実施の際に難しいと感じる点

「金融経済教育を授業で取り上げる際に、難しいと感じていることはありますか」との設問に関して、授業で取り上げるのが困難であると回答した教員の理由としては、「生徒にとって理解が難しい」、「教える側の専門知識が不足している」が全体で約5割と最も多く、次いで「授業時間が足りない」との回答が4割半ばという結果が得られた（図表8-23）。

因みに、「教える側の専門知識が不足している」と感じている教員を大学での専攻別に見ると、商・経・法学部系の出身者が3割程度であるのに対し、それ以外の学部では約半数以上が知識不足を感じているなど、教員の大学の専攻によって差が見られた（図表8-24）。

③金融経済教育の学習内容の問題点

「現在行われている金融経済教育の学習内容について、どのような問題があると思いますか」に対しては、「特に問題は感じていない」という教員は、わずか5％台であり、多くは何らかの問題があると感じている。

図表8-23 授業実施の際に難しいと感じる点

(単位：人、%)

		調査数	生徒にとって理解が難しい	教える側の専門知識が不足している	授業時間が足りない	現実経済の変動が複雑すぎる	適当な教材がない	生徒の興味・関心が低い	教員研修などの機会が少ない	学校現場にはなじみにくい	保護者の理解が得にくい	その他	無回答
全体		4,462	48.9	48.4	44.9	37.8	26.6	25.7	14.0	5.2	0.2	1.0	1.6
校種別	中学校	3,085	49.9	49.4	44.4	38.9	28.3	22.4	13.6	5.4	0.3	0.9	1.6
	高等学校	1,487	46.3	45.9	46.2	35.0	23.2	33.0	14.9	4.5	0.1	1.1	1.8
担当教科別	中学校社会科	1,732	56.2	42.1	45.2	48.0	23.0	19.1	10.7	5.1	0.3	0.9	1.5
	中学校技術・家庭科	1,371	41.8	58.4	43.5	27.5	35.0	26.6	17.2	6.0	0.3	0.9	1.6
	高等学校公民科	612	52.9	36.3	47.9	40.4	22.1	33.0	11.8	5.6	0.3	0.7	2.0
	高等学校家庭科	738	40.1	54.7	48.5	30.4	24.3	31.8	16.4	3.3	—	1.2	1.6
	高等学校商業科	140	50.0	40.7	27.1	36.4	22.1	38.6	20.7	6.4	—	2.9	2.1

図表8-24 大学での専攻による専門知識不足の認識度

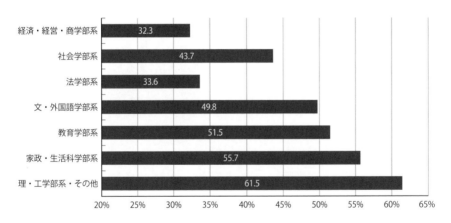

専攻	%
経済・経営・商学部系	32.3
社会学部系	43.7
法学部系	33.6
文・外国語学部系	49.8
教育学部系	51.5
家政・生活科学部系	55.7
理・工学部系・その他	61.5

　学習内容の問題点として、「用語・制度の解説が中心となってしまい、実生活との繋がりを感じにくい」との回答が5割以上と最も多く、次いで、「知識は身に付くが、能力や態度が身に付きにくい」が4割となっている（図表8-25）。
　このことから、多くの教員が「生徒が金融や経済について学んだ知識を実生活や実社会の中で生かせないのではないか」との危惧を抱いていることがうかがえる。

図表8-25 金融経済教育の学習内容の問題点

(単位：人、%)

		調査数	用語・制度の解説が中心となってしまい、実生活との繋がりを感じにくい	知識は身に付くが、能力や態度が身に付きにくい	学校の教育計画での金融経済教育が特定の学年・時期に偏っており、継続的な学びができない	金利や金融商品の種類、リスクとリターンの関係など、実践的な知識が少ない	収支管理や貯蓄といった、自立に必要な基本的能力が身に付きにくい	特に問題は感じない	その他	無回答
全体		3,128	55.0	40.9	31.6	28.3	22.2	5.5	3.1	2.3
校種別	中学校	2,097	55.6	42.1	32.3	24.7	20.7	6.0	2.7	2.3
	高等学校	1,110	53.7	37.4	30.9	35.0	24.8	4.1	3.8	2.3
担当教科別	中学校社会科	1,266	58.0	39.1	33.4	30.7	20.5	6.7	2.4	1.3
	中学校技術・家庭科	845	52.3	46.4	30.5	15.9	20.9	4.9	3.2	3.9
	高等学校公民科	428	61.9	34.6	31.8	39.7	21.3	3.7	3.7	1.6
	高等学校家庭科	575	47.3	40.7	31.1	30.4	28.5	3.5	3.7	2.4
	高等学校商業科	109	55.0	31.2	25.7	42.2	20.2	9.2	4.6	3.7

④金融経済教育の学習開始時期（学習内容別）

金融経済教育に関連する学習のうち、「資産運用におけるリスクとリターンの関係」の学習開始時期については、「高校で教えるべき」との回答が約6割と多くなっているが、一方、「高校までに行う必要はない」との回答も3割近くあり、校種・教科別では、高等学校家庭科の4割以上が「高校までに行う必要はない」と回答している（図表8-26）。

また、「金融商品の主な特徴」の学習開始時期については、「高校で教えるべき」との回答が5割超と最も多いが、一方、「高校までに行う必要はない」との回答も3割を超えている（図表8-27）。

⑤希望する支援策

「金融経済教育を授業で実施するために、どのような支援があればよいと思いますか」との設問に対しては、「平易な内容で、生徒が利用しやすい副教材」との回答が7割以上と最も多く、「金融や経済の知識を得ることのできる教員向け研修会」が3割、「外部講師の派遣」、「インターネットを通じた一層の情報提供」が2割台と続いている（図表8-28）。

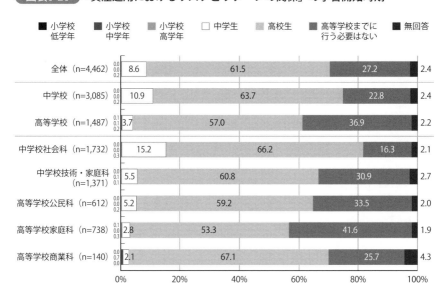

図表8-26 「資産運用におけるリスクとリターンの関係」の学習開始時期

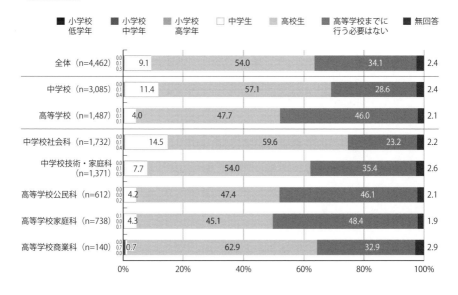

図表8-27 「金融商品の主な特徴」の学習開始時期

図表8-28 金融経済教育の授業実施の支援
(単位：人、%)

		調査数	平易な内容で、生徒が利用しやすい副教材	金融や経済の知識を得ることのできる教員向け研修会	外部講師の派遣	インターネットを通じた一層の情報提供	職業体験（インターンシップ）	その他	特に必要ない	無回答
全体		4,462	74.3	31.0	25.7	24.2	11.6	1.7	1.6	1.2
校種別	中学校	3,085	75.6	28.8	27.3	24.6	11.5	1.6	1.6	1.0
	高等学校	1,487	70.9	36.1	22.3	23.4	12.4	2.2	1.8	1.5
担当教科別	中学校社会科	1,732	75.6	24.5	22.7	30.1	11.5	2.0	2.3	1.0
	中学校技術・家庭科	1,371	75.8	34.1	33.1	17.7	11.3	0.9	0.7	1.0
	高等学校公民科	612	67.0	35.3	21.1	25.2	14.7	2.9	3.3	0.5
	高等学校家庭科	738	76.0	37.0	20.6	22.1	10.2	1.5	0.5	2.3
	高等学校商業科	140	60.0	35.7	36.4	22.9	15.0	2.9	2.1	1.4

3）金融経済教育の必要性

子供たちは、学校を卒業し、社会に出て、自立した生活を営むことになるが、社会の変化により、経済生活において生じる様々な状況に対応していかなければならない。

自らの判断と責任において、若いうちから自身の老後のための資金を運用する機会も増えてきており、金融に関する基本的な知識がなければ、無用のリスクを負ったり、失敗したりするおそれがある。また、知識がないために、賢くお金を活用する機会を逃してしまう可能性もある。金融に関する知識の差が、将来の経済格差に繋がらないよう、最低限の知識を学校において身に付ける必要がある。

同時に、家計からの成長資金が国民経済の発展に寄与しているという金融の役割や意義を理解したうえで、今後のあるべき社会を見据えて、金融に関する意思決定や主体的な行動をとることも重要になってきている。例えば、社会的責任や社会貢献を積極的に果たしている企業に投資することは、自らが属している社会全体にも利益をもたらすことに繋がり、社会が豊かになれば、その中で暮らしている個人もその恩恵を受けることができる。

このように個人の金融行動には、自分自身の豊かな生活と社会の発展、いわば個人と社会における利益の増大という両面があり、そのいずれもが、よ

り良い暮らしの実現、持続可能なよりよい社会の形成に繋がっている。

このような理解をもとに、金融を通じて社会の発展に寄与しようとする態度や、実生活において自らの判断と責任において資産形成に取り組むための金融に関する基礎的な知識や実践力を身に付けるためにも、金融経済教育の一層の拡充が不可欠となっている。

4）日本証券業協会の取組み

本協会では、中立かつ公正な立場から、学校において金融経済教育を指導する教員への支援として、副教材の提供、セミナー開催、講師派遣、ウェブサイトやメールマガジンを通じた情報提供等を行っている。

①副教材の提供

先の実態調査では、多くの教員が「平易な内容で、生徒が利用しやすい副教材」を求めていることが明らかとなった。

本協会では、投資の意義や直接金融の役割、金融商品のリスクとリターン等について生徒の理解を深めたり関心を高めたりするために、各種副教材を作成し、教育現場に無償で提供している（図表8-29）。

②セミナー開催

本協会では、主に中学校の社会科・高等学校の公民科を担当する教員を対象に、最近の経済及び金融・資本市場の動向と課題等について、授業の指導内容に即したタイムリーな情報を提供するとともに、本協会が提供する各種教材を紹介し、今後の授業に役立てていただくことを目的に、毎年、全国各地で教員向けセミナーの開催並びに開催への協力を行っている。

同セミナーでは、専門家による経済・金融・証券等に関する講義のほか、教材を使ったワークショップや、企業・工場の見学等を実施しており、過去には、NISAをテーマとした講義も実施している。

また、教科を問わず証券に関心のある小学校・中学校・高等学校の教員等を対象に、株式会社制度や証券市場、資産形成の必要性等について理解を深めていただくことを目的とした、「金融・証券体験プログラム」を毎年、東京・大阪・名古屋で開催している。

図表8-29 学校向け副教材の例

株式学習ゲーム（中学校、高等学校、大学向け）[注1]	
・東京証券取引所に上場している会社の実際の株価を用いて、仮想所持金をもとに株式の模擬売買を行うシミュレーション教材 ・現実社会の株価の値動きから経済の動きを実感し、経済や社会に対する生徒の興味・関心を高めることが目的 ・株式の売買にかかる手数料や税金を学習することも可能	
株式会社をつくろう！～ミスターXからの挑戦状～（主に中学校、高等学校向け）[注2]	
・魅力ある会社の企画や、会社を興すための資金調達等の体験を通じて「株式会社のしくみ」、「会社の社会的な役割と責任」、「金融のしくみ」を学ぶ体験型教材	
ケーザイへの3つのトビラ　経済探求の旅に出よう（主に中学校、高等学校向け）[注1]	
・「株式会社経営」、「直接金融・間接金融による資金調達」、「外国為替・金利・景気」の3つのテーマについて学ぶ体験型教材	
潜入！　みんなの経済ワールド（主に中学校、高等学校向け）	
・NHKの番組映像を視聴しながら、金融や経済のキーワードについて、授業の一部の時間（20分以内）で学ぶ教材	
株式会社制度と証券市場の仕組み（主に高等学校、大学向け）	
・株式会社制度の役割や株式の経済的意義等について、イラストを使って分かりやすく解説したテキスト	

（注）1．東京証券取引所との共同事業として実施。
　　　2．証券知識普及プロジェクトの事業として実施。

③ウェブサイト

　本協会では、中学校・高等学校の教員・生徒を対象に、PC・スマートフォンを通じて、証券・金融の基礎知識について学ぶことができるウェブサイト「金融経済ナビ[21]」を開設している。

　その中で、毎月、話題のトピック等を解説するコーナー「明快◎けいざいニュース」において、下記のとおり、NISAをテーマとした情報を提供した。

掲載日	テーマ
2013年5月31日	2014年から少額投資非課税制度（NISA）がスタート
2016年1月4日	ジュニアNISAが2016年からスタート
2018年2月5日	「つみたてNISA」がスタート

④教育関係者向けメールマガジン

　本協会では、授業で活用できる経済・金融・証券に関するトピックや基礎知識、授業で教えるためのヒントを、板書例を交えて分かりやすく解説した

21　証券知識普及プロジェクトの事業として実施。

教育関係者向けメールマガジンを2017年2月から、月3回程度、配信している。同メールマガジンにおいて、「NISAとジュニアNISAから見える世の中の流れ」をテーマとした情報配信を行った。

⑤教員の自主的研究会

金融・経済の知識を継続的に学習したいと考えている中学校・高等学校の教員等への支援の一環として、本協会では、大阪地区及び名古屋地区において、主に金融・経済分野を対象に自主的な研究を行う教員研究会への支援を行っており、同研究会において、NISAをテーマとした講義を実施した。

⑥金融経済教育を推進する研究会

先に述べた、本協会が事務局を務める「金融経済教育を推進する研究会」では、教育現場における金融経済教育の実態調査のほかにも、文部科学省への要望・意見提出や、教科書会社等への情報提供を行ってきたが、その中から、NISAに言及した活動を紹介する。

ⅰ）「中学校・高等学校における金融経済教育のさらなる拡充に向けた要望書」提出

同研究会は、2015年9月、文部科学大臣に対し、次期学習指導要領の改訂に向けて中学校・高等学校における金融経済教育のさらなる拡充を求める要望書を提出した。

同要望書において、次代を担う子どもたちにとって金融経済教育の拡充が必要である理由を、NISAの導入に触れながら述べた。

【要望書の記載の抜萃】
金融リテラシーは、社会保障や税といったお金に関する制度を学び、実社会と関連付ける際の基礎となる能力です。確定拠出年金制度の普及やNISA（少額投資非課税制度）の導入等に伴い、自らの判断と責任において長期にわたり資産形成に取り組む機会が広がっており、金融商品を活用しながら経済的に自立した生活を営むためにも、金融リテラシーを育むことが必要であると考えます。

ⅱ）次期学習指導要領改訂に関するパブリック・コメントへの意見提出

同研究会は、2018年2月、文部科学省から「高等学校学習指導要領案」が公表されパブリック・コメントに付されたことを受け、2018年3月に、意見を提出した。

同意見では、高等学校の家庭科において、より実践的な学習内容が行われ

るよう、NISAに触れながら以下のとおり意見を述べた。

> 【学習指導要領改訂に関するパブリック・コメントへの意見の抜萃】
> 長期化する老後の生活も見据えた将来に向けた資産形成の必要性や、そのための制度についても扱うこと。その際、個人の資産形成を支援する国の制度として、個人型確定拠出年金制度（iDeCo）や少額投資非課税制度（NISA）があることに触れること。

iii）「次期学習指導要領等に基づく教科書編纂のための参考資料」作成

同研究会では、主たる教材として教育現場で使用される教科書が、学習指導要領や学習指導要領解説の記載を踏まえ作成されることに鑑み、文部科学省から次期学習指導要領及び同解説が公表されたことを受け、「次期学習指導要領等に基づく教科書編纂のための参考資料」を作成し、教科書会社等に情報提供を行った（中学校：2018年1月、高等学校：2019年1月）。

ア）次期学習指導要領のポイント

2017年3月に公示された中学校の次期学習指導要領及び2017年6月に公表された同解説の社会科（公民的分野）において、「経済活動や起業などを支える金融の働き」や「自助、共助及び公助の適切な組み合わせ」に関する記述が新たに盛り込まれた。

また、2018年3月に公示された高等学校の次期学習指導要領及び2018年7月に公表された同解説の「公共」（必履修科目として新設）においても、「家計や企業からの投資が社会を豊かに発展させる役割を担っていること」や「金融商品を活用した資産運用にともなうリスクとリターン」といった記述が新たに盛り込まれた。

また、「家庭基礎」においても、「預貯金、民間保険、株式、債券、投資信託等の基本的な金融商品の特徴（メリット、デメリット）」、「資産形成の視点にも触れる」といった記述が新たに盛り込まれた。

イ）中学校の教科書会社への情報提供

前述の中学校の次期学習指導要領等を踏まえ、2018年1月以降、「教科書本文の記述に加える要素」や「図表・データ」、「生徒への『問いかけ』事例等」として、NISAにも触れながら、中学校の教科書会社に情報提供を行った（図表8-30）。

ウ）高等学校の教科書会社への情報提供

中学校・高等学校の次期学習指導要領の概要

【今回の改訂の基本的な考え方】
・生徒が未来社会を切り拓くための資質・能力を一層確実に育成することを目指す。
・よりよい学校教育を通じてよりよい社会を創るという目標を学校と社会とが共有し、社会との連携・協働によりその実現を図っていくことを重視する。

【今回の改訂のポイント等】
・何を理解しているか、何ができるかという、生きて働く知識・技能の習得。
・理解していること・できることをどう使うか、未知の状況にも対応できる思考力・判断力・表現力等の育成。
・どのように社会・世界と関わり、よりよい人生を送るか、学びを人生や社会に生かそうとする学びに向かう力・人間性の涵養。
・専門家や関係諸機関などと連携・協働を積極的に図ること(外部人材の活用)。

【次期学習指導要領・同解説に新たに盛り込まれた金融・証券に関する事項(抜粋)】

|中学校|

社会科(公民的分野)
・個人や企業の経済活動における役割と責任については、起業に触れるとともに、経済活動や起業などを支える金融の働きについて取り扱うこと。
・社会保障の充実・安定化のためには、自助、共助及び公助が最も適切に組み合わされるよう留意すること。

技術・家庭科(家庭分野)
・計画的な金銭管理の必要性について理解できるようにすること。
・高等学校における長期的な経済計画や家計収支等についての学習につながるようにすること。

|高等学校|

公共
・金融は、家計や企業からの資金を様々な経済主体に投資することで資本を増加させ、生産性を高め、社会を豊かに発展させる役割を担っていることを理解できるようにすること。
・様々な金融商品を活用した資産運用にともなうリスクとリターンなどについて、身近で具体的な事例を通して理解できるようにすること。
・起業のための資金はどのようにすれば確保できるのか。

政治・経済
・資金に余裕のある家計が、幾つかの投資計画のうちどれを選択すればよいかを協働して考察し、評価すること。
・株式・社債による資金調達が証券市場など金融市場の動向と関連していることを、企業の会計情報などを活用し、模擬的な活動を通して理解させ、企業を経営・支援することへの関心を高めること。

家庭基礎、家庭総合
・生涯を見通した経済計画を立てるには、預貯金、民間保険、株式、債券、投資信託等の基本的な金融商品の特徴(メリット、デメリット)、資産形成の視点にも触れること。

　前述の高等学校の次期学習指導要領等を踏まえ、2019年1月以降、「考察・探究のための知識理解」や「考察・探究の課題例」、「図表・データ等」として、以下のとおり、NISAにも触れながら、高等学校の教科書会社に情報提

図表8-30 中学校の教科書会社への情報提供資料

供を行った（図表8-31）。

5）今後の期待

　前述のとおり、今回の学習指導要領等の改訂では、子供たちが単に理解しているかだけでなく、社会・世界と関わりながらよりよい人生を送るために、それらを生きて働かせてどう使うか、といった資質・能力を身に付けることが重視されている。

　これを経済や金融の分野の学習に当てはめると、金融の活用による持続可能な社会の形成への参画や、経済的に自立した生活を営むために金融商品を選択・判断するなどの実践力を育むことが求められるといえる。

　今回、学習指導要領の記載が拡充した「社会保障の充実・安定化における自助」や「生涯を見通した経済計画を立てるうえでの資産形成の視点」に関して、子供たち一人ひとりが、自助として何ができるのか、或いは、資産形成とどのように関わっていくかについて考察・探究する際、個人の資産形成

図表8-31　高等学校の教科書会社への情報提供資料

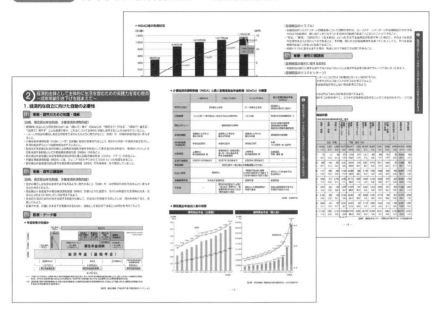

を支援する国の制度に対する理解は不可欠である。

　次期学習指導要領等の記述の拡充を受け、今後、"生徒が証券投資に関わること"や"自らの資産形成のための実践的な学習"に関する教科書の記述が拡充し、こうした学習が教育現場で広がっていく可能性が高まっている。将来、子供たちが学校で学んだ知識をもとに資産形成を実践する際、NISA制度を活用することは有効な手段の一つであることから、その恒久化が望まれる。

第9章
NISA制度の恒久化に向けて

I．NISA制度の恒久化の必要性

▶1．人生100年時代・多様な働き方と新たなライフスタイルの時代への対応

　我が国においては、平均寿命・健康寿命の延伸を背景に高齢者の就労が進んでおり、今後更に進展していくことが見込まれる。老後期間の延伸に備え、就労期間も延ばそうとするなかでは、これまでのように新卒で会社に入り、定年で引退して現役を終え、老後の暮らしを送るという単線型の人生を国民全員が一斉に送るのではなく、学び直しのできるリカレント教育や、副業・兼業、フリーランス等、複線型の働き方や生き方を提案する動きが出てきている（図表9-1）。

　そのため、これからは、教育・住宅・老後といった、いわゆる家計の三大支出だけでなく、リカレント教育や起業資金等にも柔軟に対応できる払出し制限のないNISA制度の重要性は高まっている。

▶2．家計における金融所得の推移

　家計における金融（利子・配当）所得の推移を見ると、1994年度以降、金利低下で利子所得が減少する一方で、配当所得は増加傾向にある。さらに2012年度以降、配当所得が利子所得を上回っている状況にあり、2014年度

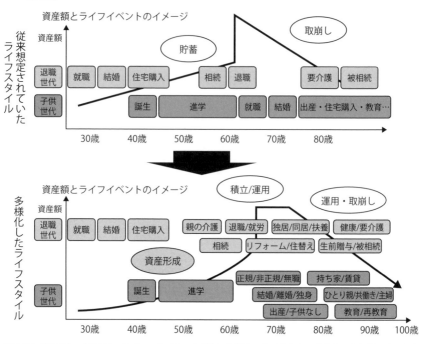

図表9-1 資産額とライフイベントのイメージの変化

（出所）金融庁

以降、配当所得は8兆円を超過し、金融所得の柱になっているといえる（図表9-2）。

▶3. 人口減少時代の我が国経済の持続可能性（サステナビリティ）の確保

　NISA制度等を通じた、個人による安定的・継続的な証券投資（買付）の拡大により、株式の個人保有比率の上昇や我が国証券市場の需給構造の安定化に繋がることが期待されている。また、エクイティファイナンスやM&Aの活発化等により、成長資金の供給がこれまで以上に促進されることが期待されている。

figure 9-2 家計における金融(利子・配当)所得の推移

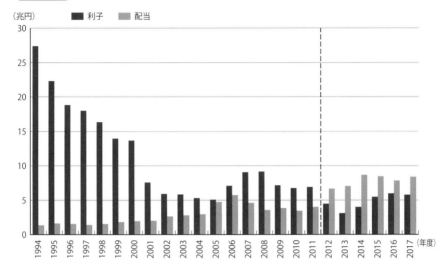

(注) 1. 利子には預金だけでなく公社債利子を含む。
2. 投資信託に係るインカムゲインを原資とした分配金は、2012年度(7〜9月期)以降、配当に計上しているが、それ以前は利子に計上されている。
(出所) 内閣府「国民経済計算」より日本証券業協会作成

figure 9-3 成長と分配の好循環

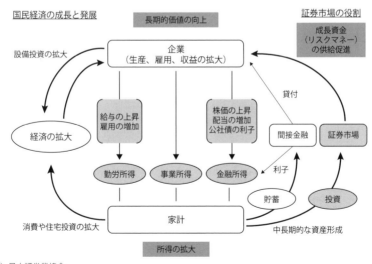

(出所) 日本証券業協会

加えて家計の安定的な資産形成により、証券市場を通じて、成長資金の供給が促進され、企業の設備投資等の我が国経済の発展に寄与するとともに、所得分配面で、給与の上昇・雇用の増加、株価上昇・配当の増加がもたらされ、更に有効需要を創出するという成長と分配の好循環を実現できる（図表9-3）。

▶ 4．NISA制度は全世代にわたる資産形成ニーズに対応できる制度

　NISA制度は、0歳から20歳未満までのジュニア世代向けのジュニアNISA、20歳代から50歳代までの現役世代向けのつみたてNISA、40歳代以上のリタイアメント世代向けの一般NISAというように全世代にわたる資産形成ニーズに対応できる制度である（図表9-4）。

図表9-4　NISA制度のターゲットとなる年齢層

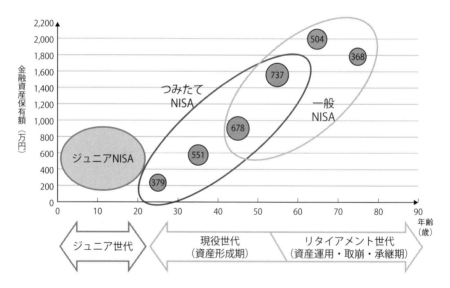

(注) 1．金融資産保有額は、預貯金、信託、保険（掛け捨て商品を除く）、株式、投資信託、公社債、その他（社内預金等）の合計で1世帯当たりの金額。
　　 2．1世帯当たりの金額の算出には、金融資産を保有していない世帯（6.2%）を母数に含む。
　　 3．単身世帯を含む。
　　 4．世帯主の年齢を基に集計。
　　 5．円の大きさ及び数値は、各年代の平均年収を示す。
(出所) 総務省「全国消費実態調査」（2014年）より日本証券業協会作成

Ⅱ. NISA制度の恒久化に向けて

▶ 1. NISA制度が時限措置であることの問題点

1）一般NISA

　一般NISAは、買付可能期間（口座開設期間）が2023年12月末までの時限措置である。2023年中に一般NISAで買付けた上場株式等には買付後5年間（2027年12月末まで）非課税であるが、2024年1月以降は一般NISA口座での買付ができない。また、2020年中に一般NISAを開始した投資家は、2020年から2023年の4年間しか買付ができず、非課税限度総額も480万円（120万円減少）となってしまう。人生100年時代といわれている中、途中で終了してしまう制度であると、安定的な資産形成を図ることができないといった声もよく聞かれる。

2）ジュニアNISA

　ジュニアNISAについても、一般NISAと同様に、買付可能期間（口座開設期間）が2023年12月末までの時限措置である。ジュニアNISAで買付けた上場株式等には買付後5年間（2027年12月末まで）非課税であるが、2024年以降はジュニアNISA口座での買付ができない。なお、2024年以降も、継続管理勘定（ロールオーバー専用の新規買付ができない勘定）に受け入れることで、20歳までは非課税の適用を受けることができる。2020年にジュニアNISAを開始した投資家は、2020年から2023年の4年間しか買付ができず、非課税投資総額も320万円（80万円減少）となってしまう。

3）つみたてNISA

　つみたてNISAは、買付可能期間（口座開設期間）が2037年12月末までの時限措置である。2019年につみたてNISAを開始した投資家は、2019年から2037年の19年間しか買付ができず、非課税投資限度総額も760万円（40万円減少）となっており、毎年40万円ずつ縮減する仕組みとなっている。2037年につみたてNISAで買付けた上場株式等には買付後20年間（2056年

12月末まで）非課税であるが、2038年以降はつみたてNISA口座での買付ができないこととなる。

つみたてNISAのような新しい制度が国民に浸透し理解を得て普及していくには、実践的な投資教育の機会を提供するなどの取組みの強化が重要であり、ある程度の時間が必要である。

そうした中で、制度開始2年目から「つみたて期間」が1年ずつ縮減していくことは、時間分散の考え方に沿った20年間の長期かつ小口の積立投資の意義を曖昧にさせ、その実現の障害になりかねない。特に個人投資家向けの政策税制は投資判断の時点で制度の透明性を確保しておかないと、理解と普及に支障が生じてしまう。

▶ 2. 買付可能期間の恒久化（タテの恒久化）

NISA制度については、より一層の普及を促す観点から、まずは制度の恒久化（タテの恒久化）を図るべきである（図表9-5）。タテを恒久化することにより、現在の未成年者層（もしくは、今後生まれてくるであろう将来世代）もNISA制度を利用できるようになることから、世代間の不公平が解消される。

また、制度が恒久化されたとしても、非課税保有期間が延長されない限り、非課税投資総額も変わらないこととなるため、税制上、世代間の中立性も確保できる。

▶ 3. 非課税保有期間の恒久化（ヨコの恒久化）

現行のNISA制度では、制度全体での非課税投資限度総額は、非課税保有期間の長さと連動しているが（例：120万円×5年分＝600万円）、前述2.の実現を目指すとともに英国ISAに倣って非課税保有期間の延長・恒久化を図るべきである。なお、その際には、非課税投資限度額をどのように規定し、管理するかについて十分な検討が必要である（図表9-6）。

図表9-5　一般NISAのタテの恒久化（例）

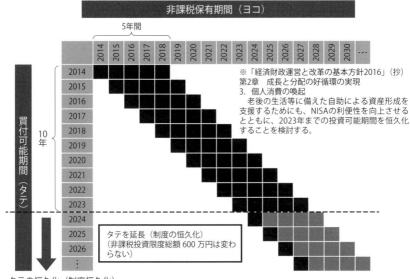

（出所）日本証券業協会

図表9-6　一般NISAのヨコの恒久化（例）

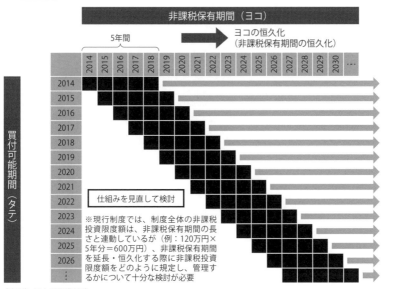

（出所）日本証券業協会

Ⅲ. 英国ISA制度

NISAのモデルとなった英国ISAでは、かつては買付可能期間（タテ）は10年間という制限があった。一方で、非課税保有期間（ヨコ）は制度導入当初から期限なし（恒久化）とされていた。

英国財務省は2006年にISA制度の効果検証を行い、2008年から買付可能期間（タテ）の恒久化が図られた（英国ISAの利用状況の推移は資料編参照）。

制度導入当初から非課税保有期間（ヨコ）が恒久化されていたことから、英国ISAの投資元本は半恒久的に残高が残る状況にあったという点では、日本のNISAとは異なっている（図表9-7）。

図表9-7　英国ISAの恒久化について

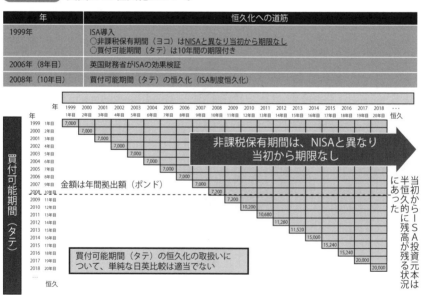

（出所）日本証券業協会

Ⅳ. NISA恒久化の意義

　英国ISAと日本のNISAとでは制度に違いがあるが、最大の相違点はやはり制度が恒久的なものか否かである。英国ISAが制度導入当初より非課税保有期間（ヨコ）が無制限とされており、買付可能期間（タテ）も2008年に恒久化されたのに対し、NISAには非課税保有期間5年、買付可能期間10年という制限がある。英国では、ISAの導入から20年を過ぎ、いまや英国の成人人口の約半数（2016年時点で2,215万口座）がISA口座を有していることや、多くの英国民の貯蓄習慣の定着に寄与していることから、非常に成功した制度であると評価されている。ISAが英国で成功した理由に、制度が恒久化されたことによる投資家の安心感や制度がシンプルで分かりやすく柔軟性が高い点を挙げる声も多い。日本においても、制度の恒久化は個人投資家のニーズであり、NISAの更なる普及のためにも必要である。

Ⅴ. NISA法の制定を要望

　確定拠出年金制度に係る非課税措置や勤労者財産形成貯蓄制度（住宅・年金）に係る非課税措置については、所得税法や租税特別措置法にその規定があるものの、制度そのものは「確定拠出年金法」や「勤労者財産形成促進法」を根拠とする恒久的な制度として導入されており、これらの制度に係る非課税措置については、税法上で期限が設けられていない。

　確定拠出年金法や勤労者財産形成促進法は、「国民（勤労者）の生活の安定」や「国民経済の健全な発展に寄与／福祉の向上に寄与」することを目的として制定されたものである。

　証券業界では、「国民の自助努力に基づく資産形成の支援・促進」を制度趣旨とするNISAについても、確定拠出年金法等と同様にNISA制度の根拠法（NISA法）を制定することを要望している（図表9-8）。

図表9-8　非課税制度の利用状況と根拠法

		利用者数	規模注1,2,3	根拠法
確定拠出年金	企業型DC	690万人	11.7兆円	確定拠出年金法のもと**恒久的な制度**として導入 （目的） ・国民の高齢期における所得の確保に係る自主的な努力を支援し、もって公的年金の給付と相まって国民の生活の安定と福祉の向上に寄与
	個人型DC (iDeCo)	118万人	1.6兆円	
財形貯蓄	住宅財形	72万人	1.7兆円	勤労者財産形成促進法のもと**恒久的な制度**として導入 （目的） ・勤労者の生活の安定を図り、もって国民経済の健全な発展に寄与
	年金財形	173万人	3.0兆円	
NISA	NISA （一般・つみたて） ・ジュニアNISA	1,285万人 （一般NISA）1,150万人 （つみたてNISA）104万人 （ジュニア）31万人	15.8兆円 （一般NISA）15.6兆円 （つみたてNISA）931億円 （ジュニア）1,163億円	（現状、租税特別措置による制度） ⇒**国民の安定的な資産形成に資する恒久的な制度となるよう根拠法（NISA法）の制定が必要**

（注）1．確定拠出年金の利用者数は2019年2月末時点、規模（資産額）は2018年3月末。
　　　2．財形貯蓄の利用者及び規模（残高）は2018年3月末。
　　　3．NISAの利用者及び規模（買付額）は2018年12月末。
（出所）厚生労働省、運営管理機関連絡協議会、金融庁より日本証券業協会作成

Ⅵ．NISAの今後のあり方

　NISAや確定拠出年金は、投資手法としては少額の積立・分散投資という基礎的な資産形成支援制度である。確定拠出年金は、所得税の計算において、拠出時に拠出額が所得控除（E：Exempt）され、運用時も運用益非課税（E：Exempt）、給付時には課税（T：Taxed）であるが退職所得・公的年金等控除が適用されるので、税制上の優遇度合いが高い（EET型）。我が国では、確定拠出年金が公的年金制度の補完的な位置付けとされ、恒久的な制度であるものの、拠出できる金額に制限があったり、一定年齢まで引出しが制限されたり等、様々な制約から国民に広く利用されるには至っていない。

　NISAは、所得税の計算において、拠出時は課税後所得からの拠出（T）であってその時点で優遇はないが、運用時は運用益非課税（E）、給付時は非課税（E）である（TEE型）。税制上の優遇度合いは確定拠出年金に比べて低いと考えられるものの、一定年齢まで引出しが制限されることはなく、

使途自由・引出自由の柔軟な制度である（図表9-9、9-10）。

　国民の安全資産（預貯金）への選好が強いこと等により、家計による成長資金（リスクマネー）の供給が道半ばであることから、資産形成における有価証券の比率を高めていくための税制上の支援策の構築に当たっては、①TEE型のNISAの普及・恒久化、②EET型の確定拠出年金の普及・漸進的な拡充・規制緩和を並行して図っていくことが現実的であろう。

図表9-9　NISAと確定拠出年金制度（DC）の比較

	NISA		確定拠出年金（DC）				
	一般NISA （2014年1月〜）	つみたてNISA （2018年1月〜）	iDeCo （2001年10月〜）				企業型DC （2001年10月〜）
			自営業者	専業主婦	会社員	公務員	
対象者	20歳以上の居住者	20歳以上の居住者	\multicolumn{4}{c}{}			実施企業の60歳未満の従業員
年間拠出限度額	120万円	40万円	81.6万円注1	27.6万円	14.4万円注2	14.4万円	33万円注3
制度の期限	時限 （2023年まで）	時限 （2037年まで）	恒久				恒久
加入上限年齢	なし	なし	原則60歳まで				原則60歳まで
非課税保有期間	5年間注4	20年間	制限なし				制限なし
投資可能商品	上場株式、ETF、REIT、株式投資信託等	長期の積立・分散投資に適した一定の投資信託で租特令・告示の要件を満たすもの	投資信託、保険商品、公社債、預貯金等				投資信託、保険商品、公社債、預貯金等
年齢による払出し制限	なし	なし	60歳まで制限 （例外あり注5）				60歳まで制限 （例外あり注5）
税制上のメリット	運用益が非課税 （課税後所得から拠出）	運用益が非課税 （課税後所得から拠出）	掛金が全額所得控除 運用益が非課税 受給時の退職所得控除等				掛金が全額所得控除 運用益が非課税 受給時の退職所得控除等

（注）1．国民年金基金または国民年金付加保険料との合算枠。
　　　2．企業年金等に加入していない場合、年間拠出額は27.6万円。企業年金等のうち企業型DCのみに加入している場合、年間拠出額は24万円。
　　　3．確定給付型年金制度がない場合、年間拠出額は66万円。
　　　4．5年間の非課税期間が終了した後は、保有する金融商品を翌年設定される非課税枠に移管することも可能。
　　　5．一定の要件を満たした場合、脱退一時金の受取りが可能。
（出所）日本証券業協会

図表9-10 　米英日の資産形成支援税制の比較

○米国

	制度	対象者	拠出可能期間	引出年齢（制限）	拠出限度額（年間）※529プランは総額	残高[注1]
私的年金	401k 企業型確定拠出年金	プラン提供企業の従業員	21歳以上（または1年間の勤務がある者）〜退職まで	59.5歳から引出可能 70.5歳までに引出開始義務	50歳未満：18,000ドル[203万円]（企業拠出＋従業員拠出をあわせた限度額：54,000ドル[610万円]）50歳以上：24,000ドル[271万円]（企業拠出＋従業員拠出をあわせた限度額：60,000ドル[678万円]）	5.2兆ドル[587.6兆円]（2018.3末）
私的年金	IRA Individual Retirement Account 個人退職年金	70.5歳までの所得のある者（所得制限なし）	70.5歳未満	59.5歳から引出可能 70.5歳までに引出開始義務	50歳未満：5,500ドル[62万円] 50歳以上：6,500ドル[73万円]	7.8兆ドル[881.4兆円]（2017.末）
私的年金	Roth IRA 個人退職年金	所得のある者（所得制限あり）	制限なし	59.5歳から引出可能		0.8兆ドル[90.4兆円]（2017.末）
次世代への資産移転	529プラン 高等教育資金貯蓄	誰でも可能（親・祖父母が中心）（所得制限なし）	制限なし	高等教育費等に限る	200,000〜400,000ドル[2,260万〜4,520万円]（州により異なる）	2,939億ドル[33.2兆円]（2017.末）

（注）1．IRAの残高はTraditional IRAの残高。
　　　2．1ドル＝113円で換算。

○日本

	制度	対象者	拠出可能期間	引出年齢（制限）	拠出限度額（年間）	残高[注]
私的年金	DC 企業型確定拠出年金	プラン提供企業の従業員	15歳以上60歳未満 ※厚生年金の被保険者である期間	60歳から引出可能	66万円（他に企業年金なし）33万円（他に企業年金あり）	11.7兆円（2018.3末）
私的年金	iDeCo 個人型確定拠出年金	自営業者、公務員、専業主婦（夫）、会社員（企業型DC加入者の一部を除く）	20歳以上60歳未満	60歳から引出可能	自営業：81.6万円 会社員等：14.4万円、24万円、27.6万円 専業主婦（夫）：27.6万円	1.6兆円（2018.3末）
資産形成支援	一般NISA 少額投資非課税	20歳以上	20歳〜終身	なし	120万円（最大で600万円）	15.6兆円（2018.12末）
資産形成支援	つみたてNISA 少額積立投資非課税	20歳以上	20歳〜終身	なし	40万円（最大で800万円）	927億円（2018.12末）
次世代への資産移転	ジュニアNISA 未成年者少額投資非課税	20歳未満	0歳以上20歳未満	18歳（高校3年生の1月）から引出可能	80万円（最大で400万円）	1,162億円（2018.12末）

（注）一般NISA・つみたてNISA・ジュニアNISAの残高は買付額。

○英国

		制度	対象者	拠出可能期間	引出年齢（制限）	拠出限度額（年間）	残高[注1]
私的年金	DC	企業型確定拠出年金	プラン提供企業の従業員	75歳未満	55歳から引出可能	40,000ポンド[608万円]☆生涯拠出限度額：1,000,000ポンド[1.5億円]（私的年金全体で）	不明
	NEST National Employment Savings Trust	国家雇用貯蓄信託	職域年金制度のない中小企業等に属する16歳以上の者	16歳以上75歳未満	55歳から引出可能		17億ポンド[2,584億円]（2017.3末）
	SIPP Self Invested Personal Pension	自己投資型個人年金	所得のある者	75歳未満	55歳から引出可能		不明
資産形成支援	ISA	個人貯蓄口座	18歳以上（預金型は16歳以上）	18歳〜終身	なし	20,000ポンド[304万円]	5,852億ポンド[89兆円]（2017.4.5）
	イノベーティブファイナンスISA	個人貯蓄口座	18歳以上	18歳〜終身	なし		ー
住宅支援等	ライフタイムISA	個人貯蓄勘定	18歳以上40歳未満（口座開設可能期間）	18歳以上50歳未満	初めての住宅購入時もしくは60歳から引出可能		ー
次世代への資産移転	ジュニアISA	個人貯蓄口座	18歳未満	0歳以上17歳未満	18歳から引出可能	4,260ポンド[64万円]	85億ポンド[1.3兆円]（2017.4.5）

(注) 1．ISAの残高は預金型・株式型（PEPを含む）の合計。
　　 2．1ポンド＝152円で換算。

○米英日比較

		米国 企業型	米国 個人型	英国 企業型	英国 個人型	日本 企業型	日本 個人型	税制 拠出時	税制 運用時	税制 給付時
私的年金	引出制限あり	401k	IRA	DC / NEST	SIPP	DC	iDeCo	E[注1] 非課税	E 非課税	T[注2] 課税
住宅支援	引出制限あり		Roth IRA[注3]	ライフタイム ISA[注4]				T 課税 (課税後の所得からの拠出)	E 非課税	E 非課税
資産形成支援	引出制限なし			ISA / イノベーティブファイナンスISA		一般NISA / つみたてNISA				
次世代への資産移転	引出制限あり	529プラン		ジュニアISA		ジュニアNISA				

(注) 1．所得控除を含む。
　　 2．日本では退職所得・公的年金等控除が適用される。
　　 3．Roth IRAの元本部分はいつでも非課税で引き出せる。ただし、利益部分は積立から5年以上経過し、かつ、59.5歳以上、死亡、障害、初めての持家取得のいずれかに当てはまる場合のみ非課税で引き出せる。それ以外の場合には利益部分は課税となり、さらに10％のペナルティ課税が行われる。
　　 4．ライフタイムISAは、60歳までの引出制限があるが、初めての持家取得の際には引出可能。
(出所) 4表とも日本証券業協会

資料編(英国調査報告)

I．英国ISA制度の現地訪問調査について

　日本証券業協会では、2012年、2014年、2016年に英国財務省等の政府関係機関や業界団体等を訪問し、英国ISA制度の実態等についてヒアリングを行い、報告書を取りまとめ、公表している。ここでは、参考としてこれまでの報告書を掲載している。なお、各報告書の内容は執筆当時の制度等にもとづく。

報告書公表時期	報告書名
2012年11月	英国のISA（Individual Savings Account）の実施状況等について 〜英国のISAの実態調査報告〜
2014年5月	「英国・米国における個人の中長期的・自助努力による資産形成のための投資優遇税制等の実態調査」報告書
2016年6月	「英国における個人の中長期的・自助努力による資産形成のための投資優遇税制等の実態調査」報告書

II．2012年11月調査について

英国のISA（Individual Savings Account）の実施状況等について（2012年11月）
〜英国のISAの実態調査報告〜

はじめに
〜本報告書の背景について〜

　我が国では、2014（平成26）年1月より、非課税口座内の少額上場株式等に係る配当所得及び譲渡所得等の非課税制度（以下「日本版ISA」という）が開始される予定である（注）。また、本制度は、英国において1999（平成11）年4月に導入されたIndividual Savings Account（ISA）をモデルとしているが、英国のISAは個人の資産形成促進策として成功し、評価されている。

　一方、日本版ISAは、3年間の時限措置とされていることや、口座開設手続き及び管理等が複雑であることから、制度開始前ではあるものの、個人投資家や証券会社等の評判は必ずしも芳しくはない状況である。

　本協会は、平成25年度税制改正要望項目として、日本版ISAの恒久化を含めた拡充及び簡素化を掲げているが、実際に証券会社等をはじめとする関係者による積極的な取組みがなければ、英国のように日本版ISAが広く普及し、我が国の政策課題である個人投資家による金融資本市場への参加及び資産形成を促進することが困難になることも考えられる。

　以上から、個人の資産形成促進策として評価されている英国のISAに関し、その導入の経緯、

証券業者等の取組みや同制度に対する評価等について、英国証券業者等の関係者からのヒアリングも踏まえ、報告書として取りまとめた。
　本報告書が、証券会社等をはじめ関係者による日本版ISAの取組みや今後の税制改正等の議論の一助になれば幸いである。

　（注）日本版ISAは、平成22年度税制改正により、金融所得課税の一体化の取組みの中で個人の株式市場への参加を促進する観点から、平成24年から実施される上場株式等に係る税率の20％本則税率化にあわせて開始することが決定された。当初、平成24年1月から開始されることとされていたが、平成23年度税制改正により、上場株式等の10％軽減税率が2年間延長されたことに伴い、平成26年1月から開始することとされた。

要約

・英国のISAは、1999（平成11）年、低い貯蓄率を解消するために政治的リーダーシップの下、その前身であるPEP（Personal Equity Plan：個人持株制度）とTESSA（Tax Exempt Special Savings Account：免税特別貯蓄口座）を整理・統合することにより導入されたが、現在では、幅広い英国居住者に利用され、また、非常に人気が高くブランド化された貯蓄・投資に係る制度として英国において認知されている。
・英国のISAが英国居住者において評価されている要因としては、①長期にわたる当局のコミットメントが行われていること（現在は恒久的な制度となっているが、導入当初でも最低10年間は継続する措置がとられていた）、②制約が少なくシンプルであること（ISAへの投資資金の引出制限が設けられておらず、ISA内でのスイッチングも可能とされている）、③官民の協働によりブランド化されたこと等が挙げられる。
・英国のISAに対しては、英国証券業者等においてもビジネスとして積極的に取り組んでおり、業務フローの自動化やISAシーズンにおける積極的な広告活動といった事務・コスト負担を行ったうえISA開設者を取り込み、また、職域サービスとしては確定拠出年金サービスに加え、給与天引きを組み合わせたISAへの積立投資サービス（workplace ISA）を年金の補完として提供するビジネスなども行っている。
・英国居住者については、確定申告などの手続きを行わずとも金融商品から発生する利益が非課税となるメリットのほか、年間の拠出限度額は翌年に持ち越せないため「利用するか、無駄にするか（use it or lose it）」の観点から、取りあえずはまずISAに資金を拠出するという動きも多い。また、英国証券業者等においては、税務年度末までにISAの申込みを行わなければ、非課税メリットを享受できないというカウントダウン効果を利用し、1月から4月初旬までのISAシーズンに集中したマーケティングを実施している。
・我が国では、平成26年1月から、3年間の時限措置として非課税口座内の上場株式等に係る配当所得及び譲渡所得等の非課税制度（いわゆる日本版ISA）が導入される予定であるが、多くの英国居住者が安心して投資できる環境を整備し、貯蓄・投資に係る制度としてブランド化するまでに成功した英国のISAの現状やこれまでの関係者の取組みは示唆に富み、参考になると思われる。

1．英国のISAの概要について

　1）英国のISAの沿革及び変遷について
　英国のISA（Individual Savings Account：個人貯蓄口座）は、PEP（Personal Equity Plan：個人持株制度）[1]及びTESSA（Tax Exempt Special Savings Account：免税特別貯蓄口座）[2]を整理・統合し、1999（平成11）年4月に導入された制度である。

当初は、2009（平成21）年までの時限措置とし、また、導入7年後に制度の効果を検証のうえ評価することを前提として制度が導入された。その後、貯蓄や投資を広く英国国民に普及し、とりわけ、低所得者層や若年層に普及したことが評価され、2008（平成20）年に恒久化された。
　ISAが導入された当初は、株式型ISA（stocks and shares ISA）、預金型ISA（cash ISA）及び保険型ISA（life insurance ISA）の3種類から構成されていたが、2005（平成17）年に保険型ISAは株式型ISAに統合・整理され、本報告書執筆時点では、株式型ISAと預金型ISAの2種類となっている。
　また、英国居住者は、1人につき1社の証券業者等でのみ開設可能であって複数の種類の金融商品への投資が可能な総合口座（The maxi ISA）と、1人につき複数社の証券業者等に開設可能であって1つの種類の金融商品への投資が可能なミニ口座（The mini ISA）があったが、2008（平成20）年に区分が廃止され、株式型ISAと預金型ISAの2種類に簡素化されている。
　なお、英国のISAの年間拠出限度額は2008（平成20）年以後、年々引き上げられているが、この引上げ額は、前年9月における消費者物価指数の年間上昇率に応じて決定される[3]。

2）英国のISAの仕組みについて
①株式型ISA
　18歳以上の居住者[4]が、ISAマネージャー（ISA Manager）としてFSAから認可を受けた証券業者、銀行、保険会社、投資信託委託会社等に株式型ISAを開設し、年間£11,280（約135万円[5]）[6]を上限として株式、公社債、投資信託、保険などの金融商品に投資し、当該金融商品から生じる利子、配当、譲渡益を非課税[7]とするものである。株式型ISAの対象となる金融商品には預貯金も含まれるが、その利子に対し20％が徴収される。

②預金型ISA
　16歳以上の居住者が、ISAマネージャー（ISA Manager）としてFSAから認可を受けた証券業者、銀行、保険会社、投資信託委託会社等に預金型ISAを開設し、年間£5,640（約68万円：

1　1987（昭和62）年1月、個人株主を増加させることを目的として導入された。当初は、ロンドン証券取引所に上場する英国企業の株式のみが対象となっていたが、徐々に対象となる金融商品が拡大された。18歳以上の居住者は、HMRC（Her Majesty's Revenue and Customs：英国関税歳入庁）とFinancial Services Authority（FSA：英国金融サービス機構）から認可を受けた証券業者と同意書を交わし、上場株式、公社債、投資信託（Unit Trust、Investment Trust、Open Ended Investment Companies）などの金融商品に年間£9,000を上限に投資を行い、それらから生じる配当及び譲渡益が非課税となる制度であった。英国では、この時期にサッチャー政権下にあり、国営企業の民営化（ブリティッシュ・エアウェイズやブリティッシュ・テレコム等）に伴う株式の売出し放出が行われており、個人投資家による受け皿としてPEPが活用されたとの指摘がある。実際に、当初は、ロンドン証券取引所上場の英国企業の株式や、英国企業の株式が50％以上組み入れられた投資信託が非課税の対象となっていた。
2　1991（平成3）年1月、個人の貯蓄を奨励することを目的として導入された。18歳以上の居住者は、金融機関においてTESSAを開設し、当該口座で£9,000を預金上限として5年間の受取利子が非課税となる制度であった。
3　ISA口座開設者による毎月の積立投資の利便に供するため、消費者物価指数の上昇に応じて£120ごとに刻みを設けたうえ、引き上げることとされている。
4　日本版ISAの場合、非課税口座を開設できるのは20歳以上の居住者等である。
5　£1を120円として邦貨換算した額である。以下、特に断りのない限り、邦貨換算は当該水準とする。
6　日本版ISAの場合、年間100万円を上限としている。
7　日本版ISAの場合、国内又は国外で発行された上場株式、上場優先出資、上場投資口（上場REIT）、上場証券投資信託の受益権（上場ETF）、上場特定受益証券発行信託の受益権（上場JDR）、上場転換社債型新株予約権付社債（上場CB）及び公募株式投資信託の受益権の配当及び譲渡益（解約及び償還に係る利益を含む）が非課税の対象となっており、預貯金、公社債（上場CBを含む）及び公社債投資信託の受益権の利子及び償還益は非課税の対象となっていない。

株式型ISAの半額）を上限として預貯金やMMFなどの金融商品に投資し、当該金融商品から生じる利子を非課税とするものである。

英国の居住者は、株式型ISAと預金型ISAをそれぞれ開設（株式型ISAと異なる証券業者等に開設）し、年間限度額の範囲内であれば資金を拠出することができるほか、ある証券業者等に開設する株式型ISAで保有する金融商品を他の証券業者等に開設する株式型ISAに移管することが認められている。

また、英国のISAでは証券業者間の口座移管が可能[8]とされており、その口座移管に係る口座開設者が負担するコストはほとんどが無料である。移管元及び移管先のいずれでも取り扱う金融商品については、我が国と同様、振替等の手続きにより移管を行うが、移管元のISAで保有する金融商品が移管先において取り扱っていない場合には、移管元のISAで保有する金融商品を一旦現金化し、移管先にISAを開設した後に当該現金を送金し移管先で新しい金融商品を購入するという流れになる。

さらに、英国では、子どもの将来の資産形成を促進するための新たな個人貯蓄口座として、ジュニアISA（Junior ISA）[9]が2011（平成23）年11月に導入された。

③ジュニアISA

18歳未満の居住者が、ISAマネージャー（ISA Manager）としてFSAから認可を受けた証券業者、銀行、保険会社、投資信託委託会社等に、株式型ISAと預金型ISAをジュニアISAとしてそれぞれ開設することができる。それぞれについて年間£3,600（約43万円）を上限として両親や祖父母等が資金を拠出し、株式、公社債、投資信託、保険又は預金などの金融商品に投資し、当該金融商品から生じる利子、配当、譲渡益を非課税とするものである。

また、ジュニアISAには、名義人である子どもが18歳になるまで資金を引き出すことができない引出制限が設けられているという点で、ISAとは異なる。ジュニアISAの位置付けとしては、子どもの将来のための投資を行うということであり、18歳以後の引出しには特段の制約が設けられていない[10]。ジュニアISAは、当該ジュニアISAの名義人である子どもが18歳になったとき、ISAになる[11]。

さらに、ジュニアISAは、一つのISAマネージャーである証券業者等にしか口座を開設できない（同じ時期に二つ以上のISAマネージャーに口座を保有できない）点でも、ISAとは異なる。ISAでは、新たな証券業者等にISAを開設した場合、前年までのISAを当該証券業者等とは異なる証券業者等のまま管理することが可能であるが、ジュニアISAでは1社のみで管理する必要があるため、証券業者等を変更する場合、ジュニアISAで管理する資産も移管する必要が生じる。

---

8 日本版ISAの場合、非課税口座を開設する証券会社等が事業の譲渡若しくは合併若しくは分割又は営業所の廃止等による場合でしか、当該非課税口座を他の証券会社等に移管することが認められていない。また、非課税口座の移管元において取り扱っていた金融商品が移管先において取り扱っていない場合には、当該金融商品は譲渡せざるを得なくなる。

9 それまでは、2005（平成17）年4月に導入されたチャイルド・トラスト・ファンド（Child Trust Fund）が利用されていた。同制度は、チャイルド・トラスト・ファンド口座の開設時（0歳）と子どもが7歳の誕生日を迎えた時の2回にわたり国から補助金が支給されるほか、両親や祖父母等から年間一定額までの資金を拠出し、これらの資金で購入した金融商品から生じる利子、配当、譲渡益を非課税とするものである。なお、当該口座の資金は子どもが18歳になるまで引き出すことができないという制限があるが、18歳時にISAに移管することができる。

10 ジュニアISAの導入は、英国政府がイングランド地方における大学の年間授業料の値上げ（£3,290（約39.4万円）→£6,000（約72万円））。貧困家庭からの学生への無償奨学金を条件として£9,000（約108万円）の値上げも可）を公表した時期と同じタイミングであったため、政府は教育目的の資産形成支援を意識しているのではないかとの指摘がある。

11 16歳及び17歳の居住者は、ジュニアISAと預金型ISAの両方を開設することができる。

3）英国のISAの口座数等の推移について

①ISAで資金が拠出された口座数

ISAで実際に資金が拠出された口座数（number of accounts subscribed to during the year）は、2011-2012年度（2011（平成23）年4月6日から2012（平成24）年4月5日まで[12]）において、延べ数で、株式型ISAが289万口座（18歳以上の人口4,912万人[13]の5.9%）、預金型ISAが1,128万口座（16歳以上の人口5,065万人の22.3%）、合計1,418万口座であった。また、2009-2010年度までのISA開設者は非開設者を含め2,389万人と、英国総人口6,226万人の38.4%を占めるほどまで普及している。さらに、ジュニアISAで実際に資金が拠出された口座数は、2011-2012年度において、延べ数で、7.1万口座（18歳未満の人口1,314万人の0.5%）に留まっているが、これは同口座がチャイルド・トラスト・ファンド口座非開設者しか開設できないことも影響していると考えられ、今後、増加することが見込まれる。

なお、2009-2010年度におけるISA開設者の所得別分布状況でみると、株式型ISA及び預金型ISAともに、年収£20,000（約240万円）未満が半数以上を占めており、ISAで実際に資金を拠出した者についても同様の結果となっている。

②ISAの年間拠出額

ISAにおける実際の年間拠出限度額（number of accounts subscribed to during the year）は、2011-2012年度において約£535億（約6.4兆円）であった。ジュニアISAは、2011-2012年度は制度開始から5か月しか経過していないものの、実際の年間拠出限度額は£1.15億（約138億円）となった。

なお、年間での平均拠出額は2008（平成20）年以後の年間拠出限度額の引上げに伴い増加傾向にあり、2011-2012年度における年間での平均拠出額は、株式型ISAでは£5,473（約66万円）、預金型ISAでは£3,340（約40万円）、ISA全体では£3,775（約45万円）であった。

③ISAにおける保有金融商品の残高

2011（平成23）年4月5日現在のISAにおける保有金融商品の残高をみると、預貯金が£1,912億（約23.0兆円。全体の52.2%）、投資信託が£1,550億（約18.6兆円。全体の41.4%）、上場株式が£319億（約3.8兆円。全体の8.5%）となっている[14]。

年間拠出額が拡大されて以降は、特に投資信託の残高の伸びが顕著となっている（前年比で13.5%拡大した）。

なお、2012（平成24）年7月末時点のISAでの投資信託残高£1,077億[15]（約12.9兆円）は、投資信託残高全体£6,121億（約73.4兆円）の17.6%を占める。

④ISA開設者の属性等

2009-2010（平成21-22）年度までのISAの開設者の年齢別分布をみると、男女とも年齢に応じて開設する割合が高まり、65歳以上の割合が最も高く（男女合計で558万人と全体の23.4%）、また、25歳未満の割合が最も低い（男女合計で188万人と全体の7.9%）。

男女の特徴としては、男性は株式型ISA開設者（資金を拠出済）の割合が女性よりも高く、

---

12 英国の居住者の税務年度は、4月6日から翌年4月5日までとされている。以下、年度という場合には英国の税務年度を表す。ちなみに、我が国の居住者の税務年度は、1月1日から12月31日までとされている。
13 英国国家統計局（Office for National Statistics）の2010（平成22）年人口統計による。以下、特に断りのない限り、英国人口は当該統計に基づく数値による。
14 英国関税歳入庁から本年9月28日に公表された暫定データによると、2012（平成24）年4月5日現在では、預貯金が£2,006億（約24.1兆円。全体の51.3%）、投資信託が£1,504億（約18.0兆円。全体の38.5%）、上場株式が£327億（約3.9兆円。全体の8.4%）であった。
15 英国投資信託協会（The Investment Management Association）調べ。

逆に女性は預金型ISA開設者（資金を拠出済）の割合が高いという特徴がみられた。
　また、英国証券業者等にヒアリングしたところ、ISA開設者の大半は投資リテラシーの水準がそれほど高くなく、投資初心者レベルの水準ということであった。

　⑤ISAを通じた投資の平均保有期間
　英国のISAには資金の引出制限は設けられていないが、英国居住者がISAから資金を引き出した場合、金融商品に係る利益に対する非課税メリットが享受できなくなる。このような理由から、実際には英国居住者がISAから資金を引き出すことは少なく、ISAが英国居住者の中長期的な資産形成に資する税制措置として評価されているといわれている。
　また、英国のISAは投資対象の金融商品をスイッチングにより随時変更することが可能であり、ラップ金融商品的な性質を有しているといえる。このため、英国居住者は、ISAについて「非課税となる」ラップ金融商品又はラップ口座のようなものとして認識している。
　なお、2011（平成23）年中におけるISAの回転率[16]及びその逆数であるISA内の投資信託の平均保有期間を計算したところ、それぞれ0.15回及び6.51年であった[17]。ISAなどを含めた投資信託全体の回転率及び平均保有期間は、それぞれ0.26回及び3.79年であることから、ISAは、英国居住者の投資信託の長期保有に一定の効果を発揮しているとみることができる。もっとも、ISAへの純流入額は変動しマイナスとなる年もあることから（一方で、ISAが導入された1999（平成11）年以後、リテール向けの純流入額がマイナスとなった年はない）、ISAではバイアンドホールドによる単純な長期保有という投資行動が採られているわけではなく、実際には、リバランス等による適切なアセットアロケーションを行うことによりISAでの収益の最大化への取組みが積極的に行われているとみるべきだろう。

　4）英国のISAの目的と税制当局における現状での評価及び今後の展望について
　英国のISAは、労働党政権下の1999（平成11）年、個人の負債水準及び物価水準の上昇等により低水準であった貯蓄率を改善するための措置として10年の時限措置として導入されたが、英国政府では、ISAを当初より10年で打ち切るということではなく、少なくとも10年程度は制度が存続するという趣旨で考えていたようであり、業界にも同様に受け止められていた。
　ISAを取り扱う英国証券業者等では、年次報告（税務年度末である4月5日から2か月以内）という形での一定の事項に係る情報提供を義務付けられており、そのなかで所得階層別や年齢別での導入実績や金融商品への貯蓄・投資実績などのデータ（一般にも広く公表されている）が含まれているため、税務当局はISAの政策効果等を確認することができる。税務当局では、導入当初より、ISAに関する政策効果に係る数値目標等は特段掲げていないが、最近までの簡素化及び恒久化を含めた拡充に係る取組みから、ISAが中長期的な貯蓄・投資の促進に係る有効な制度と評価し、一定程度の税収減があったとしても、ISA制度のさらなる定着及び拡充等を考えているようである。
　また、税務当局では、英国証券業者等との間でオペレーション面に係る会合等を開催し、合理化や効率化に係る意見交換や対話を行うなど、制度の利便性向上に対する前向きな姿勢を示すほか、ISA Managerである英国証券業者等向けのガイダンスノート[18]を公表している。
　ISAからの引出しは実際には少なく、英国居住者にとっては年金制度の補完的な利用が行われている面があるが、英国政府としては当初より年金制度との整合性は意図しておらず、今後の課題と認識しているようである。

16　「（年末純資産総額）＋（年初純資産総額）」÷「（設定金額）」により計算した。
17　我が国の投資信託の場合、2011（平成23）年における回転率は0.47回、平均保有期間は2.10年であった。
18　HMRC, "ISA managers' guidance".

2. 英国のISAに係る英国証券業者等の取組みについて

1) 英国における個人向け金融商品の販売の特徴

英国ではパッケージ商品[19]と呼ばれる保険及び個人年金並びに投資信託の個人金融資産に占める割合が高い。これらの金融商品の個人に対する販売において、英国では、その発行者や証券業者又はその従業員よりも独立金融アドバイザー（Independent Financial Adviser：IFA）が大きな役割を担っている。例えば、英国投資信託協会（Investment Management Association：IMA）の統計によると、2009（平成21）年では投資信託の87.1％がIFA経由により販売されている[20]。

IFAとは、特定の証券業者、銀行、保険会社又は投資信託委託会社等に所属しない、又は資本若しくは人的関係などの繋がりを持たず、投資者側の立場にたって金融商品を仲介する者をいい、英国金融サービス機構が認定した資格試験に合格する必要がある[21]。

我が国では、証券会社、銀行、投資信託委託会社の役員又は使用人であって、保険業法に定める保険募集人又は金融商品取引法に定める外務員として登録しなければ、原則として保険、個人年金又は投資信託の販売ができず、また、金融商品仲介業者[22]は特定の証券会社、銀行等が取り扱う金融商品しか投資勧誘ができないという点で、英国のIFAとは異なる。

なお、英国金融サービス機構では、2006（平成18）年6月より、リテール投資者向け金融商品の販売方法に関する見直し（Retail Distribution Review：RDR）を検討しており、2013（平成25）年から実施する予定である。これまで、IFAのリテール投資者向け金融商品（retail investment product）の販売に当たっての報酬は、投資信託委託会社など商品供給金融機関から販売業者に支払われるコミッション（commission）方式が主流であった。この販売業者の報酬の取り方ゆえに、顧客との利益相反が生ずる潜在的可能性が指摘されたことを受け、①IFAの報酬はコミッション方式を廃止し、顧客から販売業者に支払われるフィー（fee）方式のみとし、また、②IFAの報酬体系及び支払方法（一括又は分割等）の開示が義務付けられ、また、③商品提供金融機関経由の方法の場合はIFAが受け取るフィーが顧客の指示に基づくかを商品提供金融機関が確認すること等の義務付けが行われることとなった。

---

19 英国金融サービス機構のHandbookにおける用語解説（Glossary）定義によると、パッケージ商品（packaged product）としては、(a) 生命保険（a life policy）、(b) 規制集団投資スキーム（a unit in a regulated collective investment scheme）、(c) 投資信託（an interest in an investment trust savings scheme）、(d) ステークホルダー年金（手数料等に上限が設定された中所得者向けの確定拠出型個人年金：a stakeholder pension scheme）、(e) 個人年金（a personal pension scheme）が掲げられている。

20 英国投資信託協会では2010（平成22）年から統計区分を変更しているが、2011（平成23）年は投資信託の45.5％がIFA等経由であり、ファンド・プラットフォームを加えると86.4％を占め、それ以外の直販は13.6％に過ぎない。

21 英国では、「1986（昭和61）年金融サービス法（Financial Services Act 1986）」の制定時にポラリゼーション（Polarisation：二極化）が導入され、パッケージ商品については、(イ) 特定の商品提供金融機関と関係を有しない、独立した立場で金融商品を取り扱うIFA、(ロ) 単一の金融機関（グループ）と契約し、当該金融機関（グループ）の金融商品を取り扱う提携代理人（Tide Agent）のいずれかでなければ投資勧誘できないとされた。2004（平成16）年にポラリゼーションは廃止され、特定の複数の商品提供金融機関の商品を取り扱うことが解禁され、IFAとTide Agent以外にその中間的な提携代理人（Multi Tide Agent）という販売チャネルが認められている。

22 個人又は法人のいずれでも金融商品仲介業者となることができるが、その場合には内閣総理大臣の登録を受ける必要がある（金融商品取引法第66条）。金融商品仲介業とは、証券会社や銀行等の委託を受けて、有価証券の売買の媒介又は募集若しくは売出しの取扱いなどを当該証券会社や銀行等のために行う業務をいう（同法第2条第11項）。

2) 英国証券業者等によるISAの取組みの実態について
　英国では過去に数年で廃止された制度もあるなかで、ISAは導入後10年以上経過し、英国では最も信頼された、また、優良な投資・貯蓄に係るブランドとして確立されている。これまでも、そして今後も、行政だけではなく英国証券業者等についてもこれまでに確立してきたISAのブランドに傷がつかないように取り組んでいる[23]。
　また、英国証券業者等は顧客に対し、まず金融商品の利子、配当又は譲渡益が非課税となるISAの利用を推奨しており、顧客も金融商品から生じる利益が非課税になるメリットを享受するためISAを開設のうえ入金している。より多くの金額を金融商品に投資する居住者についても、まずはISAを開設のうえ拠出額をISAに入金し、拠出額を超過した部分は課税を前提として投資しているという行動を採っているようである。

①ISAのマーケティング等
（イ）ISAのマーケティング
　英国証券業者等は、ISAのマーケティングは「ISAシーズン」と呼ばれる1月から申込期限である4月5日までにかけて集中的かつ重点的に行っている。ISAシーズン期間中は、年間のマーケティング費用の多くを使用し、例えば、主要駅内外に看板を掲示するほか、タクシーや新聞等に広告等の表示を行うなど、大々的にマーケティングを行っている。このため、ISAシーズンにおける新聞広告の掲載料は通常の時期と比べ2割程度も上昇し、マネー欄における紙面も多くなっている（オンラインによる広告料もISAシーズン当初の1月と最盛期の3月頃を比較すると、クリック単価（cost per click）が5割程度上昇する場合もある）。
　ISAシーズン中には英国居住者のISA開設申込数が集中する。合理的な行動としては、年初にISAの開設及び入金を完了したうえ投資を開始することであり、現実には税務年度末近にISAの開設手続き及び入金を行う英国居住者が圧倒的に多い。また、申込期限である4月5日までにISA開設手続きを完了し、かつ、当該ISA口座に入金しなければ、ISAの非課税措置を享受できない（「Use it or Lose it」（非課税措置を享受するか、それとも非課税優遇を失うか））といった意識から、期限直前の駆け込みによる申込みに拍車がかかっているとの指摘がされている。
　英国証券業者等は、ISA事務手続きに係る負担を軽減する観点から、ISAシーズン以外の1年を通じて申込みが拡散されるよう、早期申込み特典キャンペーン（early bird campaign）をはじめ様々なキャンペーン等の実施など工夫しているものの、実際にはISAシーズンにおける申込みが集中しているのが現状である。
　また、ISAの英国証券業者等の間の移管は件数として少ないものの、英国証券業者等は、他社にISAを開設する顧客が自社に移管した場合には報奨金を支払うなどの条件を提示するなど、ISAの取り込みのために積極的なマーケティングが行われている。
（ロ）ISAの広告等資料
　広告等資料の記載は、株式型ISAと預金型ISAで大きく異なる。預金型ISAのリーフレット

23　預金型ISAのブランドを低下させかねない事例としては、2010（平成22）年3月、コンシューマー・フォーカス（Consumer Focus：法令に基づく組織であり、消費者のための公正な取引の確保を目的とし、寄せられた苦情について、調査及び公正取引庁（Office of Fair Trading）に特別申立てを実施する権限を有する）により指摘されている事例が挙げられる。預金型ISAのマーケティングでは金利水準が重要な要素となるが、当初の一定期間（例えば、12か月）のみ比較的高い水準の金利を提供することによりISAの自社における開設を促し、一定期間経過後は通常の低い水準の金利を適用し、貯蓄者の不信及び不満を招いているとされている。また、預金型ISAを他の金融機関に移管する場合にかかる期間は比較的長く（2週間以内の口座移管は10％、2～5週間が45％程度、5週間超が30％）、また、ISAを解約した場合には利子の非課税措置が適用されなくなってしまうデメリットがあるため、事実上、預金型ISAを開設した金融機関に資金が留まるという問題も指摘されている。

やポスターには預金金利が強調されたシンプルな記載となる一方で、株式型ISAは、投資者保護等の観点から、リーフレットの半分程度が規制上必要な文言が記載され、また、利回りを記載することもできないため、非課税であること（ISAは英国居住者に広く認知されているため、ISAの文字を大きく記載することを含む）のほか、英国証券業者等によって実施している口座管理料の引下げ若しくは無料化（キャッシュバックを含む）又は品揃えの豊富さ（自社又は自社グループの金融商品だけではなく他社グループの金融商品も幅広く取り扱っている等）を強調した記載が多いようである[24]。

英国居住者の多くは、預金型ISAを選好する理由の一つとして、この広告等資料が相対的に株式型ISAに比べて分かりやすい点を挙げている。もっとも、英国居住者は当初は預金型ISAを開設するものの、後に株式型ISAの年間拠出額が預金型ISAの2倍であることに魅力を感じて、株式型ISAを開設するという動きが生じてきているとの指摘がある。

②ISAに係る事務手続き等
（イ）ISAの開設手続き等

ISAの開設に係る申込みは、（a）Webによる申込み、（b）電話による申込み、（c）書類による申込みにより行われている[25]。ISAの開設手続としては、4月5日までに開設申請に加えて、ISAへの入金が完了している必要があり、（a）及び（b）にはデビットカード（Debit Card）又は小切手が使用され、（c）には小切手が使用されている[26]。

（a）はナビゲーション機能を付す等、顧客が簡単に入力できるような工夫は施すものの、入力のすべてを顧客自らが行うため、英国証券業者等にとっては最もコストを低く抑えることができる。英国の投資信託委託会社では、さらなるコスト削減を目的として、顧客又はIFAによる投資信託の買付けやスイッチングなどの発注においてもWebを通じた自動化を実現するため、システム対応を行うなどその比率を高める動きが出ているようである。

（c）は申請書類及び小切手といった書類が介し、顧客の記載内容の確認や誤記等による書類の授受など、英国証券業者等にとって事務負担が大きい。このため、英国証券業者等によっては、申請書類に記載される文字が1バイト言語である英語と数字という点を踏まえ、自動的に文字をキャプチャリングするシステム（手書き認識システム）の導入や申請書類の仕様変更などを行い、また、小切手番号をスキャニングしたうえ申請書類にバーコード化して表示するなど、業務フローの簡素化及び効率化を進めている例もある。

（b）では英国証券業者等の電話オペレータが会話で誘導しながら、口座開設を行っている。また、（a）又は（c）により申込みが行われたものの、顧客への確認が必要になった場合（例えば、投資信託の選択が曖昧であり、その確認がとれない場合等）には、この電話による手続きが行われることになる。既述のISAシーズンには非常に多くの顧客の申込みが殺到するため、一定のコスト負担を行い、臨時従業員を採用し研修を行ったうえ、これに対応しているという例がみられる。

（ロ）ISAの移管手続き

英国証券業者等に開設したISAは、他の英国証券業者等に移管することが認められており、そのためには、ISA開設者は移管先の英国証券業者等に対し申請書を提出しなければならない。

---

24 英国の居住者は、預金型ISAは預金金利の水準の高さによりISAを開設する金融機関を選択するが、株式型ISAは管理コストの水準の低さにより英国証券業者等を選択する傾向があるとの指摘がある。
25 日本版ISAでは、（a）Webによる申込み（非課税口座開設届出書の提出に代えて行う電子情報処理組織を使用する方法その他の情報通信の技術を利用する方法）、（b）書類による申込みの二つの方法が認められている（租税特別措置法第37条の14第5項及び第6項）。
26 英国では依然として小切手による振込が多く、銀行振込がほとんどを占める我が国とは大きく事情が異なる。

また、株式型ISAは他の英国証券業者等の株式型ISAへの移管は認められているが、預金型ISAへの移管は認められておらず、預金型ISAは他の英国証券業者等の株式型ISA又は預金型ISAのいずれにも移管することができる。
　移管元及び移管先のいずれの英国証券業者等も同一の金融商品を取り扱っている場合には、ISAで投資する金融商品をそのまま移管することができるが、同一の金融商品を取り扱っていない場合には一旦売却したうえで金銭を顧客に支払うことなく移管を行うという手続きが行われている。移管に係る手数料は多くの英国証券業者等は無料で実施している。
　なお、移管元の英国証券業者等は、移管日後3年間は申請書及びISAに係る記録等を保存しなければならないものとされている。

③ISAを活用したビジネスの拡大について
　英国では、1980年代のサッチャー政権以後、公的年金改革に取り組んでおり、給付額の抑制（支給開始年齢の引上げを含む）や事業主による従業員の私的年金への自動加入の義務付け（但し、従業員は加入しないという選択が可能）等が実施され、企業年金においても積立不足対応や長寿リスク等、企業にとっての負担増の観点から確定給付型から確定拠出型へのシフトが行われている。
　また、英国証券業者等では、確定拠出型企業年金サービス（資産形成）をより拡大した職域サービス（給与処理、福利厚生等）に展開する動きが出てきている。
　このような流れのなかで、職域の資産形成制度として給与天引きでISAに投資するサービス（workplace ISA）が提供されている[27]。このサービスを提供することにより、社会に出て働き始めた従業者に加え、退職又は離職した従業者に対する資産形成に係る投資サービスまでカバーできるというシナジー効果も見込まれる。
　一方で、事業主及び従業員にとっては、職域という規模と引き換えに低いコストでの資産形成サービスを享受することができる。英国証券業者等にとっては、従業員の氏名、住所、国民保険番号等の情報は事業主経由で得られるため、オンラインによる拠出の指示、拠出額や拠出時期等を指定できるサービスを実現することにより、運営コストはより低くできるメリットがある。
　ビジネスの規模としては、現状、確定拠出型企業年金に比べると圧倒的に小さいものの、中長期的な視点からは、制約の多い年金以外の資産形成手段として職域サービスのISAは期待されている。

④ジュニアISAへの取組みについて
　ジュニアISAについては、昨年11月に開始されたばかりであるが、①英国においてブランド化しているISAの名称を使用していること、②英国証券業者等はISAのライセンスでサービスの提供が可能であり[28]、取扱商品の拡大が見込まれること、③英国財務省が国民保険番号（National Insurance Number：NINO）を保有していない子どもについて簡素な本人確認事務を認めていること等により、今後、英国居住者及び英国証券業者等の取組みの拡大が見込まれている。

27　我が国では、職域の資産形成制度として、従業員持株会制度や勤労者財産形成制度が存在するが、いずれも正規の従業者に限定されたものである。日本版ISAは、20歳以上の我が国の居住者であれば利用でき、また、年金等とは異なり引出制限が設けられていないため、職域サービスとして利用されることにより、非正規の従業者を含めたすべての従業者をカバーした資産形成及び福利厚生として利用できると考えられる。

28　チャイルド・トラスト・ファンドでは、英国証券業者等における最低拠出額の設定を認めない等の規制があり、その参入は限定的で競争原理が働きにくいとの問題が指摘されていた。ジュニアISAでは、これが改められ、多数の英国証券業者等の参入により競争が促進されるとの指摘がある。

ただし、ジュニアISA限度額を利用する顧客は、ISAと比べ、手数料の低い投資信託を選好する傾向があり、また、その拠出限度額が£3,600と低いことが影響しているからなのか、ジュニアISAを取り扱わないIFAも存在し、直販比率はISAに比べて高いとの指摘がある。

3）英国証券業者等に顧客がISAの口座開設を申し込む際のチャネル別の動向について

いわゆるパッケージ商品の販売チャネルとして、英国では、IFAが非常に重要な役割を果たしていることは既述のとおりであり、2009（平成21）年ではリテール向け投資信託販売の約87.1%をIFA経由の販売が占めている。

近年、自社又は自社グループの投資信託委託会社が運用する投資信託以外に、他社又は他社グループの投資信託も提供するファンド・プラットフォームと呼ばれる、オープン・アーキテクチャ化された投資信託の販売チャネルの割合が増えてきている[29]。また、2009（平成21）年までIFA経由が圧倒的に大きかったことからも、どちらかというとファンド・プラットフォームはIFA向けの利用が中心であると考えられるが[30]、投資者向けの販売チャネルとしても利用される場合もある[31, 32]。このため、2010（平成22）年以後のリテール向け投資信託販売に占めるIFA経由の割合を正確に把握することは困難であるが、2010（平成22）年及び2011（平成23）年における投資信託のIFA経由の販売が多くを占めていることからも、IFAの役割は依然として大きいといえる。

2010（平成22）年以後はISAの販売チャネル別の年間統計はないものの、2009（平成21）年におけるISAの投資信託販売に占める直販の割合（11.5%）がリテール向け投資信託販売に占める直販の割合（3.9%）の3倍近くの水準となっているが、これはISAが税制措置を伴うラップ的な金融商品として認識され、また、年金のように引出制限が設けられていないシンプルな仕組みであることから、IFAによる投資アドバイスがなくても投資が可能となっている点が大きいと指摘されている。

4）英国証券業者等が指摘するISAの問題点や課題について
①ISAの問題点や課題

まず、預金型ISAの口座開設を誘引するために金融機関が一定期間に限定して高い金利を提示している問題である。これまで、英国証券業者等は10年以上にもわたる官民の取組みにより、ISAのブランド化に成功してきたが、この問題が英国居住者のISAに対する信頼性やブランドと

---

29 ファンド・スーパーマーケットとも呼ばれる。米国の証券会社であるチャールズ・シュワブのOneSourceや、フィデリティのFundsNetworkなどが該当する。
30 IFAは、複数の投資信託委託会社の投資信託を取り扱っているが、その都度、それぞれの投資信託委託会社に対しマニュアルで発注を行っている。ファンド・プラットフォーム（ファンド・スーパーマーケット）を利用することにより、多数の投資信託委託会社に対し1つのプラットフォームで発注できるようになるなどの効率が向上する。また、投資信託委託会社にとってもIFAのサポートを強化し、より強固な関係を築き上げることによって金融商品の販売チャネルを確保できるというメリットがある。
31 ファンド・プラットフォーム（ファンド・スーパーマーケット）では、①投資信託のスクリーニング（投資委託会社名、投資対象、運用方針、手数料や格付け等の要素で投資信託を絞り込む）、②お勧めリスト（販売会社や第三者であるアドバイザーが独自の基準で選定したお勧めの投資信託をリスト化する）、③ポートフォリオの提示（投資態度や方針に係る複数のクエスチョネアに回答すると、適切なアセットアロケーションや各配分向けの投資信託等が提示される）などの投資者向けのサービスが提供されるものが多い。また、これらのサービスに基づき自ら投資判断を行うのではなく、IFAなど専門家によるアドバイスを受けて投資判断を行うことも多い。
32 我が国でも大手証券会社グループが、欧米のファンド・プラットフォーム（ファンド・スーパーマーケット）をモデルとしたサービスを開始し、本年9月末現在で、系列外を含めた60社の投資信託委託会社による600銘柄以上の投資信託が取り扱われているほか、証券会社等でも投資信託の4割程度を系列外の投資信託委託会社から採用するなど、投資信託のオープン・アーキテクチャ化が進展しているといえる。

しての制度価値を大きく損ないかねないとの問題意識を持っている。

次に、株式型ISAについて、他の英国証券業者等の預金型ISAへの移管が認められていないという制約である。ISAの使い勝手を改善する観点から、移管に係る制約を解除することを求める声がある。

また、ISAシーズンに申込みが殺到し、バックオフィスの事務負担が過大になっている点も問題視されており、従業員等の教育強化及び受付事務の効率化によるコスト削減などが各社の課題として認識されている。もっとも、税務年度末という申込期限があるが故に、締切直前に多数のISAの申込みが行われるという事情がある。

さらに、2013（平成25）年から実施されるRDRによる規制変更により、IFAは顧客と合意のうえでフィーを決定することとなり、投資信託委託会社経由のフィー支払いの場合は、投資信託委託会社はこれを確認する必要が生じると考えられているが[33]、これにより投資信託委託会社及びIFAにおいて、従来のものから実務フローを大幅に変更する必要が生じるかもしれない等の新制度の導入に伴う混乱に係る懸念が生じている。

なお、ISAで生じた損失は通常口座における利益との通算が認められていないが[34]、この点は広く英国居住者には認知されているため、特に英国証券業者等との間のトラブルが生じていないようである。

②ジュニアISAの問題点や課題

まず、ジュニアISAは子ども名義で口座が開設されるため、両親等にアクセスできないという問題が指摘されている。例えば、誤って入金された場合には、その金銭を名義人である子どもに返金しなければならないが、その子どもが口座を持っていないため返金ができないという問題が生じている。

次に、チャイルド・トラスト・ファンドの保有者はジュニアISAを開設できないことである。その一方で、チャイルド・トラスト・ファンドからジュニアISAへの移管が認められていない。チャイルド・トラスト・ファンドは、業者に対する規制（最低拠出額の設定を不可とする等）もあり金融商品の提供者（運用会社）が限定的だった。広く普及しているISAをベースとするジュニアISAに比べ、チャイルド・トラスト・ファンド保有者は、金融商品の選択肢が限定的等のデメリットを被る立場に置かれていると指摘されている。

また、名義人である子どもが18歳まで引出しができないという制約についても普及に支障を来しているとの指摘がある。子どもの将来のための投資であり、節税ではないとの趣旨は理解しているものの、ISAには引出制限がないという使い勝手のよさが評価され広く普及した点を考慮しての指摘である。

3. おわりに

我が国では2014（平成26）年より、日本版ISAが実施されることとされており、実際の非課税口座の開設申込は、2013（平成25）年10月1日から開始される予定である。

その内容は、平成26年から平成28年までの3年間に、その年の1月1日において20歳以上である居住者等が年間100万円を上限として取得した上場株式や公募株式投資信託の配当等と譲渡益

---

[33] 我が国では、目論見書等により、あらかじめ顧客である投資者に対し、販売手数料の水準並びに信託報酬の販売会社、投資信託委託会社及び受託会社における配分等の手数料等の詳細が明確になっている。

[34] 日本版ISAについても非課税口座で発生した損失は、特定口座や一般口座などの利益との通算が認められていないため、個人投資者に十分に認識されるよう金融商品取引業者等は説明を行う必要があると考えられる。

は、取得年から10年間について非課税とするというものである。

3年間という時限措置であるが故に、例えば、平成28年1月1日までに20歳以上とならない居住者等や、東日本大震災における家財等の流出により生活再建中で当該期間中での金融商品への投資がままならない居住者等については、日本版ISAの利用ができないという問題が指摘されている。また、証券会社や銀行等においても、日本版ISAに対応するための事務及びシステム等への投資額が非常に大きくなると見込まれ、また、それらの係る投資を3年で回収することは非常に困難であるため、日本版ISAに対応しない又は対応できないという声が挙がっている。

これらを受け、日本証券業協会では、去る6月19日、投資信託協会及び全国証券取引所とともに、平成25年度税制改正に関する要望として、「非課税口座内の少額上場株式等に係る配当所得及び譲渡所得等の非課税措置（日本版ISA）について、その拡充を図るとともに、個人投資者の利便性及び金融商品取引業者等の実務に配慮した簡素なものとすること」、具体的には、日本版ISAの恒久化又は期間の延長のほか、投資者及び証券会社等における過大な負担が指摘されている非課税口座の開設手続等の簡素化等を講じることについて取りまとめ、関係各方面に本件要望の実現を働き掛けている。

また、金融庁においても、去る9月7日、平成25年度税制改正要望項目のなかに「日本版ISA（少額上場株式等に係る配当所得及び譲渡所得等の非課税措置）の恒久化等」を盛り込み、今後、政府税制調査会等を通じてその実現を図ることが公表された[35]。英国のISAの成功が政府等における長期的なコミットメントに拠るところが大きい点を踏まえると、証券界及びその監督当局である金融庁の考え方が一致している点は非常に重要である。

さらに、去る7月31日に閣議決定された「日本再生戦略」において、2020（平成32）年までに日本版ISAの投資総額25兆円とする非常に野心的な目標が掲げられているところである。

日本版ISAが、特定口座制度に続く新たな証券投資のインフラとし、幅広い国民の投資への参加が促され、個人の中長期的な金融資産形成に資するものとするためには、制度の恒久化は大前提である。それ以外にも、非課税投資総額の拡大や非課税口座の開設手続き及び管理の簡素化など、様々な措置が講じられることを期待するとともに、証券界としても積極的に取り組んで参りたいが、多くの英国居住者が安心して投資できる環境を整備し、貯蓄・投資に係る制度としてブランド化するまでに成功した英国のISAの現状やこれまでの関係者の取組みは示唆に富み、参考になる。

以　　上

※報告書中の図表、資料、参考文献の掲載を省略している。

Ⅲ．2014年5月調査について

「英国・米国における個人の中長期的・自助努力による資産形成のための投資優遇税制等の実態調査」報告書（2014年5月）

日本証券業協会では、個人の中長期的・自助努力による資産形成の支援のため、次のとおり投資優遇税制等の海外調査を実施した。

35　具体的には、①投資可能期間を（平成26年からの3年間だけでなく）恒久化すること、②対象商品を拡大し、公社債・公社債投信への投資を可能とすること、③毎年新たな口座の開設を不要とする（原則一口座とする）ことが要望事項として掲げられている。

1. 調査日程　2014年3月26日から28日（英国）

2. 調査先
   ・英国財務省（Her Majesty's Treasury（HMT））
   ・英国歳入関税庁（Her Majesty's Revenue and Customs（HMRC））
   ・金融行為監督機構（Financial Conduct Authority（FCA））
   ・業界団体
   ・販売会社
   ・ジャーナリスト

3. 主な調査項目
   (1) ISA
   (2) ワークプレイスISA
   (3) ジュニアISA

要約

・英国のISAは、1999年に英国民の貯蓄率の向上を目的として導入され、今日では、成人人口の半数以上がISA口座を保有し、貯蓄・投資に係る制度として広く認知・利用されている。導入以降、制度の拡充が進められてきたが、2014年3月19日の予算演説では、過去最大となる年間拠出限度額の大幅な増額、投資対象商品の拡充などが発表され、英国政府においても大きな期待が寄せられていることがうかがえる。

・英国のワークプレイスISAは、一般企業が自社の従業員に提供する福利厚生の一環として、ISAへの給与天引きサービスを提供するものである。ワークプレイスISAは、特別の法規制等が存在するわけではなく、ISA制度の範囲で運用がなされている。従業員にとっては、年金は退職時まで引き出すことができないデメリットがあるが、ワークプレイスISAには引出制限がないため、年金よりも柔軟性があり、退職に向けた資産形成手段として利用されやすいといえる。また、英国政府にとっても年金制度と比較して低コストであることから、退職に向けた資産形成手段として促進するメリットがあるといえる。

・英国のジュニアISAは、2011年に若年者層の資産形成手段として導入されたが、ISAと同様に、年間拠出限度額の増額など制度の拡充が進められている。2015年4月からは、CTF（Child Trust Fund：児童信託基金）からジュニアISAへのロールオーバーが可能となる見込みであり、従前から問題とされてきた制度上の不備についても不断の見直しが進められている。また、2014年9月より、学校教育のカリキュラムに金融教育が盛り込まれることとなり、若年者層の金融リテラシーの向上に向けた社会的な取組みも期待される。

・米国では、1988年にミシガン州において、高等教育目的の税制優遇が付された資産形成制度として529プランが導入された。その後、529プランは他州へと広がりを見せ、現在ではほぼすべての州で導入されている。従前より、米国では国民の貯蓄率の低さや高騰する教育費が社会問題化していたが、529プランが富裕者層のみならず、低所得者層を含めた幅広い所得者層が恩恵を享受できる制度であったこと、また各州による効果的な普及活動によって、導入以降、利用者は急激に増加している。

・我が国では、2014年1月より、NISAが開始され、既に500万口座を超える口座が開設されている。NISAの導入によって、預貯金に偏重している個人金融資産の「貯蓄から投資へ」の流れが加速し、家計から企業への資本市場を通じた資金供給拡大による経済成長が期待されている。一方で、NISAは10年間という時限的な措置であり、投資者の利便性という視点からは解決すべき課題も少なくない。NISAの拡充のみならず、若年者層向けの新たな資産形成手段を考えるう

えで、英米両国における、貯蓄・投資に係る制度として導入されたジュニアISA及び529プランの現状や関係者の不断の見直しの姿勢は示唆に富み、参考になるといえる。

1. はじめに

　我が国では、2014年1月より、少額投資非課税制度（以下「NISA」という）が開始されている。NISAは、英国で1999年4月に導入されたIndividual Savings Account（以下「ISA」という）をモデルとした制度である。ISAは英国民の貯蓄率の向上を目的に導入されたが、その導入後、様々な制度拡充を経て、現在では英国民の資産形成手段として高く評価されている。2014年7月からは、過去最大となる年間拠出限度額の大幅な増額が行われるなど、英国政府が英国民の資産形成手段としてISAに期待する効果は極めて高いものといえる。また、子ども向けの資産形成手段として、ISAを原型としたジュニアISAが2011年11月より導入され、若年者層向けの新たな資産形成策として注目されている。

　子ども向けの資産形成手段としては、米国においても529プランという教育資金形成のための税制優遇制度が存在する。529プランは、当初ミシガン州から始まった制度であるが、後に他州へと広がりを見せ、現在では教育資金目的の資産形成手段として米国民の間で広く活用されている。英米両国においては、高等教育段階の家計支援を含めた子どもの将来の資金作りのための自助努力を後押しする税制優遇制度が存在し、我が国においても同様の制度が必要ではないかといった指摘もある。

　本協会では、日本に先立って個人の資産形成促進策として評価されている英国のISA及び米国の529プランについて、財務省・規制機関、金融機関・業界団体等の市場関係者からのヒアリングを踏まえ、報告書として取りまとめた。本報告書が、証券会社等をはじめ関係者によるNISAの取組みや今後の税制改正等の議論の一助になれば幸いである。

2. 英国

1）ISAについて
（1）ISA導入の目的及び沿革
①ISA導入の目的
　英国のISAは、英国民の貯蓄率の向上を目的として、1999年4月に導入された。
　ISA導入以前、英国では国民の貯蓄意識が極めて低い状況にあった。これには三つの要因が挙げられる。第一に、規制緩和により、融資を利用することが容易になったことから、人々の貯蓄意欲が低下したことが挙げられる。第二に、個人年金保険等の不正販売問題によって、国民の貯蓄意識にネガティブな印象が植えつけられたことが挙げられる。第三に、英国の国家的特質として、"from the cradle to the grave（ゆりかごから墓場まで）"のスローガンのように、セーフティネットが行き届いた福祉国家であったことから、貯蓄に対する意識が希薄となっていたことが挙げられる。
　こうした状況に危機感を抱いた英国政府は、英国民の貯蓄率向上を目的として、既存の制度であったPEP（Personal Equity Plan：個人持株制度）及びTESSA（Tax Exempt Special Savings Account：免税貯蓄制度）を統合して、ISAを導入した。

②ISA導入の沿革
　ISAは、当初、10年間の期限付きとして導入されたが、導入7年後に、英国財務省による制度の効果検証を行い、制度の存続を判断することとされていた。英国財務省は、ISA導入によって、貯蓄や投資が広く英国民の間に普及したこと、とりわけ低所得者層や若年者層に対しても普及したことを高く評価し、導入9年目に制度の恒久化が決定された。

ISAが導入された当初は、非課税の対象となる商品ごとに口座が設けられ、株式型ISA（Stocks and shares ISA）、預金型ISA（Cash ISA）及び保険型ISA（Life insurance ISA）の3種類から構成されていたが、2005年に保険型ISAが株式型ISAに統合された。現在では、株式型ISAと預金型ISAの2種類が存在する。また、当初は、総合口座（The maxi ISA）とミニ口座（The mini ISA）の区別が設けられていたが、2008年に当該区分が廃止され、一本化された。

ISAの年間拠出限度額は、2010年より口座開設前年9月における消費者物価指数の年間上昇率に応じて決定されることとなっており、年間拠出限度額は拡大している。

2014年7月からは、現行のISAが大幅に変更されることとなる。変更点としては大きく四つ挙げられる。第一に、ISAの年間拠出限度額が15,000ポンド（約255万円）に引き上げられた点である（2013年度は11,520ポンド（約196万円））。これは約30％の引上げ幅となり、過去最大の上昇幅となる。1999年の制度導入時には、年間拠出限度額が7,000ポンド（約119万円）であったため、導入当初と比較すると拠出限度額が約2倍超になっている。第二に、預金型ISAの年間拠出限度額が株式型ISAと同額（15,000ポンド（約255万円））となると同時に、株式型ISAから預金型ISAへの移管が認められる点である。従来は、預金型ISAの年間拠出限度額は株式型ISAの半額（5,760ポンド（約98万円））で、預金型ISAから株式型ISAへの移管に限り認められていた。第三に、株式型ISAの投資対象商品の拡大として、社債に係る5年間の残存満期要件が撤廃された点である。第四に、「Peer to peer lending」がISAの投資対象商品に含まれたことである。「Peer to peer lending」とは、個人がウェブサイトを通じて拠出した資金から金利収入を得る商品である。このほか、英国政府ではクラウド・ファンディングについてもISAの投資対象商品に追加すべきか調査を進めている。

(2) ISAの仕組み

①ISAの概要

英国法令上に規定されている一定の要件を満たした場合には、英国居住者は誰でもISA口座を開設することができる。

ISA口座保有者は、年間拠出限度額の範囲内で投資を行い、当該ISA口座で保有する金融商品から生じる利子・配当・譲渡益等について非課税の恩恵を受けることができる。年間拠出限度額の管理はHMRC（Her Majesty's Revenue and Customs：歳入関税庁）が行う。

ISA口座の開設は、株式型、預金型それぞれで、一つの金融機関でしか開設はできないが、翌年度になれば、別の金融機関において口座開設を行うことが可能である。ISAではスイッチングも認められており、所得制限や資金の引出制限はない。

②株式型ISA

株式型ISAの口座開設資格は18歳以上の英国居住者であり、ISAマネージャーとしてFCA（Financial Conduct Authority：金融行為監督機構）から認可を受けた証券業者、銀行、保険会社、投資信託委託会社等に株式型ISAを開設することができる。

2013年度の年間拠出限度額は、預金型ISAと合計で年間11,520ポンド（約196万円）である。株式型ISAでは、株式、公社債、投資信託、保険などの金融商品に投資を行い、当該金融商品から生じる利子、配当、譲渡益が非課税となる。2013年度では、約80％が投資信託に対する投資であった。

なお、2014年7月からは、年間の拠出限度額は預金型ISAと合計で15,000ポンド（約255万円）に増額し、投資対象商品に5年間の残存満期要件が撤廃された社債や「Peer to peer lending」が追加される。

③預金型ISA

預金型ISAの口座開設資格は16歳以上の英国居住者であり、株式型ISAと同様、ISAマネー

ジャーとしてFCAから認可を受けた証券業者、銀行、保険会社、投資信託委託会社等に預金型ISAを開設することができる。

2013年度の年間拠出限度額は、5,760ポンド（約98万円、株式型ISAの半額）である。預金型ISAでは、預貯金やMMFなどから生じる利子が非課税とされる。なお、2014年7月からは、年間拠出限度額が株式型ISAと同額となり、株式型ISAと合計で15,000ポンド（約255万円）となる。

④口座管理及び口座移管

英国居住者は、株式型ISAと預金型ISAをそれぞれ異なる金融機関に開設することが認められており、年度が異なれば複数の金融機関に口座を保有することも認められている。

また、異なる金融機関のISA口座間の移管も認められている。その場合、移管元及び移管先のいずれでも取扱いのある金融商品については、振替手続により移管を行うことが可能であるが、移管元のISA口座で保有する金融商品が移管先において取扱いがなされていない場合には、移管元のISA口座で保有する金融商品を一旦現金化し、移管先にISA口座を開設した後に当該現金を送金することにより、移管がなされることとなる。

⑤ISA口座に係る開設手続き

ISA口座の開設に係る申込みは、（ⅰ）Webによる申込み、（ⅱ）電話による申込み、（ⅲ）書類による申込みにより行われている。ISA口座の開設手続きは、英国の課税年度末である4月5日までに開設申請を行い、ISA口座への入金が完了している必要がある。

(3) 現状の評価

ISAは、英国政府によって英国民の貯蓄率の向上を目的として導入されたが、現在では英国民の約2,400万人がISA口座を保有しており、成人人口のおよそ半数が保有していることになる。利用者の増加のみならず、資産残高も増加傾向にある。こうした状況から見ても、英国においてISAは広く普及した制度であり、ブランドが確立されているといえる。

ここまで英国民の間に普及した理由としては、制度設計がシンプルであったことが挙げられる。ISA口座には、株式型ISAと預金型ISAの二種類しかなく、投資者にとってはわかりやすいものとなっている。また、ISA口座からは資金をいつでも引き出すことが可能であることから、投資者にとっては利用に際してのハードルが低いことも魅力の一つであろう。

さらに、金融機関側からも、ISAに対しては、高い評価がなされている。ISAは法令で規定されているが、実務上の取扱いについては、HMRCが策定する「Guidance Notes」によって規定されている。そのため、市場の変化に対して柔軟に対応することが可能となっている。「Guidance Notes」の改定については、英国財務省やHMRCが金融業界と協議を行い、改定による実務上の影響を確認する場が設けられている。

(4) 今後の展望

英国財務省では、ISA導入当初より、実施による数値目標等は掲げていないが、数度にわたる制度の簡素化及び恒久化を含めた取組みから、ISAを中長期的な貯蓄・投資の促進に係る有効な制度と評価していることがうかがえる。

英国のオズボーン財務相は、2014年3月19日にISAの改革を発表し、2014年7月より、年間拠出限度額の大幅な引上げ、株式型ISAと預金型ISAの移管制限撤廃、投資対象商品の拡大を決定した。こうした対応から、一定程度の税収減を見込んだとしても、ISAのさらなる定着を望んでいる姿勢がうかがえる。また、今回の改革によって、金融機関間の競争が促進されることになることから、投資者により有利な商品・サービスが提供されるようになるとの見方もある。

英国では、2011年と2013年に企業年金及び個人年金における年間の非課税拠出限度額が削減

されたことから、勤労者の退職資産形成手段として、ISAが選択肢の一つになり得るという指摘もある。また、2015年4月から、退職後の年金資産の引出しに際して、現行の一律55％の課税ではなく、所得に応じた課税となる予定であることから、アニュイティ（終身年金保険）購入以外の選択肢が生まれ、年金制度の受け皿としてISAに資金が流入するという見方もできる。

一方で、FCAでは、社債に係る5年間の残存満期要件の撤廃により、ISAで短期投資が行われてしまうのではないかという懸念や、一般的にリスクが高いといえる「Peer to peer lending」への投資によってトラブルが発生するのではないかと懸念している。現在、ISAは全体的に金融トラブルとは無縁といえるが、取り扱われる商品が複雑になれば、販売・勧誘等に関するガイドライン等の強化がなされる可能性がある。

また、現行制度の課題としては、金融機関間の移管処理について、現行の規制では、株式型ISAで30日以内、預金型ISAで15日以内に行われることとなっているが、この期間制限について、投資者の利便性の点から改善が必要であるという意見がある。

今後の中長期的な課題としては、若年者層の口座開設者が比較的少ないことから、若年者層に向けた働きかけが挙げられる。英国政府は、若年者層に貯蓄をする習慣を身につけさせることが重要であると考えており、今後、若年者層の金融リテラシー向上のための取組みやジュニアISAの活用を促す取組みが期待される。

2）職域におけるISA（ワークプレイスISA）について
(1) ワークプレイスISAの仕組み
職域におけるISA（以下「ワークプレイスISA」という）は、2011年頃から普及し始めた。ワークプレイスISAは、一般企業が自社の従業員に提供する福利厚生の一環である。同様の福利厚生策としては、確定拠出型年金（以下「DC」という）や従業員持株制度などが挙げられる。ワークプレイスISAは、給与天引きで資金がISAに拠出され、通常のISAと変わることなく税制優遇措置を受けることができる。

ワークプレイスISAについては、特別の法規制・ガイドラインが存在するわけではなく、ISAの範囲で運用がなされる。したがって、通常のISA口座とは別にワークプレイスISA口座が存在するわけではなく、拠出についても通常のISA口座と同様の扱いがなされる。

ワークプレイスISAは、自社株保有制度を補完する形で活用されることもある。英国では、自社株保有の税制優遇制度としてSIP（Share Incentive Plan：株式奨励制度）などが存在するが、このスキームによって取得した自社株は、取得後90日以内であれば、移管時の時価でISAに移管することができる。そのため、職域における他の福利厚生政策とワークプレイスISAは相互補完・補充関係にあるといえ、相乗効果が期待できる。

(2) 現状の評価
従業員にとっては、年金は退職時まで引き出すことができないデメリットがあるが、ワークプレイスISAには引出制限がないため、年金よりも柔軟性があり、年金に代替する退職に向けた資産形成手段として利用することができる。企業としては、従業員に対して年金のほかに退職に向けた資産形成手段の選択肢を与えることができる。また、ワークプレイスISAは税引き後の拠出となるため、英国政府にとっても年金制度の管理と比較して、低コストとなるメリットがあるといえる。

また、EUで導入された雇用における年齢差別の禁止への対応という観点からも、企業側にワークプレイスISAを導入するインセンティブがある。年齢差別の禁止とは、企業が従業員の年齢を理由として退職を求めることができないというルールであり、これによって退職に向けた資産形成ができていない従業員がいつまでも企業に居座るリスクが生じる。そのため、企業としても年金のほかに従業員の資産形成を支援するインセンティブがあるといえる。

(3) 今後の展望

企業側としては、既に導入されている従業員持株会などの自社株保有制度やDCと併せてワークプレイスISAを従業員に提供することで、自社株のISAへの移管の促進など、相乗効果を期待することができる。一方で、給与天引きによる拠出は可能であるが、企業によるマッチングができないことから、改善を求める意見もある。

また、ワークプレイスISAは法令上規定されているものではないことから、企業側が従業員に提供することを躊躇してしまうことがあるという指摘もある。年金制度については、運用の失敗等についての雇用主の責任に関するセーフハーバー・ルールが法令上規定されているが、ワークプレイスISAではこうした法令上の規定が存在しないという課題がある。

3) ジュニアISAについて
(1) ジュニアISA導入の目的及び沿革
①ジュニアISA導入の目的

ジュニアISAは、税制優遇が付された子どもの将来のための資産形成制度である。もともと、英国では子ども向けの資産形成制度としてチャイルド・トラスト・ファンド（Child Trust Fund：児童信託基金。以下「CTF」という）が導入されていたが、財政上の理由で新規口座開設が停止されたことから、代替手段として2011年11月よりジュニアISAが導入された。

ジュニアISAはCTFとは異なる仕組みではあるが、その導入目的は共通しており、英国で生まれたすべての子どもの将来のために貯蓄を推奨することである。英国政府の狙いとしては、子どもの頃から貯蓄の習慣を身に付けることによって、短期的には若年者層の貯蓄意識を向上させ、長期的には英国社会全体の貯蓄率の向上を実現することが考えられる。

②ジュニアISAの沿革

ジュニアISAが導入される前にはCTFが利用されていたが、ジュニアISAとCTFとはその成り立ちが大きく異なる。

CTFは、ブレア政権によって、2004年5月に成立した「The Child Trust Funds Act 2004」に基づく制度である（制度導入は2005年1月）。CTFは、18歳未満の英国居住者に対してCTF口座を開設させ、税制優遇を与えるとともに、口座に対して英国政府による給付があることが特徴である。ブレア政権は、CTFによってすべての子どもが18歳になった時点で貯蓄習慣を身につけることを目的としていた。

しかし、英国の財政状況が悪化したこと、またCTFへの給付に対する批判があったことから、政権交代後のキャメロン政権は、2010年5月にCTFへの給付金の削減及び停止を発表した。その後、2010年12月に成立した「Savings Accounts and Health in Pregnancy Grant Act 2010」により、2011年1月以降は新たなCTF口座の新規口座開設やCTF口座への給付が停止され、既存のCTF口座のみ維持されることになった。

2010年10月、英国政府は、子どもの将来のための資産形成手段としてジュニアISAの導入を発表した。ジュニアISAの年間拠出限度額については、2011年3月に英国財務省から公表された規則案では年間3,000ポンド（約51万円）とされていたが、その後のパブリックコメントで寄せられた意見を考慮し、2011年7月に成立した「The Individual Savings Account Regulations 2011」において3,600ポンド（約61万円）へと引き上げられた。また、既存のCTF口座への年間拠出限度額についても、それまでの1,200ポンド（約20万円）からジュニアISAと同額の3,600ポンド（約61万円）へと引き上げられることになった。ジュニアISAの年間拠出限度額についても、ISAと同様に口座開設前年9月における消費者物価指数の年間上昇率に応じて決定されることとなっており、制度導入以降、年間拠出限度額は拡大している。

2014年7月からは、ISAの年間拠出限度額の増加に伴い、ジュニアISAでも年間の拠出限度額が4,000ポンド（約68万円）に引き上げられることとなっており（2013年度は3,720ポンド（約

63万円))、引上げ幅は過去最大となる。また、現在、CTF口座を有するものはジュニアISA口座を開設することはできないこととなっているが、2015年4月からはジュニアISAへのロールオーバーが可能となる見通しである。

(2) ジュニアISAの仕組み

ジュニアISAの口座開設資格は18歳未満の英国居住者である。親や祖父母などが資金を拠出し、子や孫の将来の資産形成のために利用されることが多い。利用者には所得制限は設けられていない。ジュニアISA口座の開設は、株式型、預金型それぞれ、ひとり1金融機関でしか開設できない点でアダルトISAと同様である。一方で、アダルトISAとは異なり、ジュニアISA口座の金融機関を変更する場合には、ジュニアISA口座で管理する資産のすべてを新しいジュニアISA口座に移管する必要がある。

2013年度の年間拠出限度額は、株式型と預金型の合計で3,720ポンド（約63万円）であり、HMRC（Her Majesty's Revenue and Customs：歳入関税庁）が管理を行う。株式型ジュニアISAでは、株式、公社債、投資信託、保険などの金融商品に投資を行い、当該金融商品から生じる利子、配当、譲渡益が非課税となる。預金型ISAでは、預貯金やMMFなどから生じる利子が非課税とされる。

ジュニアISA口座では引出制限が設けられており、法定の事由を除き、口座保有者は18歳になるまで、資金を引き出すことはできない。

ジュニアISAは、口座保有者が16歳になったときに自ら運用を行うことが可能となり、口座保有者が18歳になったときにISA口座へと移管されることになる。

(3) 現状の評価

ジュニアISAは、子どもの将来のための資産形成を目的にCTFに代わって導入された制度である。現在、ジュニアISAの口座数は約30万口座であり、CTFの約600万口座と比較すると少ないといえる。また、ジュニアISA口座の資産残高は、5億5,700万ポンド（約947億円）であるが、CTFは48億9,300万ポンド（約8,318億円）と、およそ9倍の差がある。この点、ジュニアISAは任意の制度であり、利用率がCTFより低いのは当然であること、また、CTFの利用者はジュニアISAを開設することができないことから、英国財務省では口座数は想定どおりのペースと評価している。また、2015年4月からはCTFからジュニアISAへのロールオーバーが認められる見通しであることから、今後利用者が拡大していくことが期待されている。さらに、ジュニアISA口座には祖父母などでも拠出できるため、世代間の資産移転に対しても大きく寄与することが期待されている。

一方で、ジュニアISAには引出制限があり、子どもが18歳になるまで引出制限が課されることに対して賛否があるが、子どもが資金を無駄な利用で費消してしまうことを防ぐことができるというメリットも評価されている。また、富裕者層が自らの投資目的として利用する制度ではなく、子どもに独立心を持たせるという目的で用いられているという声も聞かれる。

(4) 今後の展望

英国では、若年者層の資産形成手段がCTFからジュニアISAへと変わった。英国民の中には、すべての子どもが口座を保有し、政府による給付が行われていたCTFの方を評価する声もあるが、CTFには、小規模口座が乱立し、市場規模の拡大が見られなかったという問題もあった。また、すべての子どもがCTF口座を保有することによって、貯蓄意識の向上も見られたが、自動的に口座が開設されることから、自ら主体となって口座管理を行う場合との意識の差は大きかったようである。

ジュニアISAでは、政府からの給付が行われることはないが、ISAの拡充に伴ってより柔軟性のある制度になりつつあるといえる。年間拠出限度額も4,000ポンド（約68万円）に引き上げら

れ、2015年4月からはCTFからジュニアISAへのロールオーバーが認められる見通しであることから、今後もさらなる拡大が期待される。

一方で、ジュニアISA口座の金融機関を変更する場合には、残高をすべて移管する必要があるため、利用者の利便性向上の観点からは改善すべきであるという意見もある。また、若年者層の貯蓄の習慣化のためには、政府による給付やマッチングを導入すべきであるという要望もある。

今後の若年者層に向けた動きとしては、2014年9月から公立学校のカリキュラムに金融教育が盛り込まれることが決定されており、貯蓄や投資に対する社会全体での取組みがさらに進められていくことが期待できる。

3. 米国（省略）

4. おわりに

我が国では、2014年1月より、NISAが開始され、既に500万口座を超える口座が開設されている。NISAの導入によって、金融資産を全く保有していない世帯、とりわけ若年者層が将来に向けた資産形成に取り組むことが期待されている。また、日本国内において家計が保有する金融資産は1,600兆円を超えているが、そのうち預貯金が占める割合は半数以上と、他国と比べ突出して高くなっていることから、「貯蓄から投資へ」の流れが促進されることで、家計から企業への成長資金の供給が多様化・拡大化し、経済の成長に繋がることが期待されている。

英国では、ISAの導入から15年目を迎え、いまや英国の成人人口の半数以上がISA口座を有しており、多くの英国民の貯蓄慣習に寄与した制度であると評価することができる。また、若年者層向けの資産形成手段として導入されたジュニアISAについても、今後の拡充及び発展が大いに期待できる制度である。とりわけ、2014年3月19日の英国政府が発表した予算内容は、資産形成政策としてのISAへの期待の表明であり、ISAが英国社会において広く受け入れられていることの証左である。

米国では、高等教育目的の税制優遇政策として529プランが導入され、広く利用されているが、もともとは州から始まった制度であり、各州の制度間競争による利便性向上と家計側のニーズが合致し全米へと拡大した背景がある。米国においても、英国と同様に国民の貯蓄率の低さや高騰する教育費が社会問題となっていたが、州による制度の普及活動や、富裕者層のみが恩恵を受ける制度設計ではなく、低所得者層でも恩恵を享受できる制度であったことから、529プランの利用者は急激な拡大が見られている。今後もそうした兆候は続いていくものと期待できる。

英米両国の制度は、資産の使用使途を限定するか否かについて、制度設計上の大きな差異があるが、根底にある政策目的は、個人の貯蓄率向上に資する資産形成手段の提供にある。政策効果は一朝一夕に出るものではないため、両国の制度の今日の成功は規制当局及び市場関係者による不断の努力の産物であるといえる。一方で、両国ともに改善すべき課題はあり、今後も貯蓄意識の確立、金融リテラシーの向上、投資者の利便性の向上に向けた取組みなどがなされていくことであろう。

翻って、我が国を見たとき、NISAは、個人の資産形成制度として大きな一歩を踏み出したといえるが、NISAは、10年という時限的な措置であり、投資者の利便性という観点からは解決すべき課題は多い。英米両国においても、制度の恒久化によって、投資者の安心感を獲得し、本格的な普及が実現したという経験もあることから、幅広い国民による、中長期的な資産形成に資する観点からはNISAの恒久化は必須であるといえ、証券界としても積極的に取り組んでいく必要がある。また、若年者層向けの資産形成手段として、英国のジュニアISA及び米国の529プランは、制度設計において示唆に富み、参考になるといえる。単なる英米の制度の焼き直しではなく、中長期的な視点のもと、実情に即した制度設計が期待される。

以　　上

※報告書中の図表、資料、参考文献の掲載を省略している。

Ⅳ．2016年6月調査について

「英国における個人の中長期的・自助努力による資産形成のための投資優遇税制等の実態調査」
報告書（2016年6月）

　日本証券業協会では、個人の中長期的・自助努力による資産形成の支援のため、次のとおり投資優遇税制等の海外調査を実施した。

1. 調査日程　2016年4月18日から21日

2. 調査先
   ・英国財務省（Her Majesty's Treasury（HMT））
   ・金融行為監督機構（Financial Conduct Authority（FCA））
   ・業界団体
   ・販売会社
   ・金融経済教育団体

3. 主な調査項目
   (1) ISA
   (2) ジュニアISA
   (3) ライフタイムISA
   (4) ワークプレイスISA

要約

・英国のISAは、1999年に英国民の貯蓄率の向上を目的として導入され、今日では、成人人口の約半数がISA口座を保有し、資産形成手段として広く認知・利用されている。導入以降、年間拠出限度額の増額や制度の拡充が進められており、英国政府においても大きな期待が寄せられていることがうかがえる。
・ISAは、非課税期間は当初より恒久とされていたが、口座開設期間には当初10年間という期限があった。導入から7年後に英国財務省によるISA制度の効果検証を行った結果、広く英国民に普及したこと、特に低所得者層や若年層に対しても普及していることを高く評価し、制度の恒久化が決定された。恒久化決定の背景には金融機関や業界団体からの強い要望もあり、英国政府が積極的に業界の声に耳を傾けた結果、実現したものだといえよう。
・ISA恒久化後、残高と口座数は共に大きく伸びた。恒久化後も、英国政府は制度をシンプルにし、更なる英国民の貯蓄習慣の定着を目指してきたが、今後は特に若年層の資産形成を促すためにターゲットを絞った拡充策も導入したいとしている。具体的な政策としては、初めての住宅購入や退職後の資金の支援のためのライフタイムISAを導入する予定である。今後も投資者の利便性向上に向けた取組みがされていくことだろう。
・我が国では、2014年1月より、NISAが開始され、既に約987万口座が開設されている。NISA

の導入によって、預貯金に偏重している個人金融資産の「貯蓄から投資へ」の流れが加速し、家計から企業への資本市場を通じた資金供給拡大による経済成長が期待されている。一方で、NISAは10年という時限的な措置であり、非課税期間も5年の制限があることから、投資者の利便性という観点からは解決すべき課題は多い。NISAを幅広い国民の中長期的な資産形成手段として安心して利用できる制度とするためには、将来にわたっていつでも口座を開設できるようにする口座開設期間の恒久化と、一度投資をした金融商品について期限を気にせず保有できるようにする非課税期間の恒久化が、それぞれ必要であろう。

1. はじめに

我が国では、2014年1月より、少額投資非課税制度（以下「NISA」という）が、2016年4月からは未成年者少額投資非課税制度（以下「ジュニアNISA」という）が開始された。NISAは、英国で1999年4月に導入されたIndividual Savings Account（以下「ISA」という）をモデルとした制度であり、ジュニアNISAは英国で2011年11月に導入されたJunior Individual Savings Account（以下「ジュニアISA」という）をモデルとした制度である。

ISAは英国民の貯蓄率の向上を目的として導入された。当初は10年間という期限が設定されていたが[36]、2008年に恒久化されISAが使えなくなるという懸念がなくなったことにより、ISAの利用は一層拡大した。その上、恒久化以後も英国政府による制度改善努力は続けられ、年間拠出限度額の物価指数連動引上げ決定（2010年）、ジュニアISA導入（2011年11月）、近年では配偶者による相続の解禁（2015年4月）、住宅購入支援策であるヘルプ・トゥ・バイという制度のISAへの拡大（同年12月）、既存の預金型ISA及び株式型ISAに続く第3のISAとしてのイノベーティブ・ファイナンスISAの導入（2016年4月）など、様々な制度拡充がなされた。結果、今日ではISAは英国民の資産形成手段として高く評価されている。

本協会では、日本に先立って導入され、個人の資産形成促進策として評価されている英国のISA及びジュニアISA等について、英国の財務省・規制機関、金融機関・業界団体等の市場関係者からのヒアリング等を踏まえ、報告書として取りまとめた。

本報告書が、証券会社等をはじめ関係者によるNISAの取組みやNISAの恒久化など税制改正等の議論の一助になれば幸いである。

2. 英国ISA制度について

1）ISAについて[37]
（1）ISA導入の目的及び沿革
①ISA導入の目的
英国のISAは、英国民の貯蓄率の向上を目的として1999年4月に導入された。

背景には、国民の貯蓄意識が極めて低いことに対する危機感があった。第一に、規制緩和により融資利用が容易になり人々の貯蓄意欲が低下したこと、第二に、個人年金保険等の不正販売問題によって国民の貯蓄意識にネガティブな印象が植えつけられたこと、第三に、英国の国家的特質として「from the cradle to the grave（ゆりかごから墓場まで）」と称するセーフティネットが行き届いた福祉国家であったことから、貯蓄に対する意識が希薄となっていたという[38]。

---

36 口座開設期間が10年とされていたということであり、日本のNISAでいう5年の非課税期間については当初から制約がなかった。
37 ISAについては日本証券業協会「英国のISA（Individual Savings Account）の実施状況等について〜英国のISAの実態調査報告〜」（2012年11月）、同「『英国・米国における個人の中長期的・自助努力による資産形成のための投資優遇税制等の実態調査』報告書」（2014年5月）も参照。

図表1　英国における資産形成のための投資優遇税制の比較

	PEP	TESSA	ISA
制度導入時期	1987年	1991年	1999年
口座開設者	満18歳以上の居住者	満18歳以上の居住者	満18歳以上の居住者（預金型は2001年以降16歳以上）
口座開設期間	～1999年3月（2008年に残高もISAに統合）	～1999年3月（満期資金は預金型ISAへの移管も可）	2008年に恒久化
対象商品	上場株式や投資信託等	銀行や住宅金融組合等の預金（5年間TESSAに据え置くことで利子が非課税に）	・株式型は株式・投資信託等 ・預金型は預金等 ・イノベーティブ・ファイナンスISAはPeer to peer loan等 （以上、2016年4月時点）
拠出限度額	年間9,000ポンド（1999年4月時点）	5年間で9,000ポンド	15,240ポンド（2016年4月時点）

（出所）HMRC資料等より日本証券業協会作成

　また、国民の資産形成を支援する既存の優遇税制である個人持株制度（Personal Equity Plan、以下「PEP」という）及び免税貯蓄制度（Tax Exempt Special Savings Account、以下「TESSA」という）（2.1(1)②参照）において生じていた、金融商品間の不均衡を正したいという思惑もあった。

②ISA導入の沿革
　前述のとおり、英国にはISA導入以前から、個人の資産形成を支援する優遇税制が存在した（図表1）。PEPは、サッチャー政権が公営企業の民営化を推進する中、より多くの人々の株式保有を促す施策として1987年に導入された。同制度は18歳以上の居住者を対象としており、上場株式や投資信託等の譲渡益及び配当所得が非課税となる。拠出限度額は、制度導入当初は2,400ポンドであったが、その後徐々に引き上げられ、1992年度には年間で合計9,000ポンドまで拠出することが可能となった[39]。他方、1991年に導入されたTESSAは、18歳以上の居住者という対象者は同じだが、投資対象が銀行や住宅金融組合等の預金に限られている上に、5年間TESSAに据え置かなければ非課税とならない。さらに、年間拠出限度額が5年間で9,000ポンドとPEPに比べて小さかった。
　こうした中、より個人の資産形成習慣を促進し、金融商品間の税制優遇状況の不均衡を是正するという目的で、株式、投資信託、預金、保険のいずれも受け入れうるISAが1999年に導入された（図表2）。当初は、ミニ口座（The mini ISA）と総合口座（The maxi ISA）という2種類の口座があり、投資家はいずれかを選択する必要があった。ミニ口座ISAであれば株式、預金、保険それぞれについて異なる金融機関で口座を開設することができ、株式と預金については各々3,000ポンド、保険については1,000ポンドの拠出が認められていた。他方、総合口座ISAは株式、預金、保険のいずれについても拠出が可能な口座で、1金融機関で1口座しか開設できない

38　前脚注、日本証券業協会（2014）。
39　PEPには年間拠出限度額が6,000ポンドの一般PEP（general PEP、対象は合同運用による株式や債券、投資信託の配当、譲渡益、利子に限定）と、年間拠出限度額が3,000ポンドの単一企業PEP（single company PEP、対象は単一企業の株式）があった。

図表2　英国ISA等の制度改正の変遷

年	導入制度
1987	パーソナル・エクイティー・プラン（PEP）導入。 下記2種類のPEPがあった。 ・年間拠出限度額が6,000ポンドの一般PEP（general PEP）。 　対象は、合同運用による株式や債券、投資信託の配当・利子やキャピタルゲインに限定。 ・年間拠出限度額が3,000ポンドの単一企業PEP（single company PEP）。 　対象は、単一企業の株式。
1991	免税特別貯蓄口座（Tax-Exempt special savings account, TESSA）導入。 銀行または住宅金融組合における特別口座で、5年間は利子が非課税に。 限度額は9,000ポンドで、初年は3,000ポンド、翌年以降は1,800ポンドが拠出限度。
1999	ISA導入。10年間の時限措置。投資家は下記2種類のいずれかを選択。 ・mini ISA：預金、株式、保険についてそれぞれ異なる金融機関に開設可。 　　　　　　預金、株式は各々3,000ポンド、保険は1,000ポンドまで拠出可。 ・maxi ISA：1人1口座。様々な商品を合計7,000ポンドまで保有できる。
2005	・保険型は株式型に統合。
2008	・株式型と預金型の2種類に簡素化（miniとmaxiの区別は廃止）。 ・当初2010年までとされていたISA制度を恒久化。 ・全体の拠出限度額を7,200ポンドに引き上げ。うち3,600ポンドは預金型に拠出可。 ・預金型から株式型への移管解禁。
2009	拠出限度額を10,200ポンドに引き上げ（当初は50歳以上のみが対象）。 うち5,200ポンドは預金型へ投資可。
2010	・すべての投資家に10,200ポンドの拠出限度額を適用。 ・2011年度以降は物価指数に連動して限度額を引き上げる旨を公表。
2011	ジュニアISA導入。拠出限度額は当初3,600ポンド。
2014	「新ISA（New ISA）」と銘打ち、7月に下記の制度改正を実施。 ・拠出限度額をISAは15,000ポンド、ジュニアISAは4,000ポンドに。 ・預金型ISAでもISAの拠出限度額まで拠出可能に（それまでは半額）。 ・株式型から預金型への移管も可能に。
2015	・4月、配偶者によるISAの相続が可能に（対象は2014年12月以降）。 ・4月、チャイルド・トラスト・ファンドからジュニアISAへの移管が可能に。 ・12月、ヘルプ・トゥ・バイISAを導入。
2016	・4月、イノベーティブ・ファイナンスISAを導入。 ・4月、フレキシブルISA（ISA内の現預金を引き出しても同課税年度内であれば再拠出可）。
2017	・4月、ライフタイムISAの導入（予定）。 ・4月、拠出限度額を20,000ポンドに引上げ。

（出所）HMRC資料等より日本証券業協会作成

が、合計で最大7,000ポンドの拠出が可能であった[40]。

しかし、同制度は複雑だとの批判もあり、2005年には保険型が株式型に統合され、2008年にはミニ口座ISAと総合口座ISAという区分が廃止され、株式型ISAと預金型ISAという商品別のシンプルな区分となった。

このように制度をよりわかりやすいものにしたことで、人々のISA利用意欲は高まったと考えられるが、それ以上に人々の制度利用に影響を与えたと考えられるのが同年の制度の恒久化で

図表3　英国ISAの年間拠出限度額の変遷

（単位：ポンド）

課税年度[注1]	株式型ISA及び預金型ISAの合計年間拠出限度額	預金型ISAの年間拠出限度額	イノベーティブ・ファイナンスISAの年間拠出限度額[注2]	ライフタイムISAの年間拠出限度額
1999－2007	7,000	3,000	－	－
2008	7,200	3,600	－	－
2009	7,200[注3] ／ 10,200[注4]	3,600[注3] ／ 5,100[注4]	－	－
2010	10,200	5,100	－	－
2011	10,680	5,340	－	－
2012	11,280	5,640	－	－
2013	11,520	5,760	－	－
2014	2014年6月まで 11,880　／　2014年7月から 15,000[注5]	2014年6月まで 5,940	－	－
2015	15,240[注5]		－	－
2016	15,240[注6]			－
2017	20,000[注7]			

（注）1．課税年度は各年4月6日から。
　　　2．イノベーティブ・ファイナンスISAについては2.1）（2）①iii）参照。
　　　3．50歳未満のISA開設者に適用された年間拠出限度額。
　　　4．2009年10月6日以降、50歳以上のISA開設者に適用された年間拠出限度額。
　　　5．株式型ISA及び預金型ISAの合計年間拠出限度額。
　　　6．株式型ISA、預金型ISA及びイノベーティブ・ファイナンスISAの合計年間拠出限度額。
　　　7．株式型ISA、預金型ISA、イノベーティブ・ファイナンスISA及びライフタイムISAの合計年間拠出限度額。（ライフタイムISAには個別に4,000ポンドの年間拠出限度額も設定されている）
（出所）HMRC "Individual Savings Account (ISA) Statistics", August 2015及びHMT "Budget 2016", March 16 2016より日本証券業協会作成

ある。当初、ISAは10年間の期限付きとして導入されたが、導入7年後に、英国財務省（HM Treasury、以下「HMT」という）による制度の効果検証が行われ、制度の存続が判断されることとされていた。HMTはISAは導入時の目的を達成していると判断し[41]、2008年に制度が恒久化された（恒久化については3．参照）。2008年には、ミニ口座と総合口座の区別廃止、制度恒久化の他にも、全体の年間拠出限度額の引上げや預金型から株式型へのISA保有資産の移管解禁など、様々な見直しが行われた。

　さらに制度改正は続き、2010年にはISAの年間拠出限度額が口座開設前年9月における物価指数の年間上昇率に応じて決定されることとされ、以後、年間拠出限度額は図表3のとおり拡大し

40　ただし、株式は7,000ポンド、預金は3,000ポンド、保険は1,000ポンドという内訳の上限が課されていたため、年間拠出限度額まで投資をしようとすると、投資家は株式に拠出せざるを得ない仕組みになっていた。また、制度上、maxi ISAでは株式、預金、保険のいずれについても受け入れ可能であったが、maxi ISAを提供する金融機関の多くは対象商品を株式に絞っていたため、実際にmaxi ISAで保有されている商品は株式に偏っていた。（HM Revenue & Customs "Individual Savings Account (ISA) Statistics", August 2015）

41　HMT "Individual Savings Accounts: proposed reforms", December 2006.

ている[42]。また、2011年にはジュニアISAが導入され、未成年者も非課税で資産形成ができる器を手に入れることとなった（2．2）参照）。

2014年7月には、New ISAと銘打った改正が行われた。具体的な変更点としては、一点目として、ISAの年間拠出限度額が通常の物価指数連動引上げとは別に、2013年度の11,520ポンド（約184万円[43]）から15,000ポンド（約240万円）へと大きく引き上げられた。二点目として、前年まで株式型の半額とされていた預金型ISAの年間拠出限度額が株式型ISAと同額（15,000ポンド）となると同時に、株式型ISAから預金型ISAへのISA保有資産の移管が認められた。従来は、預金型ISAの年間拠出限度額は株式型ISAの半額（5,760ポンド）で、預金型ISAから株式型ISAへのISA保有資産の移管に限り認められていた。三点目として、株式型ISAの投資対象商品の拡大として、社債に係る5年間の残存満期要件が撤廃された[44]。

2015年4月からは、配偶者によるISA保有資産の相続が認められ（Inherited ISA allowance、2・1）．(2)②参照）、同年12月からは住宅購入支援のためのヘルプ・トゥ・バイISA（Help to Buy：ISA）が導入された（2．1)(2)③参照）。

2016年4月からは株式型ISA、預金型ISAに続く第3のISAとして「peer to peer loan」を投資対象としたイノベーティブ・ファイナンスISA（Innovative Finance ISA）が導入され、現在では、株式型ISA、預金型ISA及びイノベーティブ・ファイナンスISAの3種類が存在する。さらに2017年4月には、ライフタイムISA（Lifetime ISA）という第4の新たなタイプのISAが導入される予定となっている。

(2) ISAの仕組み
①ISAの概要（図表4）

英国法令上に規定されている一定の要件を満たした場合には、英国居住者は誰でもISA口座を開設することができる。

ISA口座保有者は、年間拠出限度額の範囲内で投資を行い、当該ISA口座で保有する金融商品から生じる配当、譲渡益、利子等について非課税の恩恵を受けることができる。年間拠出限度額の管理は英国歳入関税庁（HM Revenue and Customs、以下「HMRC」という）が行う。

ISA口座の開設は、株式型ISA、預金型ISA、イノベーティブ・ファイナンスISAのそれぞれで、一つの金融機関でしか開設することはできないが、翌年度になれば、それぞれ別の金融機関において口座開設を行うことが可能である。また、株式型ISAではスイッチングも認められており[45]、所得制限や資金の引出制限はない。

また、異なる金融機関のISA口座間のISA資産の移管も認められている[46]。その場合、移管元及び移管先のいずれでも取扱いのある金融商品については、振替手続きにより移管を行うことが可能であるが、移管元のISA口座で保有する金融商品が移管先において取扱いがなされていない場合には、移管元のISA口座で保有する金融商品を一旦現金化し、移管先にISA口座を開設した後に当該現金を送金することにより、移管がなされることとなる。

ISA口座の開設に係る申込みは、（ⅰ）Webによる申込み、（ⅱ）電話による申込み、（ⅲ）書

---

[42] ISA口座開設者による毎月の積立投資の利便に供するため、2011年度以降は基本的に物価指数の上昇に応じて120ポンド刻みで引き上げられている。
[43] 1ポンド＝160円で換算。以下、すべて同じレートで換算している。
[44] これらの改革方針の公表と同時期にpeer to peer loanをISA投資対象商品に含める方針も公表されたが、実際にpeer to peer loanが投資対象商品に含まれるようになったのは、2016年4月のイノベーティブ・ファイナンスISA開始時である。
[45] 日本のNISAではスイッチングが認められていない。
[46] 日本のNISAについては、同一の金融機関で開設したNISA口座からのみ移管が可能であり、他の金融機関で開設しているNISA口座からの移管は認められていない。

図表4　ISA（英国）及びNISA（日本）の制度概要

	ISA（英国）			NISA（日本）
	株式型ISA	預金型ISA	イノベーティブ・ファイナンスISA	
導入時期	1999年4月6日		2016年4月6日	2014年1月1日
口座開設者	満18歳以上の居住者	満16歳以上の居住者	満18歳以上の居住者	満20歳以上の居住者（※口座開設年の1月1日現在時点）
口座開設期間	当初は10年間の予定であったが、2008年に恒久化		恒久	10年（2014年～2023年）
非課税保有期間	恒久			5年
対象商品	株式、債券、投資信託、保険等	預金、MMF等	peer to peer loan、現金	上場株式、株式投資信託等
非課税対象	配当、譲渡益、利子等	利子	利子等	配当、譲渡益
拠出限度額	株式型、預金型及びイノベーティブ・ファイナンスISAの合計で15,240ポンドまで（2016年度）			年間合計で120万円まで（※手数料は含まない）
スイッチング	可能			不可

（出所）HMRC及び金融庁資料より日本証券業協会作成

類による申込みにより行われている[47]。ISA口座の開設手続きは、英国の課税年度末である4月5日までに開設申請を行い、ISA口座への入金が完了している必要がある。

 i) 株式型ISA

　株式型ISAの口座開設資格は18歳以上の英国居住者であり、ISAマネージャーとしてFCA（Financial Conduct Authority：金融行為監督機構）から認可を受けた証券業者、銀行、保険会社、投資信託委託会社等に株式型ISAを開設することができる。

　2016年度の年間拠出限度額は、預金型ISA及びイノベーティブ・ファイナンスISAとの合計で年間15,240ポンド（約244万円）である。株式型ISAでは、株式、公社債、投資信託、保険などの金融商品に投資を行い、当該金融商品から生じる配当、譲渡益、利子等が非課税となる。2015年4月5日時点では、約78％が投資信託に対する投資であった。

 ii) 預金型ISA

　預金型ISAの口座開設資格は16歳以上の英国居住者であり、株式型ISAと同様にISAマネージャーとしてFCAから認可を受けた証券業者、銀行、保険会社、投資信託委託会社等に預金型ISAを開設することができる。

　2016年度の年間拠出限度額は、預金型ISA及びイノベーティブ・ファイナンスISAとの合計で年間15,240ポンド（約244万円）である。預金型ISAでは、預貯金やMMFなどから生じる利子が非課税とされる。

47　本人確認は初めて口座を開く際にのみ必要で、ISA以外に他の口座を保有している場合は、本人確認書類の提示は不要となる。また、国民保険番号（National Insurance Number）については金融機関では確認していない。ISAを保有していれば年度末にHMRCに国民保険番号が送付される仕組みになっている（以上、現地調査インタビュー（2016年4月）による）。

図表5　配偶者によるISAでの相続

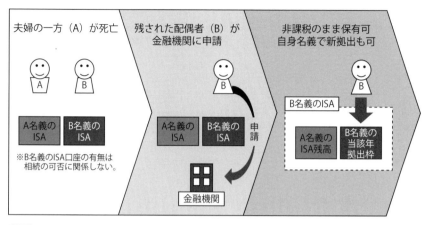

（出所）HMRC "Guidance: additional permitted subscriptions for the spouse/civil partner of a deceased ISA investor", July 9, 2015 より日本証券業協会作成

　　iii）イノベーティブ・ファイナンスISA

　イノベーティブ・ファイナンスISAの口座開設資格は18歳以上の英国居住者であり、株式型ISAと同様、ISAマネージャーとしてFCAから認可を受けた証券業者、銀行、保険会社、投資信託委託会社等にイノベーティブ・ファイナンスISAを開設することができる。対象商品はpeer to peer loanと現金に限られており、peer to peer loanから生じる利子や譲渡益が非課税となる。

　2016年度の年間拠出限度額は、株式型ISA及び預金型ISAとの合計で年間15,240ポンド（約244万円）である。

　なお、ジュニアISAへのイノベーティブ・ファイナンスISA導入は予定されていない。

②配偶者によるISAでの相続

　これまではISAの口座名義人が亡くなると口座が閉鎖され、配偶者による相続に当たってその後の運用益は課税されていた。そのため、例えば夫婦が夫名義のISAで共同して資産形成をしていても、夫に先立たれた妻が引き続きISAのメリットを享受できなくなるといった事例も見られた[48]。

　しかし、2015年4月から、配偶者によるISAでの相続が認められた[49]。ISAを利用していた配偶者が死亡し、生存している配偶者がそのISA資産を相続した場合、180日以内に金融機関に申請することにより、そのISA資産を自身のISA口座で引き続き保有することができるようになった（図表5）。

　また、死亡した配偶者のISA資産を子や孫等が一般の口座で相続し、生存した配偶者が相続しなかった場合には、生存者の年間拠出限度額に死亡者のISA資産の死亡日の時価総額に相当する追加拠出額が加えられる。

48　HMT "Autumn Statement 2014", December 2014.
49　なお、対象となる相続は被相続人が2014年12月3日以降に亡くなった場合。また、本制度は配偶者にのみ認められており、子や孫へ適用は認められていない。

図表6　英国の住宅価格

住宅価格指数の推移

地域別の平均価格（2015年9月時点）

地域	平均住宅価格 （単位：ポンド）	過去1年間の 上昇率
英国全体	286,000	6.1%
イングランド	299,000	6.4%
ウェールズ	175,000	1.1%
スコットランド	199,000	1.1%
北アイルランド	162,000	10.2%
ロンドン	531,000	7.2%

（注）住宅価格指数は2002年2月を100としている。
（出所）Office for National Statisticsより日本証券業協会作成

③ヘルプ・トゥ・バイISA

　預金型ISAの拡充策として、2015年12月1日からヘルプ・トゥ・バイISAが導入された。図表6のように住宅価格が高騰している英国には、もともとヘルプ・トゥ・バイという住宅購入支援策があった。2013年4月に「ヘルプ・トゥ・バイ：エクイティ・ローン」という、新築物件に限り住宅価格の20%相当のローンを当初5年間は金利負担ゼロで政府が提供するという制度が始まり、加えて同年10月に「ヘルプ・トゥ・バイ：モーゲージ保証」という中古物件にも適用できる類似の制度が導入された。両制度は、2015年末までに15万人もの人々が利用していたが[50]、昨今の低金利環境が個人の住宅購入に影響を与えているという理由から[51]、ブランド力があり訴求力のあるISAにも拡充が行われた。

　ヘルプ・トゥ・バイISAは、専用の預金型ISAを開設し、資金を拠出することで、口座開設者が初めて住宅を購入する際に、政府から拠出額の25%のボーナスを非課税で受け取ることができる制度である（図表7）。口座開設時に最大1,000ポンドまで拠出することができ、初めての住宅購入までの間、毎月最大200ポンドまで拠出することができる。ヘルプ・トゥ・バイISAでの拠出は最大12,000ポンドまで行うことができ、政府からのボーナスは3,000ポンドが上限となる。口座開設者が初めて住宅を購入する際に、口座開設者に政府からのボーナスが支払われ、口座は廃止される。なお、政府からのボーナスを受け取り購入できる住宅価格の上限は、ロンドンでは最大450,000ポンド、ロンドン以外で最大250,000ポンドとされている。

　通常の預金型ISAでは年度ごとに異なる金融機関に口座を開設することができるが、ヘルプ・トゥ・バイISAは一人につき一つの金融機関でしか持つことができない。

　なお、預金型ジュニアISAへの適用は認められていない。

　ヘルプ・トゥ・バイISAは2016年3月までに35万人の利用者がおり[52]、その大多数がそれまでISA口座を開設していなかった人であったという[53]。本制度は既に英国の成人人口の約半数が利

50　HMT "BUDGET 2016" March 16, 2016.
51　HMT "BUDGET 2015" March 18, 2015.

図表7　ヘルプ・トゥ・バイISAの制度概要

	ヘルプ・トゥ・バイISA
導入時期	2015年12月1日
制度概要	初めての住宅購入時に政府から拠出額の25％のボーナス（最大3,000ポンド）を受け取ることができる。
口座開設者	満16歳以上の居住者 （※初めて住宅を購入する者に限る。）
口座開設期間	4年
非課税保有期間	恒久
対象商品	預金、MMF等
非課税対象	利子、政府ボーナス
拠出限度額	口座開設時：1,000ポンド
	毎月：200ポンド
	最大拠出総額：12,000ポンド
住宅価格上限額	ロンドン：450,000ポンド
	ロンドン以外：250,000ポンド
スイッチング	可能

（出所）HMRC資料より日本証券業協会作成

用しているISA制度を基に、政府からのボーナスを受け取るための追加的な要件を定めていることから、英国民にとってわかりやすい制度となっており、利用者が拡大している。

④フレキシブルISA

2016年4月からは、フレキシブルISA（Flexible ISA）という仕組みが始まった[54]。これまではISA内の資金を引き出すと、以後は同資金について非課税のメリットを享受できない仕組みになっていた。しかし、人々が非課税というメリットを失うことなくこれまで貯めたISA内の資金を活用できるよう[55]、一度資金を引き出しても同課税年度中（4月6日から翌年4月5日まで）に戻し入れれば、当該年度の枠を使った新たな拠出とみなされないこととされた[56]。例えば、2016年5月に預金型ISAに10,000ポンド拠出し、同年6月に2,000ポンド引き出した場合、その時点での既拠出額は8,000ポンドと見なされ、年間拠出限度額の残額分（15,240ポンドから8,000ポンドを引いた7,240ポンド）については、預金型ISA、株式型ISA、イノベーティブ・ファイナンスISAのいずれに対しても拠出が可能となる。

⑤ワークプレイスISAの仕組み

職域におけるISA（以下「ワークプレイスISA」という）は、2011年頃から普及し始めた。ワ

52　HMT "BUDGET 2016" March 16, 2016. 同数値はTax Incentivised Savings Association調べ。
53　現地調査インタビュー（2016年4月）による。
54　フレキシブルISAは、株式型ISA及びイノベーティブ・ファイナンスISAに預託されている現金についても適用されうる。
55　HMT "BUDGET 2015", March 18, 2015.
56　ただし、再預入れを認めるかどうかは各金融機関の判断に委ねられている。また、ジュニアISAには同制度が適用されない。（HMRC "ISAs Guidance Notes for ISA Managers", April 2016, Chapter 6.78.）

ークプレイス ISA は、一般企業が自社の従業員に提供する福利厚生の一環である。同様の福利厚生策としては、確定拠出型年金（以下「DC」という）や従業員持株制度などが挙げられる。ワークプレイス ISA は、給与天引きで資金が ISA に拠出され、通常の ISA と変わることなく税制優遇措置を受けることができる。

ワークプレイス ISA については、特別の法規制・ガイドラインが存在するわけではなく、ISA の範囲で運用がなされる。したがって、通常の ISA 口座とは別にワークプレイス ISA 口座が存在するわけではなく、拠出についても通常の ISA 口座と同様の扱いがなされる。

ワークプレイス ISA は、自社株保有制度を補充する形で活用されることもある。英国では、自社株保有の税制優遇制度として SIP（Share Incentive Plan：株式奨励制度）などが存在するが、このスキームによって取得した自社株は、取得後90日以内であれば、移管時の時価で ISA に移管することができる。そのため、職域における他の福利厚生政策とワークプレイス ISA は相互補完・補充関係にあるといえ、相乗効果が期待できる。

政府や雇用者からのマッチング拠出というインセンティブがないことから[57]、必ずしもワークプレイス ISA の利用率は高くないという[58]。しかし、年金は退職時まで引き出すことができないデメリットがあるが、ワークプレイス ISA には引出制限がないため、年金よりも柔軟性があり、年金に代替する退職に向けた資産形成手段として利用することができる。また、年金の控除枠を使い切ってしまった人にとっては ISA という税制優遇枠は魅力的なものとなる。

他方、企業としては、ワークプレイス ISA の提供により従業員に対して年金のほかに退職に向けた資産形成手段の選択肢を与えることができる。前述のとおり ISA への本人以外の拠出は認められていないため企業がマッチング拠出をすることはできないが、ISA へ資金を拠出した従業員に対して DC へのマッチング拠出を上乗せする等の方法によりインセンティブを付与することも考えられる。また、EU で導入された雇用における年齢差別の禁止への対応という観点からも、企業側にワークプレイス ISA を導入するインセンティブがある。年齢差別の禁止とは、企業が従業員の年齢を理由として退職を求めることができないというルールであり、これによって退職に向けた資産形成ができていない従業員がいつまでも企業に居座るリスクが生じる。そのため、企業としても年金のほかに従業員の資産形成を支援するインセンティブがあるといえる。

さらに、ワークプレイス ISA は税引き後の拠出となるため、英国政府にとっても年金制度の管理と比較して、低コストとなるメリットがあるといえる。

(3) 現状の評価

ISA は、英国政府によって英国民の貯蓄率の向上を目的として導入され、資産残高は増加傾向が続き、2015年4月5日時点で4,830億ポンド（約77兆円）に上る[59]。また、2014年4月5日時点では英国民の約2,200万人が ISA 口座を保有しており、成人人口[60]のおよそ半数が保有していることになる[61]。こうした状況から見ても、英国において ISA は広く普及した制度であり、プラン

---

[57] 現地調査インタビュー（2016年4月）による。

[58] 「投資サービス関連の調査・コンサルティング会社ザ・プラットフォーラム社の調査によると、調査対象企業237社（従業員総数25万9,000人）のうち11%がワークプレイス ISA を導入しており、それら企業の従業員による利用率は10%以下であった。しかし、79%の企業は今後職域貯蓄サービスを拡充していくとしており、その中でワークプレイス ISA が言及されることが多かった」（神山哲也、田中健太郎「英国におけるワークプレイス ISA の現状」『野村資本市場クォータリー』2013年秋号）

[59] 英国個人金融資産の約1割が ISA 口座で保有されている（2015年3月末の英国個人金融資産は約6兆ポンド）。（Office for National Statistics"United Kingdom Economic Accounts" Quarter 3 2015）

[60] 2014年の英国成人人口は約4,900万人。

[61] 近年は ISA 口座数が若干減少しているものの、HMT によれば「微減に過ぎず、英国の経済状況が良く万一に備えて貯蓄をしようという英国民の意識が薄れたためではないか」とのことであった（現地調査インタビュー（2016年4月）による）。

ドが確立されているといえる[62]。

　ここまで英国民の間に普及した理由としては、制度設計がシンプルであったことが挙げられるという声が多く聞かれた[63]。昨年までISA口座には、株式型ISAと預金型ISAの二種類しかなかった点や、NISAとは異なり制度が恒久化されている点など、投資者にとってはわかりやすいものとなっている。また、ISA口座からは資金をいつでも引き出すことが可能であり、フレキシブルISAの導入により、引き出した資産を同課税年度中にISA口座に戻し入れることで、年間拠出限度額に影響することなく拠出を続けられるようになったことで柔軟性が高まり、投資者にとっては利用に際してのハードルが低いことも魅力の一つであろう。

　また、金融機関側からも、ISAに対しては、高い評価がなされている。ISAは法令で規定されているが、実務上の取扱いについては、HMRCが策定する「Guidance Notes」によって規定されている。そのため、市場の変化に対して柔軟に対応することが可能となっている。「Guidance Notes」の改定については、HMTやHMRCが金融業界と協議を行い、改定による実務上の影響を確認する場が設けられている。

2）ジュニアISAについて
(1) ジュニアISA導入の目的及び沿革
①ジュニアISA導入の目的

　ジュニアISAは、税制優遇が付された子どもの将来のための資産形成制度である。もともと、英国では子ども向けの資産形成制度としてチャイルド・トラスト・ファンド（Child Trust Fund：児童信託基金。以下「CTF」という）[64]が導入されていたが、財政上の理由で新規口座開設が停止されたことから、代替手段として2011年11月よりジュニアISAが導入された。

　ジュニアISAはCTFとは異なる仕組みではあるが、その導入目的は共通しており、英国で生まれたすべての子どもの将来のための資産形成を推奨することである。英国政府の狙いとしては、子どもの頃から貯蓄の習慣を身につけることによって、短期的には若年者層の貯蓄意識を向上させ、長期的には英国社会全体の貯蓄率の向上を実現することが考えられる。

②ジュニアISAの沿革

　ジュニアISAが導入される前にはCTFが利用されていたが、ジュニアISAとCTFとはその成り立ちが大きく異なる。

　CTFは、ブレア政権によって、2004年5月に成立した「The Child Trust Funds Act 2004」に基づく制度である（制度導入は2005年1月）。18歳未満の英国居住者に対してCTF口座を開設させ、税制優遇を与えるとともに、口座に対して英国政府による給付があることが特徴である。ブレア政権は、CTFによってすべての子どもが18歳になった時点で貯蓄習慣を身につけることを目的としていた。

　しかし、英国の財政状況が悪化したこと、またCTFへの給付に対する批判があったことから、政権交代後のキャメロン政権は、2010年5月にCTFへの給付金の削減及び停止を発表した。その後、2010年12月に成立した「Savings Accounts and Health in Pregnancy Grant Act 2010」により、2011年1月以降は新たなCTF口座の新規口座開設やCTF口座への給付が停止され、既

62　複数の政府関係者及び金融機関から、ISAは制度設計がシンプルであること、また、投資者保護上の大きな問題も発生していないことから、国民の間で高いブランド・信頼を確立しており、今後もそれらを維持していく必要があるといった指摘があった。
63　現地調査インタビュー（2016年4月）による。
64　CTFとは、子ども向け税制優遇貯蓄スキームであり、CTFで保有する金融商品から生じる利子、配当、収益分配金、譲渡益は非課税とされる。CTFでは、当初、子どもの誕生時と7歳の誕生日の2回、国から補助金（それぞれ250ポンド）が支給されていた。

図表8　ジュニアISAの年間拠出限度額の変遷

(単位：ポンド)

	株式型ジュニアISA及び 預金型ジュニアISAの 合計年間拠出限度額	預金型ジュニアISAの 年間拠出限度額
2011年	3,600	3,600
2012年	3,600	3,600
2013年	3,720	3,720
2014年	2014年6月まで3,840	2014年6月まで3,840
	2014年7月から4,000	2014年7月から4,000
2015年	4,080	4,080
2016年	4,080	4,080

(出所) HMRC "Individual Savings Account (ISA) Statistics", August 2015より日本証券業協会作成

存のCTF口座のみ維持されることになった。

　2010年10月、英国政府は、子どもの将来のための資産形成手段としてジュニアISAの導入を発表した。ジュニアISAの年間拠出限度額については、2011年3月にHMTから公表された規則案では年間3,000ポンドとされていたが、その後のパブリックコメントで寄せられた意見を考慮し、2011年7月に成立した「The Individual Savings Account Regulations 2011」において3,600ポンドへと引き上げられた。また、既存のCTF口座への年間拠出限度額についても、それまでの1,200ポンドからジュニアISAと同額の3,600ポンドへと引き上げられることになった。

　ジュニアISAの年間拠出限度額についても、ISAと同様に口座開設前年9月における物価指数の年間上昇率に応じて決定されることとなっており、制度導入以降、年間拠出限度額は拡大している（図表8）。

　2014年7月からは、ISAの年間拠出限度額の増加に伴い、ジュニアISAでも年間拠出限度額が4,000ポンドに引き上げられ（2013年度は3,720ポンド）、引上げ幅は過去最大となった。また、2015年4月からは4,080ポンドに引き上げられ、12で割ることができ月々の積立がしやすい年間拠出限度額となった。さらに、それまでCTF口座を有するものはジュニアISA口座を開設することはできないこととなっていたが、CTFからジュニアISAへのロールオーバーが可能となった。

(2)　ジュニアISAの仕組み（図表9）

　ジュニアISAの口座開設資格は18歳未満の英国居住者である[65]。親や祖父母など[66]が資金を拠出し、子や孫の将来の資産形成のために利用されることが多い。利用者には所得制限は設けられていない。

　ジュニアISA口座の開設は、株式型、預金型それぞれ、一人につき一つの金融機関でしか開設できず、ジュニアISA口座の金融機関を変更する場合には、ジュニアISA口座で管理する資産のすべてを新しいジュニアISA口座に移管する必要がある。

　2016年度の年間拠出限度額は、株式型と預金型の合計で4,080ポンド（約65万円）であり、

65　16歳未満の英国居住者がジュニアISA口座を開設する際には、口座開設手続を行う親等の国民保険番号を届け出る必要があるが、口座開設者本人の国民保険番号は不要である。16歳以降にジュニアISA口座を開設する際には、未成年者本人による口座開設が可能となり、親等の情報は不要となる。

66　ジュニアISAへの資金拠出者に制限はない。

図表9 ジュニアISA（英国）とジュニアNISA（日本）の制度概要

	ジュニアISA（英国）		ジュニアNISA（日本）
	株式型ジュニアISA	預金型ジュニアISA	
導入時期	2011年11月1日		2016年4月1日
口座開設者	満18歳未満の居住者		満20歳未満の居住者 （※口座開設年の1月1日現在時点）
口座開設期間	恒久		8年（2016年〜2023年） ※2023年以降も、口座開設者が20歳に到達するまでは非課税保有を継続可能
非課税保有期間	恒久		5年
対象商品	株式、債券、投資信託、保険等	預金、MMF等	上場株式、株式投資信託等
非課税対象	配当、譲渡益、利子等	利子	配当、譲渡益
拠出限度額	株式型と預金型の合計で4,080ポンドまで （2016年度）		年間合計で80万円まで （※手数料は含まない）
スイッチング	可能		不可

（出所）HMRC及び金融庁資料等より日本証券業協会作成

　HMRC（Her Majesty's Revenue and Customs：歳入関税庁）が管理を行う。株式型ジュニアISAでは、株式、公社債、投資信託、保険などの金融商品に投資を行い、当該金融商品から生じる配当、譲渡益、利子等が非課税となる。預金型ジュニアISAでは、預貯金やMMFなどから生じる利子が非課税とされる。

　ジュニアISA口座では引出制限が設けられており、法定の事由を除き[67]、口座保有者は18歳になるまで、資金を引き出すことはできない[68]。

　ジュニアISAは、口座保有者が16歳になったときに自ら運用を行うことが可能となり、口座保有者が18歳になったときにISA口座へと移管されることになる。

　なお、預金型ISAについては16歳から開設が可能となることから、口座保有者が16歳から18歳の間にはジュニアISAでの拠出に加えて預金型ISAでの拠出も認められる[69]。

(3) 現状の評価

　ジュニアISAは、子どもの将来のための資産形成を目的にCTFに代わって導入された制度である。2015年4月現在、ジュニアISA口座の資産残高は約16億5,500万ポンド（約2,650億円）であり、稼働口座数は約51万口座である。また、2015年4月からはCTFからジュニアISAへのロールオーバーが認められたことから、今後利用者が拡大していくことが期待されている[70]。さらに、ジュニアISA口座には祖父母などでも拠出できるため、世代間の資産移転に対しても大きく寄与することが期待されている。実際に、ジュニアISAのみに特化したマーケティング等を行うのではなく、顧客の世帯全体の状況を把握したうえで、顧客との長期的な関係の構築を目指

67　死亡又は重篤な病気の場合にのみ引き出すことが認められている。
68　ジュニアISA口座からの引出しについては口座開設金融機関による確認が義務付けられている。
69　預金型ISAでの拠出限度額は、16歳時には拠出限度額の50％、17歳から18歳の間には拠出限度額の100％。
70　2012年4月5日時点のCTFの残高は約49億ポンド、口座数は約614万口座である。（HMRC "Child Trust Funds Statistics" February 2013）

してジュニアISAの提供を行っている金融機関もあるという[71]。

一方で、ジュニアISAには引出制限があり、子どもが18歳になるまで引出制限が課されることに対して賛否があるが、子どもが資金を無駄な利用で費消してしまうことを防ぐことができるというメリットも評価されている。また、富裕者層が自らの投資目的として利用する制度ではなく、子どもに独立心を持たせるという目的で用いられているという声も聞かれる。

3．英国におけるISA恒久化議論について

1）恒久化の背景

ISAは、非課税期間は導入時より恒久とされていたが、口座開設期間には当初10年間という期限があった。導入から7年後にHMTによるISA制度の効果検証を行い、その結果を踏まえてISA制度の存続を検討することとされていた。

これを受け、2006年にISA制度の効果検証が行われ、HMTは「ISA導入の目的は、資産形成習慣の形成を促進し拡大すること、及び金融商品間の税制優遇をより公平に配することであった。今日では1,600万人以上の人々がISA口座を保有しており（これは1999年当時にTESSAまたはPEPを保有していた人口の倍以上である）、当初の目的は達成された」[72]と判断した。また、ISA口座保有者の所得をみると年収20,000ポンド未満が6割を超えており、45歳未満が4割を超えていることから、特に低所得者層や若年層に対しても普及していることが高く評価された。

このように政府も恒久化に好意的ではあったが、背景には金融機関や業界団体からの強い要望もあった。例えばPEPとISAの業者による業界団体は、2006年7月にISAに関する要望書をHMTに提出した（図表10）。当該要望書には16項目が掲げられ、うち12項目が2016年6月時点で対応済み（または対応予定）である。ミニ口座と総合口座の区分解消、PEPのISAへの統合などISA特有の項目もあるが、年間拠出限度額の引上げや口座開設期間の恒久化[73]、配偶者によるISA相続の解禁などの議論はNISAにも関係しうる。

ISAの年間拠出限度額の初めての引上げは2008年、制度の恒久化も2008年と迅速な対応が行われたのに比べ、配偶者によるISA相続の解禁は2014年12月からと少々時間がかかった。しかし、いずれも政府が積極的に業界の声に耳を傾けた結果、実現したものだといえよう。

2）恒久化の評価

2008年の恒久化以降、ISA資産残高は約1.7倍と飛躍的に増加しており、2014年4月5日時点では英国の成人人口の約半数がISA制度を利用している。現在では住宅購入の支援のためのヘルプ・トゥ・バイISAや退職後の資金準備のためのワークプレイスISA等、ISA制度をベースに様々な支援策が展開されているが、これらの支援策が国民に受け入れられているのも、恒久化を契機に多くの国民に受け入れられたISA制度を基にしていることが理由に挙げられるであろう。

政府にとっては将来にわたってISA内の資産から生じる利益に係る歳入が年間で35億ポンド程度失われることになるが、私的年金の控除に対する歳入減と比べると10分の1程度であるため、コストも抑えることができるという[74]。また、政府は制度導入時には英国民の貯蓄率の向上を目的としていたが、現在では英国経済全体の活性化への貢献が貯蓄率の向上を上回る便益があ

---

71 現地調査インタビュー（2016年4月）による。
72 HMT "Individual Savings Accounts: proposed reforms", December 2006.
73 日本のNISAは非課税期間が5年であるのに対し、英国のISAは当初から非課税期間の制約がなかった点は、大きく異なる。
74 そもそも英国では、DCを含む私的年金が日本に比べて非常に優遇されている点に留意する必要がある。拠出限度額は年間で基本的に4万ポンド、生涯で100万ポンドと大きく、DCのみでこの限度額を使い切ることもできる。

図表10　PEPとISAの業界団体による要望とその後の制度改正

2006年の業界要望（抜粋）	制度改正
・MiniとMaxiの区分廃止	・2008年4月に廃止。
・拠出限度額の引上げ	・2008年4月に最初の引上げ。 ・2011年以降は原則インフレ連動で引上げ。
・預金型から株式型への移管	・2008年4月に預金型から株式型への移管解禁。 ・2014年7月に株式型から預金型への移管解禁。
・PEPのISAへの統合	・2008年4月に統合。
・AIM等をISAの対象に	・2013年7月にAIM等も対象に。
・ISAの配偶者による相続	・2015年4月から可能に（対象は2014年12月以降）。
・ISAの2020年までの延長	・2008年4月に恒久化。
・ISAにおける資産形成に対するさらなるインセンティブ付与	・2015年12月にヘルプ・トゥ・バイISA導入。 ・2017年4月にライフタイムISA導入（予定）。
・CTF⇒ISAのロールオーバー	（・2011年11月にジュニアISA導入。） ・2015年4月以降、CTFからジュニアISAへの移管が可能に。
・退職ISA（Retirement ISA）	・2017年4月にライフタイムISA導入（予定）。
・CTFの対象者拡大	・2011年11月にジュニアISA導入。
・一生涯をカバーする資産形成制度	・2011年11月にジュニアISA導入。 ・2017年4月にライフタイムISA導入（予定）。

（出所）PIMA "ISA Review 2006 –Proposals submitted to HM Treasury", July 2006より日本証券業協会作成

ると考えているようである[75]。

4．英国ISA制度の今後の展望

1）ライフタイムISA

HMTは、2017年4月より、第4のISAとして、次世代の住宅購入や退職後のための長期的な資産形成を支援するために、新たにライフタイムISAを導入することを発表した（図表11）[76]。

ライフタイムISA導入の背景には、英国における現行の年金制度に関する議論がある[77]。英国の年金制度はEET（拠出時非課税、運用時非課税、給付時課税）と呼ばれるものであり、拠出時に非課税措置の適用を受けるためには、課税後の拠出金に対して還付を受ける方法か雇用主が課税前の所得から拠出金を差し引く方法をとる必要がある。また、拠出額には年間拠出限度額と生涯積立限度額が設定されており、各限度額を超過した場合には超過額が課税対象となる。運用時は配当、譲渡益、利子が非課税となり、給付時は残高の25％までは非課税となり、残りの金額が課税対象となる。

2015年4月に英国の政策研究センター（Centre for Policy Studies）が発表したレポートでは、TEE（拠出時課税、運用時非課税、給付時非課税）を採用することにより、退職者層からでな

75　以上、現地調査インタビュー（2016年4月）による。
76　手続き等の詳細は2017年秋頃アナウンスされる予定とされた。
77　議論の詳細については、「英国におけるライフタイムISAと年金税制改革の議論」『野村資本市場クォータリー』2016年春号も参照。

図表11 ライフタイムISAの制度改正

	ライフタイムISA
導入時期	2017年4月
制度概要	初めての住宅購入時もしくは60歳の誕生日以降に非課税で払い出すことができる。政府から拠出額の25%のボーナス（最大32,000ポンド）を受け取ることができる。
口座開設者	満18歳以上40歳未満の居住者
資金拠出期間	50歳の誕生日まで
非課税期間	60歳の誕生日まで
対象商品	預金型ISA及び株式型ISAと同様
非課税対象	配当、譲渡益、利子、政府ボーナス
拠出限度額	年間拠出限度額：4,000ポンド
	最大拠出総額：128,000ポンド
住宅価格上限額	450,000ポンド
スイッチング	可能

（出所）HMRC資料より日本証券業協会作成

く現役世代から税収を得ることができる点と英国政府にとっても費用削減のメリットがあり、現行の年金制度を廃止し、退職後に向けた資産形成手段としてISAを活用することを提案した[78]。この提案を受け、英国財務省は2015年7月に拠出時非課税を中心とする年金税制の見直しに関する市中協議書を公表し、「現行の年金税制の複雑性が個人の年金拠出に対するインセンティブをどの程度減退させているか」、「税制がシンプルであれば年金拠出のインセンティブ向上に結び付くか、その場合どのように税制を変更するべきか」についてコメントを募った[79]。寄せられたコメント等を踏まえ、現行の年金制度を維持したまま、ライフタイムISAが導入されることとなった。

ライフタイムISAを開設し、資金を拠出することで、政府から拠出額の25%のボーナスを非課税で受け取ることができる制度である。対象商品は株式型ISA及び預金型ISAと同様とされている。口座開設は18歳から40歳までの英国居住者に限られており、資金拠出は50歳の誕生日までに限られているが、毎年拠出した金額の25%の政府ボーナスを受け取ることができる。年間拠出限度額は4,000ポンド（約64万円）であり、18歳から50歳まで年間拠出限度額を拠出した場合、拠出総額は最大128,000ポンド（約2,048万円）、そこから受け取ることのできる政府ボーナスは32,000ポンド（約512万円）となる。ヘルプ・トゥ・バイISAとは異なり、毎月の拠出限度額はなく、年間4,000ポンドを上限として、毎月拠出したい金額を拠出することができる。

拠出した資金及び政府からのボーナスは最初の住宅購入時もしくは60歳以降に非課税で払い出すことができる。ライフタイムISAでは初めて住宅を購入する際に、ロンドン以外であっても住宅価格が450,000ポンドまでの住宅を購入するために使用できる。

60歳の誕生日以降であれば資金使途にかかわらず非課税で拠出額及び政府ボーナスを払い出すことができるが、60歳以前に初めての住宅購入以外の目的で払い出した場合は法定の事由を

---

78 Michael Johnson "The unification of pensions and ISAs", Centre for Policy Studies, April 2015.
79 HM treasury "Strengthening the incentive to save: consultation on pensions tax relief", July 2015.

除き[80]、政府ボーナス（そこから生じる収益を含む）が失われ、拠出額の5％のチャージを支払わなければならない。

既にヘルプ・トゥ・バイISAを開設している場合には、ヘルプ・トゥ・バイISA及びライフタイムISAのどちらか一方の政府ボーナスのみ最初の住宅購入に使用することができる。また、2017年4月からの1年間に限り、ヘルプ・トゥ・バイISAの資産をライフタイムISAに移すこともできる。

なお、ライフタイムISA導入に合わせ、2017年4月からISAの年間拠出限度額は株式型ISA、預金型ISA、イノベーティブ・ファイナンスISA及びライフタイムISAの総額で20,000ポンド（約320万円）にまで拡充される予定である。

ライフタイムISAの評価として、払出し制限については一部批判的な意見があるが[81]、制度全般としては高く評価されている。

2）投資教育

英国はISAなど税制面での資産形成支援制度というハード面の整備を進める一方、投資教育というソフト面の充実にも取り組んでいる。

成人については、2010年に金融サービス法に基づき設立された独立法人であるマネー・アドバイス・サービス（Money Advice Service、以下「MAS」という）によって公的金融教育が提供されている。英国では、生産年齢人口の7割以上が月収3か月分未満の貯蓄しかない、6人に1人が多額債務者となっているなど金融能力（financial capability）の低さが問題視されており[82]、MASによるウェブサイトを通じた情報提供や電話・対面での相談受付を通じて英国民の金融リテラシー向上や資産形成支援を図っている[83]。MASの職員によれば、少額でも利用でき、万一の場合に資金を引き出すことができるISAという制度は英国民の資産形成支援に有効だが、ISAを十分に活用するためには金融リテラシーが必要だという[84]。また、直接的な教育ではないが、政府予算によって運営される年金アドバイスサービス（The Pensions Advisory Service、以下「TPAS」という）では、年金や退職後の資産運用に関する相談を受け付けている。TPASの職員によれば、TPASでは年金に関する相談だけでなく、年金とISAのどちらに拠出すべきかといった質問にも回答しており、結果的にISAに関する説明をすることもあるという[85]。

他方、まだ自分で運用を行う年齢には達していない子どもたちについても、2014年9月以降適用の学習指導要領に金融関連事項が盛り込まれた[86, 87, 88]。具体的には、「数学は、日々の生活に不可欠であり、…［中略］…金融リテラシー及び大半の雇用形態において必要である」とされ、11～14歳（Key Stage 3）は単利計算を、14～16歳（Key Stage 4）は二次関数グラフなど非線

---

80 死亡又は重篤な病気の場合にのみ非課税で引き出すことが認められている。
81 業界団体では、目的外で払い出した場合の5％のチャージは妥当ではないとしており、政府と交渉が行われている（現地調査インタビュー（2016年4月）による）。
82 Financial Capability Strategy for the UK ウェブサイト。
83 Money Advice Service ウェブサイト。
84 現地調査インタビュー（2016年4月）による。
85 現地調査インタビュー（2016年4月）による。
86 Department of Education "The national curriculum in England - Framework document" July 2014.
87 背景には、署名運動がある。2006年から政府の補助金を受けて金融経済教育を行っていたPersonal Finance Education Groupという非営利組織が、2011年の経済危機により補助金が打ち切りとなり活動を縮小せざるをえなくなったことを契機として、署名運動を展開した。金融界の著名人等の協力も得ながら約10万人の署名を集め、議会でも超党派のグループが形成され、無事学習指導要領に盛り込まれるに至った。
88 MASによれば、お金の取扱いに関する姿勢・習慣の多くは7歳までに形成されるという。

形グラフの金融分野等への適用を学ぶこととされている。また、「公民教育においては、生徒が責任ある市民として社会の一員となり、自らの資産を管理し、金融について健全な意思決定ができるよう準備させなければならない」とされ、Key Stage 3ではお金の機能と使い方、収支管理の重要性と実践、リスクマネジメントを、Key Stage 4では収入と支出、信用と負債、保険、貯蓄と年金、金融商品・サービス、税金がどのように集められ使われるかを学ぶこととされている。

既に実際の教育現場で金融経済教育が行われているが、今後は、全体的な教育の質の向上、また、学習指導要領が適用されない私学にも金融経済教育の提供を義務付けることが課題だという[89]。その対応の一環として、金融経済教育を行っているPersonal Finance Education Groupという非営利組織では金融経済教育において年齢別に達成すべき目標を示した資料（Financial Education Planning Framework）を提供している。同資料では、①お金を管理する、②批判的な目を持つ消費者になる、③お金に関するリスクと感情を管理する、④人生におけるお金の重要な役割を理解するという4分類に項目が分かれており、3～5歳向けの「貨幣を区別する」というものから、16～19歳向けの「自らの状況にあった金融商品を選択することに責任を持ち、契約に署名する前には細かな文字で書かれた文言まで読む」というものまで、各年齢で達成すべき目標がそれぞれ示されている。

このように英国では、ISA及びジュニアISAの制度整備と併せて、周知や教育も図ることによって、家計の資産形成支援効果を一層高めようとしている。我が国においても、ハード面の拡充はもちろん、制度周知や教育のさらなる充実を検討する余地があるのではないだろうか。

3) その他：変化の兆しを見せるISA提供金融機関

ISAについては、制度のみならず参入する金融機関にも変化の兆しが見られる。例えば、オンラインで投資一任サービスを提供しているナツメグの株式型ISA提供など、伝統的な銀行や証券会社以外の金融機関が登場している。背景には、若年層の資産形成に関するアドバイス需要がある。

現在高齢である人々は、株価や住宅価格が上がる時代に資産形成をしており、年金も受け取ることができている。しかし、これから資産形成をする層は、価格が高騰しているため住宅が購入できないことも多いうえに、今後は長寿化・高齢化が進み、年金受給開始年齢がさらに引き上げられていく。

そうした環境の中で、ISAは資産形成の器として重要な役割を持つ。政府としても、既にブランドとして確立しているISAを使い、前述のヘルプ・トゥ・バイISAやライフタイムISAなどインセンティブを付与する形で個人の資産形成支援を図っている。しかし、現状、ISAを利用するには自ら銘柄を選択しなければならない。富裕層向けには独立系アドバイザー（Independent Financial Advisor、IFA）やウェルス・マネジメント、プライベートバンキング等のサービスがあったが、非富裕層はこうしたものにアクセスができなかった。そこで前述のナツメグでは、非富裕層向けに、オンライン上で簡単な質問に回答することで個々人に合わせたポートフォリオを提案するというサービスを提供している。

現状、ナツメグのような金融機関でISAに参入している者は多くないが、今後増えていく可能性がある。また、前述のイノベーティブ・ファイナンスISA開始によるpeer to peer loan業者の参入も進むと考えられ、ISA業者はますます多様化していくだろう。

5. おわりに

英国では、ISAの導入から17年目を迎え、いまや英国の成人人口の約半数がISA口座を有し

---

89 現地調査インタビュー（2016年4月）による。

ていることや、多くの英国民の貯蓄習慣の定着に寄与していることから非常に成功した制度であると評価されている。ISAが英国で成功した理由に、制度が恒久化されたことによる投資家の安心感や制度がシンプルでわかりやすく柔軟性が高い点をあげる声が多い。これらの点は英国政府が制度導入後も投資者の利便性向上のために制度改善に努めた結果と言える。

ISA恒久化後、残高と口座数は共に大きく伸びた。恒久化後も、英国政府は制度をシンプルにし、更なる英国民の貯蓄習慣の定着を目指してきたが、今後は特に若年層の資産形成を促すためにターゲットを絞った拡充策も導入したいとしている[90]。具体的な政策として、ヘルプ・トゥ・バイISAや今後導入される予定のライフタイムISAを打ち出した。今後も投資者の利便性向上に向けた取組みがされていくであろう。

我が国では、2014年1月より、NISAが開始され、2015年12月31日時点では約987万口座[91]が開設され、累計買付額は約6兆4,465億円である。NISAの導入によって、金融資産を全く保有していない世帯、とりわけ若年者層が将来に向けた資産形成に取り組むことが期待されている。また、日本国内において家計が保有する金融資産は1,700兆円を超えているが、そのうち預貯金が占める割合は半数以上と、他国と比べ突出して高くなっていることから、「貯蓄から投資へ」の流れが促進されることで、家計から企業への成長資金の供給が多様化・拡大化し、経済の成長に繋がることが期待されている。

NISA制度は10年という時限的な措置であり、非課税期間も5年の制限があることから、投資者の利便性という観点からは解決すべき課題は多い。制度開始から3年目を迎え、当初の非課税期間終了も近づいている。NISAを幅広い国民の中長期的な資産形成手段として安心して利用できる制度とするためには、将来にわたっていつでも口座を開設できるようにする口座開設期間の恒久化と、一度投資をした金融商品について期限を気にせず保有できるようにする非課税期間の恒久化が、それぞれ必要であろう。

以　上

※報告書中の図表と参考文献の掲載を一部省略している。

（参考）2016年以後の英国ISA

英国ISAにおいて、2016年のライフタイムISA導入以後大きな制度改正はなく、年間拠出限度額も2017年4月以後は20,000ポンドに据え置かれている（図表12）。

ただし、ライフタイムISAについては、制度が複雑だという批判がある。

2018年3月、金融・会計の業界団体によるISAワーキング・グループがISA制度見直しを求める報告書を公表した[92]。同報告書は、異なる種類のISA間における年齢制限や拠出限度額、引出制限の違いなどが制度や手続きを複雑化し、利用者の混乱を招いていると批判した。そして改善案として、ヘルプ・トゥ・バイ制度をISAから外すこと、ライフタイムISAの廃止、それ以外の預金型ISA、株式型ISA、イノベーティブ・ファイナンスISA、ジュニアISAを一括した「エブリシングISA」の導入を提案している。

同年5月、税に係る対政府助言機関（The Office of Tax Simplification、OTS）もライフタイムISAの年齢制限や引出制限等が制度を複雑化していることを指摘している[93]。さらに同年7月には議会の財務委員会も、家計資産に係る報告書において、ライフタイムISAが複雑だと批判されている旨を指摘している[94]。具体的には、ライフタイムISAは複雑で不人気であるとし、同

90　現地調査インタビュー（2016年4月）による。
91　金融庁「NISA口座の開設・利用状況調査（平成27年12月31日時点（速報値））」
92　The AAT ISA Working Group "Time for change: a review of the Individual Savings Account (ISA) regime", March 2018.
93　The Office of Tax Simplification "Savings income: routes to simplification", May 2018.

図表12 英国ISA（成人）の拠出限度額の推移

Tax year starting 6th April (課税年度：4月6日〜)	Overall Subscription Limit (制度全体の利用可能額)	Cash ISA Limit (うち預金型ISAの限度額)
1990-00	£7,000	£3,000
2000-01	£7,000	£3,000
2001-02	£7,000	£3,000
2002-03	£7,000	£3,000
2003-04	£7,000	£3,000
2004-05	£7,000	£3,000
2005-06	£7,000	£3,000
2006-07	£7,000	£3,000
2007-08	£7,000	£3,000
2008-09	£7,200	£3,600
2009-10	£7,200／£10,200[注1]	£3,600／£5,100[注1]
2010-11	£10,200	£5,100
2011-12	£10,680	£5,340
2012-13	£11,280	£5,640
2013-14	£11,520	£5,760
2014-15[注2]	£11,880／£15,000	£5,940／£15,000
2015-16	£15,240	£15,240
2016-17	£15,240	£15,240
2017-18	£20,000	£20,000
2018-19	£20,000	£20,000
2019-20	£20,000	£20,000

（注） 1．本課税年度に限り、2010年10月から50歳以上の利用可能額が引き上げられた（翌年度以降、全体に適用されている）。
 2．2014年7月から利用可能額が引き上げられている。
（出所） HMRCより日本証券業協会作成

制度の廃止を政府に求めている。
　しかし、同年10月、政府は「我々は全収入階層及び全ライフステージにおける資産形成を支援することに力を注いでいる。例えば、初めての住宅購入や、いざというときのための備え、老後のための資産形成等である。ライフタイムISAはその中核をなすものであり、次世代の資産形成習慣形成のために政府が支払っている『ボーナス』により、多くの人々がライフタイムISA利用を決め、恩恵を受けている」と回答し、ライフタイムISAは廃止しない方針を示した[95]。
　そもそも英国ISAは、制度が複雑だという批判を受けて保険型の廃止（2005年）やミニ口座

94　House of Commons Treasury Committee "Household finances: income, saving and debt", July 2018.
95　Edmund Greaves 'Budget 2018: state pension triple lock to stay, but pension tax relief still up in the air' Money Observer, October 12, 2018.

ISAと総合口座ISAの区分の廃止（2008年）など、簡素化に向けた改善を行ってきた一方で、イノベーティブ・ファイナンスISA導入による対象商品の拡大（2016年）、ライフタイムISAの導入による制度使途の拡大（2017年）など投資家の利便性向上にも努めてきた。結果として、近年は制度が再び複雑化しつつあり、前述のような批判が出てきているものと思われる。

　ISAを家計の資産形成促進策の中心に据えるという英国政府の姿勢は一貫しているが、年齢制限や拠出限度額の違いにより制度が複雑化し、人々を利用から遠ざけてしまうのではという懸念も理解できる。解決策としては、前述の「エブリシングISA」のように制度を一括りにするという方法が考えられる。

図表13　株式型ISAにおいて保有する金融商品の内訳（2018年）

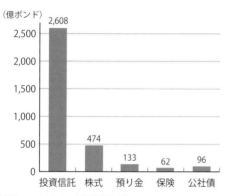
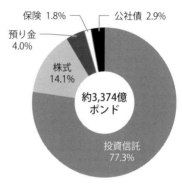

（出所）HMRCより日本証券業協会作成

図表14　ISA資産残高の推移

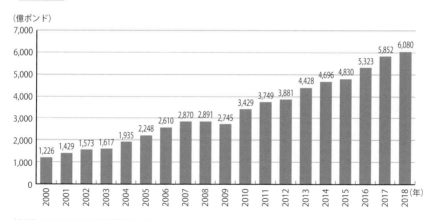

（出所）HMRCより日本証券業協会作成

図表15 ISA口座数の推移

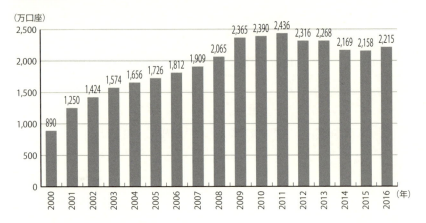

（出所）HMRCより日本証券業協会作成

図表16 ISA口座数の所得別推移

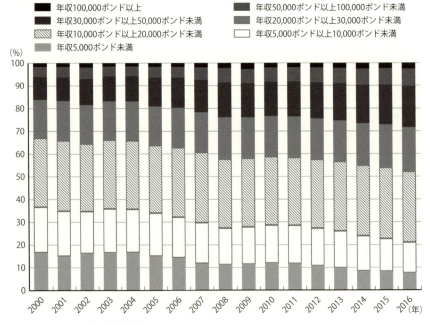

（出所）HMRCより日本証券業協会作成

図表17　ジュニアISAの稼働口座数及び資産残高の推移

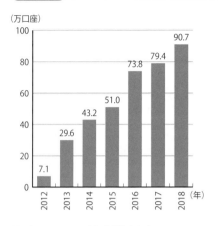
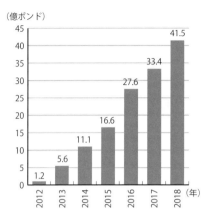

（出所）HMRCより日本証券業協会作成

図表18　ISA口座数の年代別推移

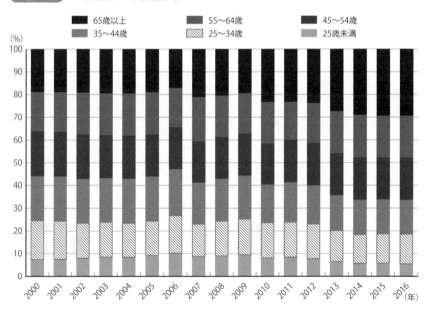

（出所）HMRCより日本証券業協会作成

謝　辞

　この本を手に取ってくださった皆様に心からお礼を申し上げます。人生100年時代を迎え、金融面から国民生活の安定と向上を図るには、NISA制度に対して興味・関心をお持ちいただき、証券投資による中長期的な資産形成の意義についてご理解をいただくことが極めて重要であると考えております。

　NISA制度は、今後の長寿社会にふさわしい全世代型の、そして、多様な働き方やライフスタイルの違いにも公平な資産形成手段であること、創設後5年間で大きく成長したこと等を踏まえて、本書の執筆・出版に踏み切らせていただきました。
　NISA制度の創設・改善・普及に多大なご尽力をされました関係各位に厚くお礼を申し上げるとともに深甚なる敬意を表させていただきます。
　中でも、金融庁及び関係省庁、国会議員、学者、オピニオンリーダー等の皆様には、税制上の措置を伴うNISA制度の発展に必要な政策的なリーダーシップを十全に発揮されるとともに、普及・啓発活動を積極的にリードされました。
　また、日本証券業協会（以下「協会」）が事務局を務める「NISA推進・連絡協議会」の活動にご協力いただいている金融団体等の皆様には、制度の普及に向けて業界横断的な取組みを一致協力して進めていただきました。
　さらに、協会員である証券会社と登録金融機関の役職員の皆様には、NISA制度が5年間で1,200万人を超える国民の皆様に利用されるまでに成長するよう、日々お客様と接し、あるいはそうした方々を支えるために、真摯に地道な業務を積み重ねて来られました。

　本書の出版に当たっては、学習院大学の神田秀樹教授をはじめ多くの皆様からご理解・ご支援をいただいたことに心から感謝申し上げます。
　また、東洋経済新報社の皆様には、執筆・編集から、出版後のマーケティングに至るまで、出版業務の専門家としての知見を活かした、多岐にわたる

アドバイスをいただき、誠にありがとうございました。

　最後に、本書の企画・執筆を進めた編集責任者及び各章の執筆担当者はもとより、これまでNISA制度の創設・改善・普及に取り組んできた協会の役職員に謝意を表します。

　執筆の関係者には、それぞれの業務の傍ら手間のかかる作業に従事してもらっており、時間的な制約等から記述には不備な点や更に深く掘り下げるべき点もあるかと思われます。皆様のご叱正を仰ぎ、より充実した内容とするよう努力してまいりますので、何卒ご寛恕をお願い申し上げます。

　なお、本書における意見又は要望にわたる部分は、基本的には執筆時点において協会のNISA制度担当役職員間で共有している考え方に沿ったものであり、皆様からご批判を賜る論点があるとすれば、その責任は小職にあることを申し添えます。

2019年7月

日本証券業協会
副会長・専務理事
岳野　万里夫

索 引

【A～Z】

AIDMAモデル　192
EET型　228
FCA　260
HMRC　259
IFA　239
IRA（Individual Retirement Account）　230
ISA（Individual Savings Account）　1, 259
New ISA　259
Nippon Individual Savings Account　1
NISA推進・連絡協議会　133
NISA推進ワーキング・グループ　173
NISAの日　136
PEP（Personal Equity Plan）　234, 256
RDR　239
Roth IRA　230
SDGs（Sustainable Development Goals：持続可能な開発目標）　193
TEE型　228
TESSA　234, 256

【ア　行】

アクティブ運用投信　162
安定的な資産形成　74, 222
一般NISA　90
イノベーティブ・ファイナンスISA　259, 261
インデックス投信　162
運用管理者　97
エブリシングISA　273

【カ　行】

買付可能期間（口座開設期間）　92, 223
学習指導要領　204, 213
確定拠出年金　228
確定申告　89
家計の三大支出　219
課税口座　93
課税ジュニアNISA口座（課税未成年者口座）　97
株式型ISA　260
株式数比例配分方式　87, 123
株式の個人保有比率　220
仮名口座　97
居住者等　90
金融機関の顧客本位の業務運営（フィデューシャリー・デューティー）　165
金融行政方針　166
金融経済教育　203
金融商品取引業者　105
金融商品取引法　105
金融所得　219
金融所得課税の一体化　47, 57
金融モニタリングレポート　167
金融リテラシー　203, 213
金融レポート　166
経過措置期間（番号法整備法）　65
軽減税率（10%）　41
継続管理勘定（ジュニアNISA）　100

280

契約不履行事由（ジュニアNISA）　98
現役世代　141, 222
源泉徴収　87
源泉分離課税制度　41
恒久化　55, 219
公的年金制度　228
高齢者層による若年層への資金援助　77
高齢世代から若年世代への資産移転　1
個人金融資産　45
個人投資家の証券投資に関する意識調査　29

【サ　行】

次期学習指導要領　214
資産形成層　32, 168
若年層　9, 32, 141, 159
出国NISA　94
ジュニアISA　236, 265
ジュニアNISA（未成年者少額投資非課税制度）　96
生涯積立限度額　269
少額投資非課税制度　1, 176
証券投資の日　175
上場株式等　88
譲渡所得　87
譲渡損失の繰越控除　89
職域NISA　137
職場つみたてNISA　154
職場積立NISA　143
申告不要制度　87
申告分離課税　41
人生100年時代　76, 219
信託報酬　165
スイッチング　91
税制改正大綱　46
成長資金　4, 60, 210, 220, 229
成長と分配の好循環　222

政府税制調査会　6
全世代型社会保障制度　76
相続ISA　259, 261
即日買付　93

【タ　行】

ターゲット・デート・ファンド　160
ターゲット・リスク・ファンド　160
タテの恒久化　224
チャイルド・トラスト・ファンド　236
中長期的な資産形成　4, 109
長期・積立・分散投資に資する投資信託に関するワーキング・グループ　138, 162
貯蓄から資産形成へ　170
貯蓄から投資へ　47
積立投資　168
つみたてNISA（累積投資勘定）　69, 100
つみたてワニーサ　139
適合性の原則　108
特定口座制度　41, 89
ドルコスト平均法　150, 168

【ナ　行】

日本再興戦略2016　4
日本再興戦略改訂2014　3
日本再生戦略　1
日本版ISA　45
日本版ISA推進ワーキング・グループ　173
ノーロード　101, 165

【ハ　行】

配偶者によるISAでの相続　261
配当所得　87, 221

索引　281

配当の二重課税　　52
払出制限　　98
販売手数料　　164
非課税管理勘定　　90
非課税投資限度額　　91
非課税保有期間　　90
フレキシブルISA　　263
ヘルプ・トゥ・バイISA　　259, 262

【マ　行】

マイナンバー制度　　93
未成年者口座　　97
未来投資戦略2017　　5
未来投資戦略2018　　5

【ヤ　行】

預金型ISA　　260

ヨコの恒久化　　224
401k　　230

【ラ　行】

ライフタイムISA　　259, 269
リカレント教育　　219
リスクマネー（成長資金）　　4, 60, 210, 220, 229
リタイアメント世代　　222
ロールオーバー　　94

【ワ　行】

ワークプレイスISA　　142, 250, 263

【著者紹介】
日本証券業協会（にほんしょうけんぎょうきょうかい）
全国の証券会社を構成員とする社団法人として1973年7月に設立され、その後、公正中立な自主規制機関としての機能を強化するため、1992年7月に証券取引法上の認可法人に改組。
現在は、金融商品取引法に基づく内閣総理大臣の認可を受けた我が国唯一の団体として、協会員である証券会社、銀行、保険会社などの金融機関が遵守すべきルールの制定やその遵守状況の監査などの自主規制業務を行う。
その他、市場活性化策の提言、国際会議への参加や海外証券関係団体等との情報交換、金融・証券知識の普及・啓発活動など、公正で透明性が高く、信頼のできる金融・資本市場の環境作りへの貢献にも取り組む。

NISA（少額投資非課税制度）概論
2019年9月5日発行

著　者────日本証券業協会
発行者────駒橋憲一
発行所────東洋経済新報社
　　　　　〒103-8345　東京都中央区日本橋本石町 1-2-1
　　　　　電話＝東洋経済コールセンター　03(5605)7021
　　　　　https://toyokeizai.net/

装　丁…………冨澤　崇
ＤＴＰ…………朝日メディアインターナショナル
印　刷…………東港出版印刷
製　本…………積信堂
©2019 Japan Securities Dealers Association　　Printed in Japan　　ISBN 978-4-492-96165-0

本書のコピー、スキャン、デジタル化等の無断複製は、著作権法上での例外である私的利用を除き禁じられています。本書を代行業者等の第三者に依頼してコピー、スキャンやデジタル化することは、たとえ個人や家庭内での利用であっても一切認められておりません。

落丁・乱丁本はお取替えいたします。